# 寛容を基盤においた生命尊重の教育に関する研究

東風　安生

# 目次

# 寛容を基盤においた生命尊重の教育に関する研究

## 論　文　要　旨

本研究は、寛容を基盤とする生命尊重の道徳教育の在り方について提案することを目的とする。閉塞感のある日本の教育を前向きに転換する視座を生命尊重の教育で解明したいと考えたからである。具体的には、次の６点を明らかにすることから追究する。

第１に、現在までの生命尊重の教育の研究動向を探る。第２に、これからの道徳教育改革における生命尊重の教育の方向性を明らかにする。第３に、道徳教育と宗教教育の関係性について明確にする。第４に、学校における「宗教的情操」の教育について歴史的視点から検討する。第５に、「寛容」の重要性ととらえ方について分析する。第６に、学校現場における生命尊重教育の実践について分析し、「寛容」を基盤とする新たな生命尊重の道徳教育を提案する。そして、本研究のまとめとして「特別の教科 道徳」を核とした新たな生命尊重の教育を提案する。

研究内容については、第２章において、「生と死の教育」を中心とした生命尊重の教育に関する先行研究を分析した。社会的な事件や多数の死亡者を出した自然災害などの事象が生命尊重の教育内容や指導方法に影響していることを指摘した。また、与えられた生命を互いに輝かせていく指導を重視する方向に進んでいることを明らかにした。

第３章では、生命尊重の教育に関わる法律や学習指導要領の内容の確認を行った。道徳教育の目標が学習指導要領の一部改正（2015〈平成27〉年３月）により明瞭化され、その下で生命尊重の教育が一層重視されていることを指摘した。その根本には、1989（平成元）年の学習指導要領改訂において道徳教育の目標に「人間尊重の精神」と並んで「生命に対する畏敬の念」を培うことが加えられ、自他の生命の尊さや生きることのすばらしさの自覚を深める点が強調されたことが背景にある点を明らかにした。また、教育基本法の第2条（教育の目標）には道徳性の育成と4つの内容項目の視点の計5項目が反映されていて、1989（平成元）年の学習指導要領改訂が、教育基本法の改正そして現在の道徳の教科化につながり、この流れの中で生命尊重の道徳的価値は大きく強調されてきた点も明らかにした。

第4章では、道徳教育と宗教教育の関係を明らかにした。生命尊重の教育を追究していけば、そこには必ず宗教との関係性が問題になってくる。イングランドや大韓民国においては具体的な指導が行われている。それらを分析し、海外の宗教教育で行われている宗教的情操の教育は、日本においては今後も道徳教育が担う必要があることを指摘した。さらにグローバル化に伴い、宗教的情操の教育を実践するには、互いの多様性を認める「寛容」の教育が重要であることを確認した。

第5章では、日本の学校教育における宗教的情操の教育に関する考え方と実践化について分析した。さらに、情操教育において宗教的情操と道徳的情操を区別し、宗教的情操が道徳的情操の中でも養われることを明らかにした。また、この「道徳的情操」の視点から、生命尊重の教育の新たな方向性が開けることを指摘した。

第6章では、新たな生命尊重の教育において、「寛容」の価値が極めて重要であることを明らかにし、学習指導要領の分析を通して具体的指導の可能性を追究した。特に、学習指導要領における「寛容」の指導から、その日本的特質を西洋における「寛容」の価値のとらえ方との比較をもとに明らかにした。「寛容」を道徳的価値の側面からとらえ、生命尊重の教育へと関わらせていくことの必要性を指摘した。

第7章では、学校現場において「寛容」を基盤にした生命尊重の授業実践を取り上げ、分析した。その結果、「謙虚さ」が児童に培われ、自分と相手を「赦す」という道徳性を深めていくことで、生命を尊重する真の生き方に気付き、その道徳的価値を追い求めていこうとする傾向があることを明らかにした。つまり、寛容と生命尊重の両者の価値観は道徳授業により同じ正の方向に向かい、スパイラルに高まっていくのではないかと仮説をたて、具体的提案へとつなげていった。

第８章では、具体的提案として総合単元的道徳学習による「寛容を基盤とした生命尊重の教育」を構想した。小５の学級に１年間関わり、効果の検証を行った。特に稲作体験を中心とした活動と道徳の授業を関連させた。「特別の教科　道徳」を核とした総合単元的道徳学習によって、生命に対する価値観がどのように高まったかについて、レベル１～レベル５の評価基準を設けた。これにより、「寛容」が基盤となった新たな生命尊重の教育の実効性を検証した。

# Research on education of respecting life based on tolerance

Abstract

The purpose of this research is to propose how moral education with respect for life based on tolerance should be conducted. By using education concerning respect for life, I want to reveal the viewpoint which constructively alters the blockages in Japanese education. Specifically, I begin with an investigation clarifying the following six points in Chapter 1.

At first, I explore the research trend of education in respecting life up to the present. Second, I clarify the direction of education in respecting life for the reform of moral education. Third, I clarify the relationship between moral education and religious education. Fourth, I examine education in *religious affection* at school from an historical perspective. Fifth, I analyze how important *tolerance* is and how it is understood. Sixth, I analyze the practice of education in respecting life in school settings and propose a new moral education in respecting life based on *tolerance.* As a summary of this research, I propose a new education in respecting life centering on "moral classes as a special subject".

In Chapter 2, regarding the contents of the current research, I analyzed previous studies on education in respecting life centering on "education of life and death". It was pointed out that events which caused a large number of deaths such as social incidents and natural disasters had affected educational contents and instructional methods in respecting life. Moreover, it was revealed that educational content and instructional methods are moving forward with respect to the guidance in order to brighten the each others lives.

In Chapter 3, I confirmed the laws concerning education for respecting life and the contents of the course of study in Japan. A partial amendment of the course of study (March, 2015) clarified the goal of moral education, and it was pointed out that education in respecting life was regarded as more important under this new guidence. In the revision of the course of study in 1989, the point of fostering "awe in respect of life" was added in addition to "a spirit of respect for human beings" as the goal of moral education, and it was found that the point that deepening the awareness of the preciousness of both themselves and others and wonderfulness of living" has been emphasized as the background. Moreover, Article 2 (Objectives of Education) in the Basic Act on Education was reflected by a total of 5 items including nurturing morality and four other viewpoints about its contents, and the revision of the course of study in 1989 affected the revision of the Basic Act on Education and the curriculum of moral education as a subject. It was also revealed that the ethical value of respecting life has been greatly emphasized in this flow.

In Chapter 4, I clarified the relationship between moral education and religious education. If education in respecting life is pursued, religious matters related to it emerge as a problem. England and the Republic of Korea has adopted a special guidance. Analyzing this relationship, I pointed out that moral education in Japan needs to be in charge of the role of religious education conducted overseas for children's emotional development in the future. Furthermore, along with globalization, I confirmed that education in tolerance which encourages students to admit their diversity was important for practicing religious and moral education.

In chapter 5, I analyzed the way of thinking and practice of education in religious affection in Japanese school education. Furthermore, religious affection was distinguished from moral affection in emotional education and it was revealed that religious affection was also cultivated in moral affection. It was also pointed out that the viewpoint of this *moral affection* opened a new direction of education of respecting life.

In Chapter 6, I clarified that the value of *tolerance* was extremely important in the education in respecting life and examined the possibility of concrete guidance through analysis of the course of study. In particular, the guidance of *tolerance* in the course of study revealed its Japanese characteristics based on a comparison with how to capture the value of *tolerance* in the West. I pointed out the necessity to capture *tolerance* from the aspect of moral value and to engage in education that respects life.

In Chapter 7, I analyzed the actual classes of respecting life based on *tolerance* in school settings. As a result, I found the tendency that children cultivated *humility,* deepened the morality of *forgiving* themselves and others, noticed the true way of respecting life and tried to pursue their moral value. In other words, I hypothesized that the values of both tolerance and respecting life go towards the same positive direction by moral class and increase in a spiral, leading to a concrete proposal.

In Chapter 8, as a concrete proposal, I designed "education in respecting life based on tolerance" leaing with moral learning as an integrated subject. I participated in a class in grade five for one year and verified its effects. Particularly, I mainly related activities focusing on an experience of rice farming to moral classes. I established evaluation criteria for levels one to five were as to how the values for life were increased by moral learning as an integrated subject centering on "moral class as a distinguished subject". These criteria verified the effectiveness of the new education in respecting life based on *tolerance*.

# 第１章　問題の所在と研究目的

## 第１節　問題の所在

### １　道徳教育への関わりと新たな課題

20世紀後半から2015年までのこの約30年間。筆者は学校現場で直接子どもと関わる立場にあって、自らの教育のこだわりとして、自他の生命を大切にする教育、自然や動植物の生命を大切にする教育を研究し、教育実践*1を積み重ねてきた。

なぜ、生命尊重の教育を重視したかと言えば、あまりにも子どもの身近に「死」という言葉が存在し、凄惨で驚くような事件・事故が多発したからである。例えば、1995（平成７）年１月に阪神淡路大震災*2が起こった後の３月。人の生命をものとしか考えていないような無差別大量殺人を狙った地下鉄サリン事件*3。さらに、1997（平成９）年に起こった神戸連続児童殺傷事件*4。いわゆる酒鬼薔薇事件では、猟奇殺人を犯した犯人が未成年であり、心の教育の緊急的な見直しが行われた時代でもある。そして、2011（平成23）年３月11日に発生した東日本大震災*5。津波に襲われ、のみ込まれていく人々の姿に大自然の恐ろしさを感じた。

一方でこうした社会にあっても自分自身にかけがえのない生命を与えられ、ここにいま生きているという事実がある。この30年間の世界や日本を騒がせてきた事件・事故と重ねて考えると、どうしても生きているのではなく生かされている*6と感じてしまう。自分は生命を与えられながら日々の生活を送っている。だからこそ、奇跡にも近い生命の存在を子どもたちに伝え、彼らが未来に向かって生き生きと生命を輝かせていくように、授業を通して教育していかなくてはならないと考えた。

第１回国民栄誉賞に輝く王貞治氏（1977）*7は、その受賞インタビューで、自らがたくましく丈夫に生きて来られたのは、双子で生まれてすぐに亡くなった姉の分もあなたは生きなさいと言った母の言葉だったと回想している。実は王氏とは比較にならないが、筆者は戸籍上兄のいない次男である。兄は生まれて33時間で病院の保育器で息を引き取った。筆者が生まれて、その生命の誕生に家族一同が大変に喜び、この子には安全で安心して生きていってほしいとの願いから、「安生」と名付けたと両親から聞いた[*8]。

一教師の生命に対するこだわりは、道徳教育における道徳的価値としての「生命尊重」の価値観をどれだけ高め、どれだけ深く教育できるかという自分自身への命題となって還ってきた。

1984年４月に教職について2016年３月までの32年間[*9]、筆者は生命尊重の教育を教師としての矜持として掲げてきた。その手段としては、道徳教育を中心に子どもたちの道徳性を高めるなかで、生命を大切にする心を培いたいと願ってきた。そしてより具体的な方策としては、一人ひとりの児童が生命の大切さを考えるうえで、「生」の対局にある「死」を窓口に考えるような授業を取り上げて授業で考えてみる指導過程を計画し、実践してきた。

しかし、ニューヨークでのアルカイダによるテロ事件や東日本大震災を経験した今日、「死」というものを通して児童の道徳性を育てるためには、限界を感じる[*10]ようになった。例えば、「死」を暗いイメージがある[*11]から授業で取り上げたくないという指導者も多く、「死」に関連する読み物資料[*12]はなかなか教室の中に入っていくことが難しい状況だった。

多くの死者を出した阪神淡路大震災や東日本大震災のあとには、ボランティアや防災に関する教育に活用できる多くの教材[*13]生まれた。しかし、大震災等で亡くなった人たちを安易にとらえるような話は、学校現場の指導者として心のケアの面から授業で使用することは控えるような場面も見受けられた。実際に福島県の小学校の教員[*14]の話では、道徳の副読本や別冊として東日本大震災に関連する読み物資料を作成しても、自分たちがすぐにこの資料を用いて授業をしようという思いにはなれなかったという。亡くなった家族や親戚がいる教室で、震災で亡くなったり困惑したりしている様子を扱った資料はどうしても使えない。また、そうした関係者がいない教室でも自然と避けてしまうという話を聞いた。これは「生命尊重」の道徳的価値について、「死」に関する資料だけではどうしても限界を感じてしまうことを教えられる一コマだった。

人間は一人では生きていけない。これからの社会において、多様な人々と共に生きていくことは大切なことである。互いに様々な違いはあっても、共に生きていかねばならないのである。様々な人々と共に生命を大切にしながら生きるということ。このことが、これからの「生命尊重」の指導にとっても大切な部分ではないだろうか。

それでは、様々な人々と共に生きること、しかも生命を大切にしながら生きること。その価値を子どもたちに教えていくには、どういう窓口から入っていけばよいのだろうか。

そこで、生命尊重に関するより高い価値観に気付くためには、人と人とが互いに相手との違いや誤解を分かり合う。そういう道徳的価値と生命尊重の価値を一緒に考えて、人間同士が寛容な態度で接していくことが、互いの生命を大切にする具体的な生き方であると分析した。これからは自分と他者とが理解して、時にゆるし合って、力を合わせて共に生きていくことこそ、生命を尊重した生き方ではないだろうか。後ろを振り返っているばかりではなく、前に向かって自らの生命を生き生きと輝かせていく教育*[15]によって、生命尊重の教育をとらえる方向へと転換する必要性を自覚したのである。

## 第2節　研究の目的

本研究では、人と人とが共に生きていく者として、互いに相手との違いや誤解を分かり合い、寛容な態度で接していき、自他の生命を輝かせて生きていくことが、互いの生命を大切にする具体的な生き方教育であろうという問題意識から、寛容を基盤とする生命尊重の道徳教育の在り方について追究するものである。具体的には、次の7点を明らかにすることから、全体的な研究の目的に迫っていきたい。

### 1　生命尊重の教育の研究動向から本研究の独自性を明らかにする

特に、学校現場における「生と死の教育」の視点を中心として分析する。80年代以降は学校現場では、生涯教育ブームから「生と死の教育」がマスコミにさかんに取り上げられ、その視点から生命尊重の教育を活性化させようという動きが見られた。主題には直接「死」という言葉がふくまれていなくても、中心資料や補助資料で、こうした「死」に直面した人や亡くなった人の家族などの声や思いを文章化して扱うことが増えていった。道徳教育における生命尊重の教育のひとつの指導方法として、一部では大きな盛り上がりを見せたこともあった。

こうした生命尊重の教育が注目されるようになってきた背景や国の動きを明らかにし、震災やテロなど生命に関わる事件・事故がどのように影響しているのかを見ていく。そして、時代とともにかわりつつある「生と死の教育」の効果を、現代社会に生きる若者の視点からとらえなおして、今後の生命尊重の教育に向けた課題を明らかにする。

### 2　本研究がめざすことを、これからの道徳教育改革や生命尊重の教育の方向性との関連で明らかにする

2015（平成27）年３月に出された学習指導要領の一部改正によって、道徳が領域から特別の教科として設置された。これによって、道徳はこれまでの領域からすべての教科の基盤となる特別な教科として位置付けられるようになったのである。国公立でも私立でも義務教育段階では、どの児童生徒も必ず教科書を用いて実施する教科となり、指導する側の教師は評価をしなくてはならなくなった。毎週確実に１コマずつの授業を実施して、35回の年間指導計画に沿った教育課程を行うことが必須となる。

こうした状況の中で、これまでの領域で行われていた生命尊重の教育（内容項目において生命尊重に関わる部分、視点３[*16]生命尊重、自然愛護、畏敬の念など）がこれからの「特別の教科 道徳」において生命尊重の教育（視点Ｄを中心とした教育）はどのように変化するのかを明らかにしていく。生命尊重

の教育は、これまでどおりの道徳的心情を深める教育が中心でよいのか。生命尊重の教育においても、多面的・多角的に考える道徳授業を実践するためにはどのような新しい指導上の工夫が必要か。また指導方法だけでなく、「根本的に生命を大切に考える道徳授業を実践するには、ねらいとする価値を『生命尊重』だけにおいてよいのだろうか」といった点について授業分析等を通して探究する。

### 3　生命尊重の教育の基盤となる道徳教育と宗教教育との関係性について明らかにする

これからの日本の道徳教育を考えるうえで、道徳教育と宗教教育の関係性を明確にすることは大切であると考える。世界には、道徳の授業に宗教を組み込んだり、道徳を置かずに宗教を公立学校で指導したりしている国がある。そこでは、市民の道徳性を培っていくために、宗教がその効果をあげている。道徳と宗教の2つの間でどのようなカリキュラムが計画されて、道徳教育を実践しているのかを海外の教育をもとに分析していく。そしてこの点を追究することから、道徳教育の核となる「生命尊重の教育」の基盤となる部分には何が必要なのかを明らかにしていく。その際、特に宗教の時間を教育課程の枠内に設けて実施しているイングランドと、道徳のカリキュラムの中に宗教の内容を組み込んでいる韓国に焦点をあてて、分析を行う。

### 4　「宗教的情操」と「道徳的情操」について明らかにする

日本の公立学校における道徳と宗教をつなぐ「宗教的情操」とはどのようにとらえたらよいのか。戦前から続く道徳教育において、この「宗教的情操」はどのように扱われて変遷していったのかを高坂正顕の考えを中心に分析する。学校現場においては、小学校や中学校の修学旅行や宿泊をともなう行事において、寺社仏閣を訪れる際に宗教色の濃い話を僧侶や神主に聞いたり、山門をくぐり、お祓いを受けたりすることが問題[*17]になることがこれまでにもあった。こうした近代における学校現場での宗教教育の現状を確認して、どのように

「宗教的情操」を指導しているかを明らかにする。さらに、道徳教育の視点から「宗教的情操」をとらえ直し、「道徳的情操」について明らかにする。

### 5　宗教と道徳教育からみた「寛容」の違いと、「寛容」がなぜ新たな生命尊重の教育の基盤となるかを明らかにする

宗教においては神を介して「ゆるし」をもらうことや異なる宗派の信者を認めることが寛容である。日本の道徳教育においては、道徳的な価値を介して「相互に理解」して、「互いに謙虚に生きる」ことが寛容であるとされる。こうした道徳教育と宗教教育との関係の分析を基に、本研究のキーワードとなる「寛容」とはどうとらえればよいのかを明らかにする。

具体的には、カントをはじめとして、ジョン・ロックやヴォルテールなどが、これまで「寛容」をどのようにとらえていたかを分析し、西洋での「寛容」のとらえ方と日本文化の中で培われてきた「寛容」のとらえ方の違いを明らかにする。そして新たな生命尊重の教育を考えるうえで、どうして「寛容」が基盤となるかを探究する。

### 6　これからの学校現場における、寛容を基盤においた生命尊重教育の具体的実践の方法と効果について明らかにする

新しい生命尊重の教育の実践として、学校現場で小学校６年生に対して実施した道徳授業を分析する。１つ目は、１時間の道徳授業の中に複数の道徳的価値（「生命尊重」と「寛容」）をねらいとするもの。２つ目は、２つの道徳的価値をねらいとして、複数時間扱い（３時間）の道徳授業を構想したもの。第１次～第３次までに各授業のねらいを「寛容」から「生命尊重」へと構造的に組み合わせて実践したものである。これにより、新たな生命尊重の教育理論を、小学校６年生の授業という実践の場で検証する。

### 7　これからの道徳教育における「寛容」を基盤とした新たな生命尊重の教育の実践プログラム（総合単元的道徳学習）を提案する

以上の分析や検証をふまえて、学校の教育課程において、生命尊重を大きな柱とした道徳教育を実践するために、総合単元的道徳学習の手法を活用して、「寛容」を基盤とした新たな生命尊重の教育を提案する。

そして、提案した内容を、具体的に１年間小学校５年生の１クラスに張り付いて実践する中で、検証し、修正を図っていく。

---

＊１　1984（昭和59）年４月に東京都御蔵島村立御蔵島小学校４年生担任として教壇に立ち、道徳の時間の授業を実践し始める。当時は、ふるさとを愛する児童の郷土愛と経済的な活性化を図る島の振興問題のはざまで、学級の児童６名と共に村民としてどう生きるかを考えた。その後、御蔵島の自然をどのように守っていくかについて、人間の生命と自然の生命の共生について課題が膨らんでいった。

＊２　1995（平成７）年１月17日05時46分、淡路島北部の北緯34度36分、東経135度02分、深さ16ｋｍを震源とするマグニチュード7.3の地震が発生した。この地震により、神戸と洲本で震度６を観測したほか、東北地方南部から九州地方にかけての広い範囲で有感となった。さらに、気象庁の地震機動観測班の現地調査によって、神戸市や淡路島の一部地域では震度７に相当する揺れが発生していたことが判明した。総務省消防庁の統計によると、この地震による被害は、死者6,434名、行方不明３名、負傷者43,792名、住家全壊104,906棟、住家半壊144,274棟、全半焼7,132棟にのぼった。気象庁は、この地震を「平成７年兵庫県南部地震」と命名した。また、政府は、被害規模の大きさに鑑みて、この地震によって生じた災害を「阪神・淡路大震災」と呼称することを閣議了解しました。（気象庁ホームページ「阪神・淡路大震災から20年」特設サイトより）

＊３　オウム真理教事件救済のためならば殺人をも正当化するゆがんだ教義と、敵対者を許さない独善的な体質の下、教祖である松本智津夫（麻原彰晃）被告の指示で、主なものだけでも以下のような数々の凶悪事件が引き起こされた。地下鉄サリン事件=首都中心部を大混乱に陥れるため、ラッシュアワー時の東京の営団地下鉄３路線５列車でサリンを散布、通勤客や地下鉄職員ら12人が死亡、約3,800人が重軽傷を負った（95年３月20日）。直前に信徒の親族の監禁致死事件を起こしており、その捜査が教団に及ぶのを免れるのが目的だったという。２か月前に起きた阪神・淡路大震災と合わせ、日本の安全神話は大きく揺らいだ。地下鉄サリン事件後の強制捜査で、教団の主要幹部は軒並み逮捕・起訴されたが、99年頃から布教やパソコン販売などの活動が再び活発になり、各地で住民とのトラブルが相次いだ。控訴審の東京高裁10部は06年３月、一審死刑判決を不服とした弁護側の控訴を棄却し、裁判の手続きを打ち切る決定をした。同高裁刑事11部

は06年５月、この決定を支持、弁護側はこれを不服として６月、最高裁に特別抗告した。弁護団は７月、「松本被告は訴訟能力が失われている可能性が高い」として、専門的治療が必要とする精神科医の意見書を最高裁に出した。最高裁は９月15日に特別抗告を棄却、松本被告の死刑が確定、2018年７月に死刑が執行された。（緒方健二 朝日新聞記者／2007年『コトバンク』ホームページより）

＊４　1997年２月に発生したオカルト・ホラーの映画を地でいくような連続殺傷事件である。神戸の小学生が、数か月にわたり、複数人数殺傷された事件である。被害者の頭部が「声明文」とともに中学校の正門前に置かれていたことや通り魔的犯行や遺体の損壊が伴ったこと、さらには地元新聞社に「挑戦状」が郵送された点など、強い暴力性を帯びた事件であった。また、犯人がいわゆる「普通の14歳の中学生」であった点も社会に衝撃を与えた。これを期に少年犯罪事件に対する厳罰化の声が高まった。（朝日新聞デジタルペーパーより）

＊５　2011年３月11日午後２時46分、三陸沖で発生したマグニチュード9.0の東北地方太平洋沖地震により引き起こされ大災害。最大震度７の強い揺れと国内観測史上最大の津波を伴い、東北・関東地方を中心とする広い範囲に甚大な被害をもたらした。また、東京電力福島第一原子力発電所が被災し、放射性物質が漏れ出す深刻な事態になった。海岸から数キロメートル内陸にまで津波が浸入した地域もあり、建物が根こそぎ流されて壊滅状態になった町もあった。警察庁緊急災害警備本部によると、被害は東北３県を中心に１都１道20県に及び、死者15,848人、行方不明者3,305人。建物被害は、全半壊37万戸超、全半焼281戸など。道路損壊3,918か所、山崖崩れ205か所などだった（いずれも12年２月10日現在）。また、内閣府は、住宅、工場、店舗、農林水産施設、ガス、水道、道路、港湾、学校、病院などの資本ストックの被害額を約16兆９億円と推計している（11年６月24日発表）。この地震と津波により、福島県の海岸線に建つ福島第一原発が外部電源や多くの非常用電源設備の機能を失ったことなどによって、炉心を冷却する機能が損なわれた。11年３月12～15日には、６基の原子炉のうち１、３、４号機で水素爆発が起こり、原子炉建屋が損傷。一連の事故で放射性物質が大気中に放出され、国際的な事故評価尺度（INES）で最悪の「レベル７（深刻な事故）」と評価された。この震災で、日本は世界各国から支援を受けた。多くの緊急救助隊や医療支援チームなどが日本に訪れた他、在日米軍が最大時には２万人以上による大規模な支援活動「トモダチ作戦」を展開した。また、今回の震災では、携帯電話やメールがつながりにくくなった災害時や、その後の支援活動に、ツイッターなどのソーシャルネットワークサービスが活躍した。発生直後には、大惨事の混乱の中で冷静に秩序を保つ被災者の姿が、海外で報道され賞賛された。復興に向けては、有識者に東日本大震災復興会議の開催が閣議決定により設置され、復旧にとどまらない復興の構想について考えられている。（原田英美ライター／2012年『コトバンク』ホームページより）

＊６　1985（昭和60）年夏、御蔵島小学校の教員２年目に海水浴中に黒潮に流され、あやう

く助かった経験や、御蔵島に泳いできたイルカの群れと共にダイビングで泳いだ経験から、大自然の圧倒的な力の前に自分の命は、与えられたものであって、自分は大きな力によって生かされて、生きているのではないかと考えるようになった。

＊7　筆者の前任校は、王氏を校賓としている。早稲田実業学校高等部の卒業生であり、プロ野球世界ホームラン記録保持者として日本で最初の国民栄誉賞を受賞した。人間的にも大変に誠実でフェアな態度が評価され、現在はソフトバンクホーク球団の会長をしている。また来る2020年東京オリンピックではエンブレムの選定委員となっている。世界少年野球推進財団理事長。

＊8　幼いころの思い出として、以下のことを紹介する。筆者は通院して医者に名前を尋ねられ、「やすお」と答えたところ「安く生まれたのだな」と言われショックを受ける。急ぎ足で自宅に戻ったところ、「安生」の由来を涙ながら語る母親を忘れられない。

＊9　32年間の教職生活で、公立小学校での勤務は３校15年間。東京都の行政機関（東京都立教育研究所）で内地留学生として研究をしたのが１年間、私立学校での勤務は設置準備室の１年間を含めて15年間。道徳教育の実践および研究から離れた年は１年間もない。

＊10 「死」をテーマにした道徳授業を実践することに限界を感じるようになった要素はいくつか挙げられるだろう。

- 東日本大震災後に身近な親戚や知り合いに被災した方がいる児童に対して、安易に「死」を口にできない。
- 報道により死を目の前にするような被災した場面を忌避する家庭で育つ児童は、「死」の話を避ける傾向がある。
- 「死」を扱った読み物資料は、その読後に大変に落ち込んだ雰囲気となり、発言にも活発さが見られない。深く内面で考えている様子は分かるが、そこから生命を尊重する道徳性を高める指導へとつなげていく難しさを感じた。

＊11　古くから「死」は忌み嫌うものであり、こうした風習や文化はこれまでもそしてこれからも続いていくと考える。学校現場の先生方からは、都立教育研究所道徳研究室で１年間研究をしている際にも、調査依頼のためにお邪魔した学校の校長先生からは何度か言われた経験がある。

＊12　読み物資料小学校３年生「お母さん泣かないで」文溪堂、56-59頁、小学校５年生「きよみちゃん」学校図書株式会社、87-90頁など。どちらも幼い女児が亡くなる話である。

＊13 「社会のルールを守る、規則の尊重」をねらいとして日本人の、被災しても水や配給品をもらうために、列をつくって正しく並んで待つ様子を綴った資料。「勤労や奉仕」をねらいとして仮設避難所で働く先生と児童のボランティアの活動の様子を綴った資料。「不撓不屈」をねらいとして、自らも被災しても新聞社としての役目を果たそうと壁新聞を作成し、コンビニエンスストアのドアに掲示した様子を綴った資料。「郷土愛」をねらいとして、「がんばれ神戸」と応援しあってふるさとの復興を図った神戸の人や、

福島の中学生が被災してもなお災害が多くともこの村と共に生きていくと卒業式に誓った様子の資料など。

＊14　福島県福島市の数名の教員との交流から、被災した地域に住む児童は、その事件・事故を題材にしたような資料については、亡くなった家族や親戚、知り合いを思い出したり、みなが困惑して避難していた様子をふりかえったりしているので、すぐにはこうしたことを題材に道徳授業はできないことを知った。

＊15　ライフワークにしようと考えている「生命尊重の教育」を進めるにあたって、これまでの「死」の教育の限界を感じていたところで、大学院博士課程に進学し、ゼミ担当の押谷由夫先生に、「子どもたちには未来があります。その未来に向かって力強く生きていく子どもたちを育てるには、道徳教育はより前向きに考えて、自らの生命を生き生きと輝かせる、そんな思いが高まるような生命尊重の教育をいっしょに考えていきましょう」とご指導いただき、これまでの生命尊重の教育を一歩大きく踏み出すことができるようになった。

＊16　道徳教育において指導内容は、内容項目という形で整理されてきた。学習指導要領で道徳教育の指導内容を明確にしてきた文部省は、平成元年の改訂において、視点１～視点４として、同心円の中心に自分自身がいて、視点１「自分自身に関わること」視点２「他者との関係に関わること」視点３「自然や生命に関わること」視点４「社会や世界に関わること」に分け、道徳的価値に関わる内容項目を整理した。平成27年の学習指導要領一部改正で道徳は領域から「特別の教科 道徳」が設けられて、内容項目も視点Ａ～視点Ｄとなった。特に、視点Ｃはこれまでの視点４が、視点Ｄはこれまでの視点３が主な内容項目として仕分けをされている。

＊17　上原陽子（2013)、学校教育と宗教―滞日ムスリムの事例から―『社学評論集』vol. 21　早稲田大学大学院社会科学研究紀要、203-217頁。

# 第２章　「死」を考える教育から未来の生き方を考える教育へ

まずは80年代以降の日本における生命尊重に関する研究動向と「生と死」に関する調査研究について、歴史的流れを俯瞰してみる。これにより、学校における「生と死」を扱う道徳教育を総括して、新たな生命尊重の教育を提案する方向へと進めていくことの必要性を明らかにしたい。

## 第１節　生命尊重の教育の研究動向

「生命尊重の教育」の研究動向を明らかにするために、次のような手順のもとに分析を進めていく。

- 第１に80年代以降の学術論文から３つのキーワード（「生命尊重」「道徳」「死」）のいずれかに該当する論文にあたる。ただし、これら論文の中には第１の調査結果を含む学術論文が含まれている場合もある。なお第１，２の結果について年表を作成してまとめる*1。
- 第２に80年代以降の未成年が加害者となった殺人事件や大震災、テロ事件などをその年表*2の中で、対比できるようにする。
- 第３に年表を俯瞰して、生命尊重教育の研究動向を第１期～第４期にグループ化して、それぞれの時期について考察を加える。

以下に、第１期～第４期の研究動向を年表と共にまとめてみる。

### １　第１期（1980年代～1994年頃）　「生命尊重の教育に関する新たな模索の時期」

第１期は、死から生を考えることでも生命尊重の心を育めるのではないかという、これまでの生命尊重の教育のアンチテーゼがブームとなった時期である。

道徳教育に否定的だった者も、この切り口から関心を持って、生命尊重の教育に熱心に取り組んだ。死を学校教育で扱うことに対して、公教育で人のプライバシーや触れてほしくないデリケートな記憶などに抵触するのではないかという声が上がったことも事実である。しかし、道徳授業では担任教師の十分な配慮を前提とすることで、児童生徒が死の重さを考え、生命の尊さをあらためて考える学習ができることが確認できた時代である。

上薗恒太郎（1993）*3は、中野富士見中学校のいじめ自殺問題を受けて、子どもの自殺やいじめを含む荒れた学校対策として道徳教育、とりわけ生命尊重の教育に注目した。

そして、子ども自身は一般に大人が推し量るよりも死に対する関心が高く、死について知りたがっていると押さえたうえで調査研究を行った。設問を「自分はいつかは死ぬと思うか」として、５～20歳までを対象とした。当時は「いいえ」が10歳で０％になるなど、発達段階と死に対する普遍性や必然性の意識に関連性があることが強調されていた。また、５歳から６歳になる段階で「いつかは死ぬ」という問いに「はい」という回答が59.0％⇒84.1％へと大きく増加した。これは、他の年齢と比較して顕著である。当時「生き返る」とか「生まれ変わる」などの回答はなかった。

また当時は、上智大学のアルフォンス・デーケン（Alfons Deeken, 1994）*4の「死の準備教育」や「悲嘆の教育」など死に関わる学びが、生涯学習ブームの流れにのって話題となった。

## 2　第２期（1995年頃～1997年頃）「生命の有限性や一回性の教育を重視した時期」

この時期は、大河内清輝くんのいじめ自殺事件や阪神淡路大震災、地下鉄サリン事件、そしていわゆる酒鬼薔薇事件と呼ばれる神戸連続児童死傷事件など、児童生徒の生命に関わる大きな事件や天災が発生した。死を取り扱うニュースも多く、死を窓口にした生命尊重の教育を実践しようとする熱心な教育実践家が増えてきた頃である。当時は「死とは人間すべての者に必ずおとずれものであり、限りがあるからこそ、今生きているこの生命を精一杯輝かそう。」という視点からの生命尊重の教育が活性化している。「生命の有限性」「生命の一回性」をテーマにした様々な指導方法や指導過程の工夫をした。

ところが、それにも関わらず、大事件や天災といった社会的な背景の変化によって、児童生徒の生命に対する考え方は以前とは大きく変化してきていたことが分かった。児童、生徒、学生は、「ヒトは死んだら元に戻らない」のではなく、「ヒトはいつか死ぬとは思わない」という結果が増えてきた時期である。

1996年に筆者は、東京都立教育研究所（略称：都研）の道徳研究室で教員研究生[*5]として１年間の研究を行った。生命尊重の道徳授業に関して調べていく過程で調査研究（都内３つの小学校の高学年児童120名へのアンケート用紙による調査）の結果から衝撃を受ける。「人間はいつか死ぬと思う」の設問に、「思う」と回答した割合は、1982年の都研の調査結果[*6]では87.1％で、1996年実施した筆者の調査結果では70.1％だった。都研と上薗の設問が「自分は、いつかは死ぬと思うか」に対して、筆者は「人間はいつか死ぬと思う」と設定した。自分自身のことよりも、客観的にみて人間という存在の生と死について問う形である。全く同じ設問ではないことから正しい比較はできないが調査対象で同じ年齢となる11歳で比べると、1982年の都研での調査では87.1％、1993年の上薗は「はい」が95.2％で、1996年の筆者は70.1％だった。

「いつかは死ぬ」に「はい」と回答した者の割合が、都研の調査に対して11年後の上薗の調査では約8.1ポイント上昇した。しかし、14年後の筆者の調査では約17ポイント下降している。上薗の調査に対して、３年後の筆者の調査は25.1ポイントも大きく下降している。調査した地域や設問における文言の違いにもよるが、この時期の大きな変化は注目に値する。

### 3　第３期（1998年頃～2003年頃）「自他の生命の絶対性を重視した指導の時期」

自他の生命の絶対性を重視した生命尊重の道徳授業を、指導方法や指導過程から工夫しようとしていたのが、第３期である。児童生徒の生命や死に対するとらえ方が大きく変化していった時期でもあった。

「死」に対して、「死んだら二度と元に戻らない、絶対的で有限性を持った存在が生命なのだ」ということを理解をしていない児童生徒が少なからず存在することが、調査結果から判明した。こうした児童生徒に対して「死」を扱う道徳資料で授業をしたり、社会で話題となったニュースや事実を紹介したりすることが増えていった時期である。一方では、文科省の研究指定校などで「生命尊重の教育」を研究主題として取り上げる学校が増えてきた時期でもある。

そんな実践が増えていく過程で、「生と死」のとらえ方に関して注目している研究者が増えてきた。金子政雄（1995）[*7]らの研究では、初めて「人は死ぬとどうなると思いますか」と小6児童に尋ねる調査を行った。それまでは、「人間は（もしくは自分は）いつかは死ぬと思うか」という設問だった。そのため回答も「死ぬ」「分からない」「死なない」に仕分けされた。一方、中村博志（1998）[*8]らは金子の報告を参考にして同じように「人は死ぬとどうなると思いますか」という設問を行った。これにより、それまでは「死ぬ」か「死なない」かが問題だった対象者の生と死の意識に対して、より具体的に「死ぬ」ことを前提として、死んだ後にはどうなるかという設問を設けた。ところが、この設問への回答が皮肉なことに「死ぬ」という大前提をくつがえした。「死んだら、生まれ変わる」とか「死んだら、生き返る」という回答が想定を超える割合で発生した。「死ぬ」という大前提自体が、現在の調査対象としている児童〜大学生に対しては、成立しないのではないだろうかという疑問を呈していた。

これは、1997年までの第1期・第2期と調査に連関性があれば、死ぬか死なないかを質問していた時代にも実は「死なない」と回答を寄せていた者は約2割前後で増加傾向にあった。死なないという回答を寄せる者が増えてきているところで、第3期の設問では「死んだらどうなるか」と尋ねている訳だから、人間は死ぬと思っていない者には「死んだら」という仮定法は無意味になってしまう。それでも「人間は死ぬと思っていない」者が回答せざるをえないところで、「死んだら」と尋ねられ、「生まれ変わってくる」や「生き返る」が回答の全体のある程度の比率を占めることは想像に難くない。

また、この時期に明確に提言されていることは、子どもたちの中に死に関する直接的な体験が減少している社会的背景が見渡せるという点である。何でも忌み嫌う時代に、水槽で飼育していた金魚が死んだら水洗便所に流してしまう親がいると揶揄された時代でもある。核家族化が進み病院での死が当然となってきた時代に、子どもたちは祖父母の死にも直面せず、身近に本当の人間の死、動物の死というものを拝み、畏敬の念を持ってその生命の大切さに感服するような体験が減ってしまったと指摘されている。一方で疑似体験的な死をコンピュータゲームのような普及した玩具（たまごっち*9）に見る時代となった。

### 4　第４期（2004年頃～2010年頃）「自他の生命の重さを深く感じとる生命尊重教育の時期」

これまでの調査研究で、児童生徒の「死」の窓口から見た生命に対する課題が、「生き返る」と考えている者が少なからずいるという点であることが明白になった。そこで、第４期はなぜ児童生徒がそのような考え方をするのか、彼らの実態に迫る研究が生まれてきた時期である。学校現場では、生命の有限性や一回性に気付き、より深く生命の重さを感じ取る実践が増えていった。自分の生命だけでなく他者も同じように大切な生命を持っていることに気付き、しっかりとした道徳的な判断力を高める必要性が求められてきた時期でもある。

この時期は、テレビゲームが家庭に入り、かなりの時間が経過して、児童生徒の生活の一部となっていった。そのなかで、ロールプレイングゲームなど仮想の人物の成長やライフワークを追いかけるゲームでも、何かうまくいかない場合はリセットボタンを押せばやり直せるという、いわゆる「リセット世代」と児童生徒が揶揄され始めた時期である。

また、この時期には、生と死の調査を実施すればその回答には「人は死んだら生まれ変わる」とか「生き返る」という内容のものが含まれるということが調査者側も、あらかじめこれまでの論文や新聞記事等の調査研究から想定できるようになってきた。そこで、事前に設けられた設問に「死んだら生き返ると思いますか」として、「どうなるか」ではなく「生き返るかどうか」と尋ねている。田沼茂紀（2007）*[10]は、それに関する内容を「生命の再生・蘇り」というタグをつけて分類している。するとその回答もやはり、「とても」および「時々」思う児童は30.1％である。

長崎県教委（2005）*[11]の設問も「死んだ人が生き返ると思いますか」と尋ねて、「生き返る」と思う児童生徒が全体15.4％であった。第１期と比較して第４期になると、調査者側にすでに回答として「かけがえのない生命」という前提はありながらも、失った生命が消滅せずに再び元に戻ったり、魂が生まれ変わったりする点を回答者が選ぶ可能性が高いということで、あらかじめ選択肢を準備するように変化してきたことが分かった。

また、第４期は大仲政憲（2010）*[12]の考察からも分かるように、すでに死生観の研究は「生命の甦りや再生」を考える児童生徒の理由の分析に進んでいる。その選択肢として、「人からの伝聞」が多く、似たような選択肢として「テレビ・映画等で生き返るのを見た」という回答も目立った。さらに、テレビゲーム等でのロールプレイングソフトに登場するキャラクターがリセットすると復活する現象から、ＴＶゲーム等の過度のやり過ぎによる影響も選択肢として考える調査もでてきた。また、この時代は、第二次たまごっちブーム*[13]とも重なっている。

### 5　第５期（2011年頃～現在）「死をふりかえるだけでなく、生命を育む新たな生命尊重の教育を模索する時期」

2011年３月11日から現在までは、あきらかにそれまでの戦後60数年とは異なる時代が到来した。生命を尊んで、大切にしたいという思いに、災害を通してすべての人が向き合う時代となった。東日本大震災は、心に深い傷を残していった。被災した地域には多くの児童生徒がいて、彼らはその後もたくましく生きている。しかし、たくましさの中でも、道徳授業のような自らの心と向き合うときに、これからの生き方を考える授業では、死のことをくり返し振り返って、前向きに生きようとすることは現実的に厳しいことが分かってきた。道徳資料[14]においても、具体的な死を描いているような読み物資料は敬遠されがちになった。明らかに、多くの死を目の前にして道徳教育と生命尊重の教育は新しい時代に入ったと言えるだろう。

東日本大震災後の生と死に関する調査研究は減少傾向を示している。堀江宗正（2014）[15]の調査研究は、その中でもこれからの生命尊重の教育における死の扱いについて示唆的な意味を感じる。つまり、もうすでに死というものを現代社会の人々は、タブー視しない。タブー視することをタブー視している。「葬儀」に対するイメージから死に対する恐れが軽くなってきている。その結果、死者に対する葬儀等の扱いも簡素化した傾向[16]が見られるようになった。

死をタブー視することはタブーである。死を遠ざけたり恐れて話題にしなかったりすることを禁句とする。つまり死について恐れず語っていこうという方向へと徐々に動き始めているというのである。これは今あるこの生命を育んで大切にしていこうとする教育の始まりである。これは堀江の用いた「死後生[17]」という言葉からも分かるように、それぞれの人が「死んだらどうなるか」の死後について様々なイメージを持ち、これからは死を恐れずに、前向きに生きていきたいという傾向もみられるとしている。ただし、日本人の死生観がこれで一元論的にどんな傾向にあるかは結論付けられないとしている。

## 第2節　生命尊重の教育は未来の生き方を考える教育

これまで見てきた生命尊重の教育に関する研究動向は、生命に関わる大事件や天災といった社会的事象に加えて、生命尊重の教育に関する論文や文部科学省を中心とする国の施策としての通達や答申、研究指定校の研究主題、また生命尊重に関わる調査研究結果を見てきた。調査研究結果については、各研究者の研究目的を達成するために実施した調査結果であるために、その中から、横断的に「生と死」に関わる部分について焦点を当てて、他の研究動向に関連させてあらためて注目した部分もあった。多くは児童生徒の「生と死」に関する意識を解明するための研究ではない。しかしそれぞれの研究の一端で、必ず触れるであろう「生命尊重の教育」の課題に関して、その扱われ方も時と共に変化していることが分かる。

象徴的なことは、1989（平成元）年の学習指導要領解説「道徳」からは、生命尊重の内容項目について、高学年では「死の重さ」*[18]を受けとめることができると示されていて、この段階においては生命の誕生から死に至るまでの過程を理解することができると書かれている。2008（平成20）年からの学習指導要領解説道徳編では、内容項目視点３では３つの項目*[19]の中で生命尊重の項目が小・中で筆頭に位置付けられた。

これらをふまえて「生命尊重の教育」の研究動向の年表を俯瞰して、さらに考察を加えてみる。

### 1　およそ９歳前後で異なる子どもの死生観

上薗の研究では、死という事柄に限定した発言をしていく転換点を探る研究過程*[20]で、７歳～８歳のあたりで死に対する情報が増え、病気と死それ自体の区別ができるとしている。また９歳で、死が生とつながっていると興味を持ち始める年齢と言っている。発達段階については、筆者の研究では小学校高学年の児童に調査対象をしぼっているために、小学校から大学までの教育の流れの一端を見ることしかできていない。しかし、10歳から12歳の頃の児童については、上薗の研究を参考にすると、９歳以降の児童が「死」について興味を持ち、彼らに情報が多く集まる。それによって彼らが「死」を解釈する場合に、単純に「死んだらもう二度と元に戻らないよ」と親から言われたことから拡散して多様な認識方法を選べる状況になってきていると考えられる。

### 2　間接体験である、いわゆる「三人称の死」の増加

中村の言う「子どもたちの周りから死が遠ざかった結果として、死について考える機会が減少し、死についての正しい認識が得られていないのではないか」*[21]いう仮説が示唆しているように、病院で死を迎える高齢者だったり核家

族により祖父母と共に生活していない現実だったりすることで、子どもたちの日々の生活の中から身近な人の死を体験していない実態がある。第三者としてマスコミ等による報道で知った第三者の死[*22]（三人称の死）はメディアの発達と多様化によって益々増加している。しかし中村が主張する「核家族化から家族の崩壊」や「家庭が文化の伝承の役割を果たさず」といった社会学的な指摘を耳にするたびに、死生観のアンケート調査を今後くり返しても、「人間の肉体の死が絶対に生き返ることはない」という子どもが100％に達することはないだろうと考えられる。間接体験とは直接体験と比較して、直接自らの感覚器官で感じ取るのではなく、途中に何らかのバイアスがかかる。このバイアスがマスコミの報道する第三者の死であったり、メディアによる仮想現実社会でのキャラクターの死と復活であったりする。すると、どうしても間接体験が増えると比例的に生き返ることもあると考える子どもが出現すると考えられる。

### 3　学校教育において意図的に「死」を考える機会を設けることの大切さ

「死」というイメージや怖れを抱く気持ちから、「死」に関する話題や資料を子どもたちから遠ざけた方がよいのではないかという指導者側の考えが強かった。そのために、学校教育では、もしも死に関する話題から子どもの自殺や死に関する事件が発生しては大変であるという心配も生まれ、道徳や理科でも安易に「死」という言葉を避け、「死」に関する学習に触れないようしてきた事実がある。これを「死」に関する直接的な体験（葬式に参加する、飼育していた動物の墓をつくるなど）を積極的に教育の場に取り入れようとしてきた。これにより、いわゆる死に関する体験不足に陥らずに、正面から死とは何か、死の絶対性を自ら体験的に学ぶことができるとしたのである。こうした主張や考え方は、90年代後半からずいぶんと学校現場に取り入れられてきた[*23]。しかし、その直接体験を上回るように、ゲーム等による仮想現実世界（バーチャル）の死を間接体験する機会が多い。文化の変遷と共にＩＴを用いたコンピュータ社会の現実を直視する必要がある。約20年間に及ぶ袋小路を打破する必要性が高まってきた。

## 4 「死後生」の考え方の広がりとこれからの生命尊重教育の課題

2011年3月11日の東日本大震災は、これまでの、未成年者による殺人事件や猟奇的事件[*24]と道徳教育の関係性を問うレベルをはるかに超えて、すべての生きる人に災害の恐しさと自然の大いなる力、そして自然に対する畏怖の心を敏感にさせた。昨日まで元気に会話をしていた友達、家族、親戚、学校の先生、地域の方々が子どもたちの目の前から消えてしまう。直接・間接の体験を超えるような出来事に、子どもたちは誰もが死んだら、どうなるのだろうと不安を覚えた。「死後生」について考えることでその不安から癒され、少しでも安心できる心持ちになれる状況が見えた。つまり、宗教とは人が何かを信じて生きていく糧となるものである。心のよりどころとして宗教的な情操を豊かにすることで、人は人と共に困難にも打ち勝って生きていけるのである。

田沼[*25]はいわゆる3.11の以前の学生たちに対する死生観の研究から、「生命の再生や甦りの願望」が強くなっていることを主張していた。こうした願望は学生だけでなく小学生から「死後」に関心が高い子には見られることで、これらへの関心の欲望を他者が抑えることはできない。大正から昭和にかけての文豪太宰治[*26]も、人間は「死」への魅力にとりつかれる者なのであると語っている。

「死」を危険だからとか縁起が悪いから扱わないのではない。墓に葬ってそのあとは見ないようにするといった「死」の距離感よりも、日本の現状では「死」がより近いものになり、死の世界を考えることで生きていくうえでの不安や絶望感を癒していると考える。生命尊重の教育には、宗教的情操が影響する理由として、よりよく生きるために不安な気持ちを癒し、前向きに生きていくための自信を与えてくれるのではないだろうか。

そのことから、特に次の3点を重要課題として指摘したい。

第1に、生命尊重を柱とした道徳教育を実践する場合に、「死」は生命の尊さを教えるきっかけとはなるだろう。しかし、よりよく生きようとする自らの生き方の自覚には、「生と死」の「生」の指導から子どもたちに実施していく必要性があると考える。言い換えれば、これは東日本大震災が発生し、この実態をふまえた新たな生命尊重の教育の提案が求められていることと合致する。

第２に、「不死生」[*27]とか「死後生」を考える子どもが1980年代以降今日までに増えてきて、現在でも一定の割合で常時存在する。そこでこれまでの「生と死の教育」の最初の段階である「死の準備教育」の再検討が必要なのではないかと考える。死とは異なる何らかの視点から指導する切り口が求められるだろう。

第３に「不死生」とか「死後生」「生命の再生や甦り[*28]」への願望が強い子どもたちの実態に対して、あらたな道徳教育の対応が求められていると考えられる。これまでの「生と死の教育」のレビューの知見に立脚して、しっかりと今の生命を生きていくために、かけがえのない生命を与えられた人間同士が、互いによりよく生きようとする生命尊重の教育を充実することが必要である。

その具体的方策の研究を通して、「死」を考える教育から一歩踏み出し、生命を一人ひとりの子どもたちが生き生きと輝かせるような生命尊重の教育の在り方を論じていきたい。

---

＊１　「生命尊重の教育」に関する学術論文、生命に関わる重大事件、生と死の調査研究について、Google Scholarをもとに検索をかけて、それぞれについて時系列に並べ替えた。

＊２　本論文36～37頁に生命尊重の研究動向を示す年表を掲載した。

＊３　上薗恒太郎（1993）「子供の死の意識における感情表出年齢と道徳教育」『長崎大学教育学部教育科学研究報告』45、89-97頁。

＊４　アルフォンス・デーケン（独：Alfons　Deeken, 1932年－）ドイツ　オルデンブルク生まれ，イエズス会司祭、哲学者、上智大学名誉教授、死生学、主な著書1995年『ユーモアは老いと死の妙薬 死生学のすすめ』講談社、1996年『死とどう向き合うか』NHKライブラリー。

＊５　東京都教員研究生制度　１年間にわたり学校現場を離れて大学や研究所において今日的教育課題の解決に向けて東京都教育委員会の指導主事の指導を受けながら、テーマを設けて調査研究活動を行う制度。

＊６　東京都立教育研究所 相談部 児童生徒研究室（1981～1982）「子供の『生と死』に関する意識の研究」、23-25頁。

＊７　金子政雄、中村雅浩、長沢宏明（1995）「『いのち』に関する小学生の意識調査」『生物教育』第35巻第２号、133-137頁。

＊8　中村博志、荒川裕子（1998）「こどもにおける死の認識の発達的研究」小児保健学会発表資料。

＊9　デジタル携帯ペットとして女子高生を中心に大ヒットした商品（バンダイ）ゲーム的にえさをあげてペットを育てるが、えさを忘れると画面の中のペットは死んでしまう。リセットして途中からあらたな飼育も可能。

＊10　田沼茂紀（2007）「義務教育段階における生命尊重カリキュラム構造の課題」『高知大学　教育実践研究』No,21、78-82頁。

＊11　長崎県教育委員会（2005）「児童生徒の『生と死』のイメージに関する意識調査について」長崎県教育委員会調査報告書12-13頁
（http://www.pref.nagasaki.jp/edu/gikai/contents/teirei/200501/isikityousa.pdf）

＊12　大仲政憲（2010）「生命尊重に関する指導のあり方についての提言―児童・生徒から教育養成大学学生の実態に基づいて」『大阪教育大学紀要第Ｖ部門』第59巻第１号、28-34頁。

＊13　前出の「たまごっち」に赤外線機能がついて、互いのたまごっちの情報をやりとりできるようになった。

＊14　教科書会社等による道徳副読本の編集会議では、死に関する読み物資料が学校現場で熱心に道徳教育に取り組む編集委員から推薦されなくなってきている。

＊15　堀江宗正（2014）「日本人の死生観をどうとらえるかー量的調査をふまえて」東京大学　死生学・応用倫理センター主催　上廣死生学・応用倫理講座発表資料。

＊16　東京都生活文化局　2001（平成13）年度流通構造等分析調査＜葬儀に関わる費用等調査報告書＞より。

国立社会保障・人工問題研究所が2002年１月に推計したところによると、日本国内の死亡人口は2005年実績の107万７千人（厚生労働省による推計）から2035年には170万人へと増加すると予測されており、葬儀件数自体は増加傾向にあるとみられるものの、平均単価については①ユーザーの経済感覚に変化がみられること　②核家族化、あるいは少子高齢化の進行　③都市部を中心に親族、近隣との関係が希薄化　④新興企業などによる葬儀料金の明瞭化　どの要因もあって下落傾向にある。

＊17　同上。死んでも魂は永遠に不滅で生きている状態であるという考え方の代表的なキーワード。

＊18　文部省　1989（平成元）年３月　学習指導要領　小学校指導要領解説道徳編、36頁。

> ３-⑵　生命がかけがえのないものであることを知り、自他の生命を尊重する。
> この段階においては、生命の誕生から死に至るまでの過程を理解することができる。それらを通して、生命のかけがえのなさを自覚させることが重要である。そして、人間の誕生の喜びや死の重さ、生きることの尊さを知ることから、自他の生命を尊重し力強く生きぬこうとする心を育てる必要がある。※アンダーラインは筆者による

＊19　1989（平成元年）度までの内容項目視点3は、「3－1自然愛」「3－2生命尊重」「3－3畏敬の念」となっている。

＊20　同上書。

＊21　同上書。

＊22　死を人間の関わりの中で分析する論理、主に社会学で用いられている。第三者の死とは、「三人称の死」とも言われ、自らとの関係性の低い状況における死を意味する。

＊23　2000年からスタートした上越教育大学いのち教育を考える会による夏のセミナー（「いのち教育」実践のための研修講座）も当時盛会を博した。生と死に関する教育実践や研究者が講師として多く出席していた。

＊24　神戸連続児童殺傷事件等を指す。詳細は、第1章注4を参照のこと。

＊25　同上書、83頁。

＊26　太宰治（1952）『人間失格』新潮社、18頁。

＊27　同上。人は殺そうとしても病気であっても最終的に死ぬのではなく、あの世でも生きているという考え方の代表的なキーワード。

＊28　同上。生命の再生は同じ肉体がまた動き出す状態だが、蘇りは仏教思想に近いもので魂が別の肉体に宿って復活するような状態をさすキーワード。

| 年代 | 生命尊重教育の社会的背景となる大事件や天災 | 国の施策や通達、研究指定校の研究主題 | 生命尊重教育に関する学術論文等 | 「死」にふれている調査研究 |
|---|---|---|---|---|
| | | | 安全教育について(増田靖夫)明治大1968 | |
| | | | 特設道徳における「ディベイト」の導入(宮田学)名古屋大教育学部付属中高1979 | |
| | | | 修身教科書にあらわれた理想的日本人像(三角同、樋口英俊ほか)東京家政大1979 | |
| 1980 | | | | |
| | | | | 1982年3月 |
| | | | | 都立教育研究所相談部児童生徒研究室 |
| | | | | 「子供の『生と死』に関する意識の研究」 |
| 1986 | 1986年2月 | | | |
| 1987 | 中野富士見中学いじめ自殺事件 | | | |
| 1988 | | | | |
| 1989 | 1989年3月 | | 価値判断を整理する(上薗恒太郎)長崎大1989 | |
| | 女子高生コンクリート詰め殺人事件 | | ソクラテスの哲学的生とその死(加藤幸夫)長岡技術科学大1989 | |
| | 1989年7月 | | | |
| | 連続幼女誘拐殺人事件 | | | |
| 1990 | | | | |
| 1991 | | 文部科学省研究開発校　香川大学教育学部附属高松中学校「人間科」の導入、人間としての在り方・生き方を学ぶ教育課程や教育方法の研究開発 | | |
| 1992 | | 文部科学省研究開発校　お茶の水女子大学附属小学校　「共同学習」(教科・道徳共同学習)と「選択学習」(自主学習)を新設し、バランスのとれた人間性を育む教育課程の開発。 | 生命倫理と道徳教育(永野文一)大阪教育大1992 | |
| 1993 | | | 子供の死の意識のおける感情表出年齢と道徳教育(上薗恒太郎)長崎大学教育学部1993 ➡ | 1993年6月 |
| | | | 総合学習の実践よりみた、学力とその評価(徳井輝雄)名古屋大学教育学部附属中高1993 | 上薗恒太郎(長崎大学) |
| | | | | 「子供の死の意識における感情表出年齢と道徳教育」 |
| 1994 | 1994年11月 | | | |
| 1995 | 愛知県西尾市中学生いじめ自殺事件 | 文部科学省研究開発校　東京学芸大学教育学部附属大泉小学校　現代社会のかかえる諸問題や学校週5日制の施工を視野に入れ、「豊かな学力の育成」という研究主題で総合学習の単元開発等教育課程の編成、実施、評価修正を行う。 | | 1995年 |
| | 1995年1月 | 文部科学省研究開発校　滋賀県伊吹町立春照小学校　基礎学力を育てる国際理解に関する学習を中核とした総合単元学習を創設し、体験的な活動を重視した課題解決学習として展開。 | | 金子政雄・中村雅治・長沢宏明 |
| | 阪神淡路大震災 | 文部科学省研究開発校　福岡教育大学教育学部附属福岡中学校　21世紀に生きる生徒たちに求められる豊かな人間性として、特に豊かな「生き方」と豊かな「学び方」を育むための総合学習として「生き方学習,WORLDTIME,卒業研究」を設定。 | | 「いのち」に関する小学生の意識調査、生物教育第35巻第2号 |
| | 1995年3月 | | | |
| | 地下鉄サリン事件 | | | |
| 1996 | | | | |
| 1997 | 1997年6月 | 文部科学省研究開発校　愛知県東浦町立緒川小学校　子どもたちが「生きる力」をはぐくむ学校をめざし、教育課程を「総合学習,教科の学習,心の活動,創造の活動」の4つで開発。 | 自信と批判-「徳の倫理」における道徳の客観性と相対性(宇佐美公生)岩手大1997 | 1997年3月 |
| | 神戸連続児童殺傷事件 | | | 東風安生(東京都立教育研究所道徳研究室) |
| | | | | 「かけがえのない生命を尊重しようとする心情を育てる道徳授業」 |
| 1998 | 1998年1月 | 中央教育審議会答申「新しい時代を拓く心を育てるために—次世代を育てる心を失う危機—」 | 西田幾多郎『善の研究』を読む:生命主義哲学の形成(鈴木貞美)『日本研究』1998 | |
| | 栃木女性教師刺殺事件 | 文部科学省研究開発校　香川大学教育学部附属高松中学校　教科を超え、21世紀の社会で「自立・共生」するために必要な資質・能力の育成をめざし、対話・表現領域、探求領域、企画・制御領域からなる総合教科「共生科」を開発する。 | こどもにおける死の認識の発達的研究(荒川裕子、中村博志)『小児保健学』1998 ➡ | |
| | | | | 1999年 |
| 1999 | | 文部科学省　研究開発校　佐賀市立開成中学校「総合的な学習の時間」を通して、問題解決能力を養い、自らの「よさ」を自覚し、自らの生き方を考える子どもを育てる。 | | 中村博志(日本女子大学) |
| | | | | 「二人称の死が子どもたちから遠ざかったために、子どもたちの死の意識に少なからず悪影響を与えているのではないか」 |
| 2000 | | | 現代の日本人の「生きる課題」と学校カリキュラム(佐藤年明)三重大2000 | |
| | | | 大学での死の教育:哲学的視点からのアプローチ(市沢正則)清泉女学院短大2000 | |
| 2001 | | | 学校教育における「いのち教育」の重要性と取り組みについて:特に家庭科教育の視点をふまえて(得丸定子他)上越教育大2001 | |
| | | | 学校で「いのちの教育」を行う意義(得丸定子)上越教育大2001 | |
| | | | 死生観が心理的幸福感に及ぼす影響(中村雅彦、井上実穂)愛媛大2001 | |
| 2002 | | 文部科学省研究開発校　呉市立五番町小学校外2校　豊かな人間性と自立心の育成をめざし、児童生徒の発達段階に即した小中学校を一貫した教育課程・指導方法及び研究システム・評価の開発。 | 命の尊さを伝える道徳授業の展開(酒井功夫)宇都宮大2002 | |
| | | | いのち教育の原理と課題序説(岩田文昭)大阪教育大2002 | |
| 2003 | | | 学校における動物飼育に関する提言(日本学術会議)2003 | 2003年 |
| | | | 道徳教育への心理療法からのアプローチ-21世紀における子どもの心の問題と道徳教育(齋藤浩一)東京情報大2003 | 中村博志(こども未来財団研究費による) |
| | | | 動物を殺すことと人間を殺すこと(柳沢貴司)東亜大2003 | 「児童環境づくり等総合調査研究事業報告書」 |
| | | | | 小学4年生～大学生(2437人) |
| | 2004年6月 | | 道徳教育における正解の考え方(中村清)宇都宮大2004 | |
| 2004 | 佐世保小6女児同級生殺害事件 | | 子どもの「死の絶対性」認識の確立時期:4歳から9歳までの子どもに対する意識調査を中心として(伊藤博他)上智大2004 ➡ | 2004年12月 |
| | | | | 伊藤博、高木慶子(上智大人間学紀要34号) |
| | | | | 「子どもの『死の絶対性』認識の確立時期:四才から九才までの子どもに対する意識調査を中心として」 |

| | | | | |
|---|---|---|---|---|
| 2005 | | | 現代フランス人の死生観-多様な現象に即して(熊沢一衛)名古屋外国語大2005 | 2005年1月 |
| | | | 「生命」に関する幼保・小・中一貫総合カリキュラム開発の試み(町井富子他)宇都宮大2005 | 長崎県教育委員会 |
| | | | 「畏敬の念」を育てる道徳の時間の読み物資料開発の工夫(渡辺功)創価大2005 | 「児童生徒の『生と死』のイメージに関する意識調査について」 |
| | | | 社会構成的な道徳教育の創造へ向けて(上地完治)琉球大2005 | 小4 1196名、小6 1241名、中2 1174人 |
| 2006 | | | 現代の子どもと道徳教育の課題(塩見能和)四天王寺国際仏教大2006 | |
| | | | 子どもが命の大切さを実感する授業設計の試み(鈴木邦明)信州大2006 | |
| | | | 学校現場におけるいのちの教育のねらいと評価(赤澤正人)大阪大2006 | |
| | | | 中学校の学級経営における教育計画マトリックス活用:コンサルテーションを受けた学級担任の事例(小泉令三)福岡教育大2006 | |
| | | | 学校健康教育におけるロールプレイングを用いた実践の動向(岩田英樹、野津有司、渡部基)学校保健研究2006 | |
| | | | 日本の公教育における宗教教育の現状と家庭教育(平良直)八州学園大2006 | |
| 2007 | | 文部科学省研究開発校　新潟市立上所小学校外2校　これからの社会を生きる上で必要な「人間力」を育成するために、言葉と体験を重視し発達段階に即した小・中学校9年間一貫の教育課程の研究開発。 | 体験活動を核とした「いのちの教育」の単元開発(菊地亜弥子)上越教育大2007 | 2007年3月 |
| | | | 小学校一年生が自分の命に向き合う授業のあり方(鈴木邦明)信州大2007 | 田沼茂紀(「高知大学教育実践総合センター研究紀要『教育実践研究』No.21) |
| | | | 生命尊重の道徳授業における長期的プログラムの必要性について(金光靖樹)大阪教育大2007 | 「義務教育段階における生命尊重カリキュラム構造の課題」 |
| | | | 心に響く道徳教育をめざして(若林麻里子)関西学院大2007 | 小5,6年 121名、中3 142名、 大学生180名 |
| | | | 生命倫理を視点とした高校公民科の授業開発(石原純)兵庫大2007 | |
| | | | 小学校における動物飼育活用の教育的効果とあり方と支援システムについて(中川美穂子)お茶の水女子大2007 | |
| | | | 幼児期の子どもの遊びと学び(高橋敏之、梶谷信之、尾上雅信)岡山大2007 | |
| 2008 | | 愛知県　実践活動事例集 | 宗教と理性(村野宣男)文教女子短期大2008 | |
| | | 命を大切にする心を育む教育推進事業 | 生活科における動物飼育の現状と課題(松本みゆき)2008 | |
| | | 文部科学省研究開発校　お茶の水女子大学附属小学校　小学校における「公共性」を育むシティズンシップ教育の内容・方法の研究開発。 | 「いのちの授業」の今日的意義について-道徳教育の観点から(滝沢利直)東京工芸大2008 | |
| | | | 健康教育としての「死生学」教育実践とその成果(太田裕造他)環太平洋大2008 | |
| | | | 新学習指導要領道徳の方向について(藤永芳純)大阪教育大2008 | |
| | | | 「倫理」教育を学び直す(長島隆行)東京大2008 | |
| | | | 昔話を子どもに伝えることの教育的意義(赤津純子)埼玉学園大2008 | |
| 2009 | | 文部科学省研究開発校　上越教育大学附属小学校　総合的な教育活動(総合単元活動、総合教科活動、心の活動)を中核とした教育活動の充実及び「人間社会を生きる子ども」の育成を図る教育課程の研究開発—道徳教育— | 死生観に関する研究の概要と展望(海老根理絵)東京大2009 | |
| | | 文部科学省研究開発校　船橋市立若松小学校外1校　小学校、中学校の9年間を通じて基礎的・基本的な内容の確実な定着を図るため、学習内容の移行、統合を含めた児童生徒の心身の発達を踏まえた教育課程の研究開発—道徳教育・外国語教育— | 飼育活動の改善と充実に関する研究-低学年児童の動物福祉と道徳性を高める手立て(松本みゆき)愛知教育大2009 | |
| | | | 異学年合同道徳授業の計画と反響-地域素材学習と結んだ1年生・6年生の命の授業(上薗恒太郎他)長崎大2009 | |
| | | | 生活科における生命尊重の教育についての一考察〜飼育活動から精神的な自立へ(松本みゆき他)愛知教育大2009 | |
| | | | 台湾の新課程綱要及び小学校段階における家庭生活関連学習について(浜島京子他)福島大2009 | |
| | | | 「道徳的に考える」とはどういうことか(1):資料「手品師」における「最善の解」(松下行則)福島大2009 | |
| | | | 道徳教育の哲学的基礎づけに関する研究(藤永芳純)大阪教育大2009 | |
| | | | 生命倫理の時間論-ハーバーマスとヨナスの議論を手がかりに(入谷秀一)大阪大2009 | |
| 2010 | | | 生命観形成のために科学教育が果たす役割について(牧野治敏)大分大2010 | 2010年9月 |
| | | | シュヴァイツァーの「生命への畏敬」と宗教教育(海谷則之)龍谷大2010 | 大仲(大阪教育大学紀要第Ⅴ部門第59巻第1号) |
| | | | 児童向け小学校道徳副読本における福祉問題(上續宏道)四天王寺大2010 | 「生命尊重に関する指導のあり方についての提言—児童・生徒か |
| | | | 生命観の変化<2004年〜2009年の5コース学生調査から>(上原真理子)帝京短大2010 | 教員養成大学学生の実態に基づいて」 |
| | | | 「生命尊重に関する指導のあり方についての提言-児童・生徒から教員養成大学学生の実態に基づいて(大仲政憲)大阪教育大学2010 ➡ | 小4,5,6 224名、中2 198名、高2 184名 |
| 2011 | 2011年3月<br>東日本大震災 | 文部科学省研究開発校　兵庫県立舞子高等学校外3校　高校生に自立と共生の能力を兼ね備えた社会人の基礎を培うため「公共の時間」を創設し、道徳教育、就業体験を核にしたキャリア教育その他今日的な課題に対応した教育の三つを柱にした教育課程の研究開発を行う。—シティズンシップ教育・キャリア教育— | 小学校教員を志す女子大生を対象とした死生学教育の分析(大曲美佐子)神戸女子大2011 | |
| | | | 遺伝公開講座Ⅶ「遺伝について楽しく学ぼう」の開催と評価(濱野香苗他)長崎大2011 | |
| | 2011年10月<br>大津市中2いじめ自殺事件 | | 中学校道徳副読本における福祉問題(上續宏道)四天王寺大2011 | |
| | | | プラナリアの観察・実践を通して、生命観を広げる科学的探究学習(木下慶之)福井大2011 | |
| | | | 太田俊雄の宗教教育思想(2)(山田耕太)敬和学園大2011 | |
| 2012 | | | 小学生の対象喪失の悲嘆経験と動物への態度との関連-生命尊重の教育に資するために(濱野佐代子)帝京科学大2012 | |
| | | | 高等学校における道徳教育とキャリア教育:総合的アプローチの可能性(西野真由美)名古屋大2012 | |
| | | | 教育における実存的側面についての一考察-「いのちの教育」を手がかりとして(滝沢利直)東京工芸大2012 | |
| | | | 教育のための動物飼育の取り組みと課題-大学におけるヤギの飼育を通じて(斎藤千映美、渡辺孝男)宮城教育大2012 | |
| 2013 | | 文部科学省研究開発校　香川大学教育学部附属高松中学校　豊かな人間性と創造性を育むために、道徳・特別活動・総合的な学習の時間を統合した新領域「創造活動」を創設し、多様な集団や価値観の中で、「分かち合い、共に未来を創造する子どもの育成」に向けた教育課程に関する研究開発。 | 栽培学習における中学生の道徳観に関する研究(市原靖士)大分大2013 | |
| | | 文部科学省研究開発校　北広島町立芸北中学校外1校　社会の中で自律して生きる力を育てるため、小学校から中学校までの9年間に「挑戦科」を新設した際の教育課程、系統的な指導方法についての研究開発。 | 子どもの発達と動物との関わり:動物介在教育の展望(藤岡久美子)山形大2013 | |
| 2014 | | 文部科学省研究開発校　日本人としての誇りをもって、国際社会で生き抜く実践力を育むため、道徳の時間を「徳育科(仮称)」として再編し、道徳の時間の指導内容に加えて、礼儀作法の実践的指導、教材作成および評価の在り方についての研究開発。 | 道徳授業における感動資料の教材分析方法の検討:図式化と課題焦点化ループルックによる方法(吉田誠他)山形大2014 | 2014年4月 |
| | | 中央教育審議会　道徳に係る教育課程の改善等について | 子どもの生と死の概念文献検討-病気をもつ子どもたちがより良く生きる援助のために(杉本陽子他)三重看護大2014 | 堀江宗正(東京大　死生学・応用倫理センター) |
| | | | 道徳教育における内容項目「畏敬の念」に関する基礎的研究(藤井基貴)静岡大2014 | 日本人の死生観をどうとらえるか-量的調査を踏まえて |
| | | | 日本人の死生観をどうとらえるか-量的調査を踏まえて(堀江宗正)東京大2014 ➡ | 淑徳大山本功准教授との共同調査「自殺と死生観と社会的信頼の関連について」(n=10 |

# 第3章　これからの道徳教育改革における生命尊重教育の位置付けと方向性

第2章で、「生と死の教育」を中心とした生命尊重の教育に関する先行研究を見てきた。その中で、これからの生命尊重の教育は未来に希望や夢を託して、与えられた生命を一人ひとりの児童生徒が互いに輝かせていくような指導を重視していく必要性を指摘した。

本章では、生命尊重の教育はどのような方向性に進むのかについて、国の道徳教育改革を中心に見ていき、特にその中で生命尊重の教育はどう位置付いているのかを検討していく。また「特別の教科 道徳」を要とするこれからの道徳教育において、改正教育基本法や学習指導要領など行政的な動きの展開を中心にしぼって明らかにしていく。

## 第1節　改正教育基本法における道徳教育の位置付け—教育の目的・目標の分析

### 1　第一条　教育の目的から

2006（平成18）年、第一次安倍政権は教育基本法の改正*[1]を行った。1947（昭和22）年以来、59年ぶりである。成立したこの改正教育基本法は、日本国民が戦後民主的で文化的な国家を更に発展させるとともに、世界の平和と人類の福祉の向上に貢献することをいっそう願い、実現を図ろうとするものである。その第一章には、教育の目的及び理念が掲げられている。

> 第一条（教育の目的）
>
> 教育は、人格の完成を目指し、平和で民主的な国家及び社会の形成者として必要な資質を備えた心身ともに健康な国民の育成を期して行わなければならない。
>
> ※アンダーラインは筆者による

教育の目的を「人格の完成」として、教育はそれを目指して行われている。また、目指す人間像としては、平和で民主的な国家及び社会の形成者を具体的に挙げている。その形成者を育成するために必要な資質を備え、心身ともに健康な国民を育成することを期している（図1参照）。

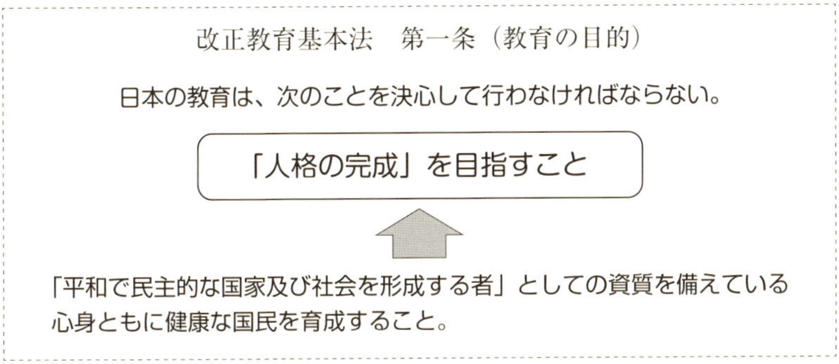

改正教育基本法　第一条（教育の目的）

日本の教育は、次のことを決心して行わなければならない。

「人格の完成」を目指すこと

「平和で民主的な国家及び社会を形成する者」としての資質を備えている心身ともに健康な国民を育成すること。

図1　教育基本法第一条（教育の目的）を図示

では、人格とは何か。平凡社の新版哲学事典*2によれば、「人の特性を統一的に言い表す場合に用いられる。その場合、哲学的にはとくに理性的で自由な存在として人間主体を意味し、この特性をとくに人格性とし、これをになう具体的人格を人格 Person とに区別することがある。」と示している。つまり、人格は理性的で自由な存在であるところの人間主体と言えよう。

一方で、広辞苑（第六版）*3によれば、人柄や人品とおさえたうえで、心理学的な定義や法律的定義と同列に以下のような道徳的な点を示している。「道徳的行為の主体としての個人。自己決定的で自律的意志を有し、それ自身が目的自体であるところの個人」と定義されている。ヒトという個人が、道徳的な行為をする際にその主体となることである。そのヒトは「自分自身で行為を決定するような自律的な意志を持っている個人」だとしている。また「自分自身で行為を決定する自律的な意志を持つ者になる」ことを目的とした個人でもある。

つまり、教育の目的は、「自己決定ができるような自律的な意志を持ったり、持つことを目指したりして、道徳的行為ができるような主体としての個人を完成することを目指している」と定義していると言える。

学校教育では、食育や金融教育、ESD 教育や情報教育など「○○教育」と言われるものが多い。そうした教育のすべてに対して、教育基本法では「教育の目的は、道徳的行為の主体としての個人の完成を目指している」と定義付けている。結局は、自分の過去をふりかえって道徳的な行為ができないこともあるが、それでも道徳的な行為をしようと心がけ、そういう個人となれるように努めるような人格を追い求めることが、日本の教育の目的だと言えよう。

## 2　第二条　教育の目標から

第二条では、第一条の教育の目的を実現するために具体的な目標を５つ掲げることとなった。

第二条（教育の目標）

教育は、その目的を実現するため、学問の自由を尊重しつつ、次に掲げる目標を達成するよう行われるものとする。

一　幅広い知識と教養を身に付け、真理を求める態度を養い、豊かな情操と道徳心を培うとともに、健やかな身体を養うこと。

二　個人の価値を尊重して、その能力を伸ばし、創造性を培い、自主及び自律の精神を養うとともに、職業及び生活との関連を重視し、勤労を重んずる態度を養うこと。

三　正義と責任、男女の平等、自他の敬愛と協力を重んずるとともに、公共の精神に基づき、主体的に社会の形成に参画し、その発展に寄与する態度を養うこと。

四　生命を尊び、自然を大切にし、環境の保全に寄与する態度を養うこと。

五　伝統と文化を尊重し、それらをはぐくんできた我が国と郷土を愛するとともに、他国を尊重し、国際社会の平和と発展に寄与する態度を養うこと。

※アンダーラインは筆者による

教育基本法の改正にあたり中心的に関わった元文部科学省事務次官 銭谷眞美氏は、2016（平成28）年度開催された日本道徳教育学会第88回大会の記念講演で、教育基本法の改正と道徳教育の関係について、以下のように述べている。

「平成元年の学習指導要領の改訂を行い、当時の教科調査官であられた押谷由夫先生および横山利弘先生には大変にお世話になりました。この元年の改訂が大変に印象に残っております。これにより、その後の教育基本法の第二条教育の目標には、5項目挙げましたが、一つ目が豊かな情操と道徳心を培うこととして、二項目から五項目までが、学習指導要領の道徳の内容項目である4つの視点に該当しています。平成元年の学習指導要領の改訂で、それまでの内容項目を視点ごとに分類したことで、その後の教育基本法の目標につながっていったという訳です。」

第三項には、当時の学習指導要領の視点2（他者との関わりに関すること）と視点4（集団や社会との関わりに関すること）の内容項目が一緒になっている部分が一部で見られるが、たしかに学習指導要領で整理された内容項目の視点ごとに、教育基本法の第二条の教育の目標として、明確に示されている。

教育の憲法と呼ばれる教育基本法が改正され、その目標に道徳教育の内容項目に当たる部分を語っているということは、何よりもこれからの教育の改革は、この道徳教育の改革によって前進していくことを証明しているものである。

## 第2節　道徳教育の目標

### 1　学習指導要領から

教育基本法の改正ののち、2008（平成20）年3月に全面改訂となった小学校および中学校の学習指導要領が示された。さらに、2015（平成27）年3月には学習指導要領の一部改正が行われた。こうした変遷の中で、学習指導要領の第1章総則には、第1として教育課程を編成するうえでの一般的な方針が挙げられている。そこでも、学習指導要領と教育基本法との関連性が分かる。

第１　教育課程編成の一般方針

１　各学校においては教育基本法及び学校教育法その他の法令並びにこの章以下に示すところに従い、児童の人間としての調和のとれた育成を目指し、地域や学校の実態及び児童の心身の発達の段階や特性を十分考慮して、適切な教育課程を編成するものとし、これらに掲げる目標を達成するよう教育を行うものとする。　※アンダーラインは筆者による

アンダーラインで強調した点でも分かるとおり、教育基本法や学校教育法などに従って、学習指導要領の本文に示された点を適切に各学校の教育課程として編成していかなくてはならない。教育基本法と学習指導要領との関係性の確かさもここで明らかになる。

では、教育基本法の目的であるところの人格の完成のために、学校教育で実施する教育課程では具体的に学習指導要領の中に、どのように示されているのか。人格の完成は、前頁で「自己決定ができるような自律的な意志を持ったり、持つことを目指したりして、道徳的行為ができるような主体としての個人を完成することを目指している」と定義されたわけであるから、道徳教育に関連する部分から検討してみる。

同じく第１章　総則の第１　教育課程編成の一般方針の２には、道徳教育の目標が示されている。ここでは2015（平成27）年３月に一部改正された小学校学習指導要領[*4]（以下「改正後の小学校学習指導要領」という）に基づいて考えてみる。

改正後の小学校学習指導要領　第１章　総則

２　学校における道徳教育は、特別の教科である道徳（以下「道徳科」という）を要として学校の教育活動全体を通じて行うものであり、道徳科はもとより、各教科、外国語活動、総合的な学習の時間及び特別活動のそれぞれの特質に応じて、児童の発達段階を考慮して、適切な指導を行わなければならない。

道徳教育は、教育基本法及び学校教育法に定められた教育の根本精神に

基づき、自己の生き方を考え、主体的な判断の下に行動し、自立した人間として他者と共によりよく生きるための基盤となる道徳性[*5]を養うことを目標とする。

※アンダーラインは筆者による

これを見て分かるように、道徳教育の目標は、よりよく生きるための基盤となる道徳性を養うことだとしている。しかも、その文章の途中には、わざわざ教育基本法や学校教育法に定められた教育の根本精神に基づきと示されている。教育基本法の精神に立ち返るということは、教育基本法の目的であるところの「人格の完成」を忘れてはならないというおさえであると言えよう。また、豊かな情操と道徳心を培うためには視点１～４の内容項目をしっかりと育てることだと言えよう。だからこそ、教育の目的である人格の完成のためには、学校教育においては道徳教育の目標の達成が大きな意味をしめてくると考えられる。

## 2　道徳教育の目標から見た生命尊重の教育―学習指導要領第１章総則から

本研究は、小学校を中心とした子どもの道徳性を養うために、とりわけ生命尊重の教育について注目している。道徳性の中でも生命尊重という道徳的価値に注目する理由について考えてみたい。以下に、再び小学校学習指導要領第１章総則の後半に焦点を当てる。

道徳教育を進めるに当たっては、人間尊重の精神と生命に対する畏敬の念を家庭、学校、その他社会における具体的な生活の中に生かし、豊かな心をもち、伝統と文化を尊重し、それらを育んできた我が国と郷土を愛し、個性豊かな文化の創造を図るとともに、平和で民主的な国民及び社会の形成者として、公共の精神を尊び、社会及び国家の発展に努め、他国を尊重し、国際社会の平和と発展や環境の保全に貢献し未来を拓く主体性のある日本人の育成に資することとなるよう特に留意しなければならない。

※アンダーラインは筆者による

この第１章総則の２で道徳教育について述べられているなかで、実際に道徳教育を推進していくにあたっては、「人間尊重の精神」と「生命に対する畏敬の念」を「具体的な生活の中に生かしていく」ことで豊かな心を持った主体性のある日本人の育成に資することができるとしている。生命というものに対して、大いなる感情や畏れ敬う気持ちというものを大事にして、それを家庭や学校、社会でその場における生活の中に具体的に生かしていくことが、未来を拓く主体性のある日本人の育成の礎となる。

この中でとりわけ学校という場で「人間尊重の精神」と並んで「生命に対する畏敬の念」を育てるためには、どういう方策があるか。まさにここに、道徳教育の方向性が見えてくるのである。学校という場では様々な教育活動と関わらせて、道徳教育が中心となって「人間尊重の精神」と「生命に対する畏敬の念」を育てて、豊かな心を持って、伝統と文化の創造を図り、平和で民主的な国民及び社会の形成者としての日本人を育成することになる。

だからこそ、教育基本法の教育の目的を達成するためには、学習指導要領第１章総則に示された「人間尊重の精神」と「生命に対する畏敬の念」[*6]を育てることを中心にした道徳教育で道徳性を養い、それにより人格の完成を目指すのである。

## 第３節　学習指導要領における「生命尊重」に関する内容項目について

ここでは、2015（平成27）年に一部改正された学習指導要領の「特別の教科道徳」から、「生命尊重」に関する指導内容はどのようになっているかを確認する。

1958（昭和33）年に道徳の時間が設置された時から、道徳の指導内容が明記されるようになり、学習指導要領の改訂のたびに、生命尊重に関する指導内容は、明記されてきた。

発達段階に応じて、低学年は健康・安全と関連した項目とした挙げられていたり、高学年は自他の生命を尊重することに関わる内容が示されてきたりした。

そして、2015（平成27）年３月27日に告示された学習指導要領の一部を改正する告示で、「領域」だった道徳が「特別の教科 道徳」として教科化され、生命尊重の項目にも変化があった。

今回の「特別の教科 道徳」の設置までには、文部科学省の「道徳教育の充実に関する懇談会」で大きく取り上げられた「いじめの防止や生命の尊重」*7の課題があった。道徳が教科化されるきっかけになったと言われているこの課題の解決に向けて、「生命尊重の教育」を前面に出して、本気になって取り組もうという姿が見えた部分でもある。

さらに、これまでのいわゆる視点１～視点４を、認識の広がりを考慮して、生命や自然、崇高なものとの関わりの視点が最後になり、視点３と視点４が入れ替わった形となった。そのため生命尊重の内容項目は、視点Ｄの筆頭で、通しの番号では19番となった。これは中学校でも変わらない。

内容項目としては「生命の尊さ」という共通した言葉がつき、小学校低学年では、「生きることのすばらしさを知り、生命を大切にすること」。中学年では、「生命の尊さを知り、生命あるものを大切にすること」。高学年では、「生命が多くの生命とつながりの中にあるかけがえのないものであることを理解し、生命を尊重すること」。そして、中学校では、「生命の尊さについて、その連続性や有限性なども含めて理解し、かけがえのない生命を尊重すること。」となっている。現行の生命尊重の教育の具体的な指導内容については、2008（平成20）年の学習指導要領で示されたものと大きな変更はなく、ここで参考になると思われるので、図２「生命尊重の教育の構造図」として示す。

新しい学習指導要領では、これまでの内容項目の示し方とは異なる点がある。それは、項目の内容をひとめで分かるようにしたラベル化（内容項目一つ一つに項目名を付ける）だと言えよう。例えば、これまで小学校高学年の生命尊重に関する項目は「生命がかけがえのないものであることを知り、自他の生命を尊重する」とあった。しかし、新しい学習指導要領では、まず項目に〔生命の尊さ〕と示されていて、２学年ごとにより詳細に示されている。第５学年及び第６学年は「生命が多くの生命とのつながりの中にあるかけがえのないもので

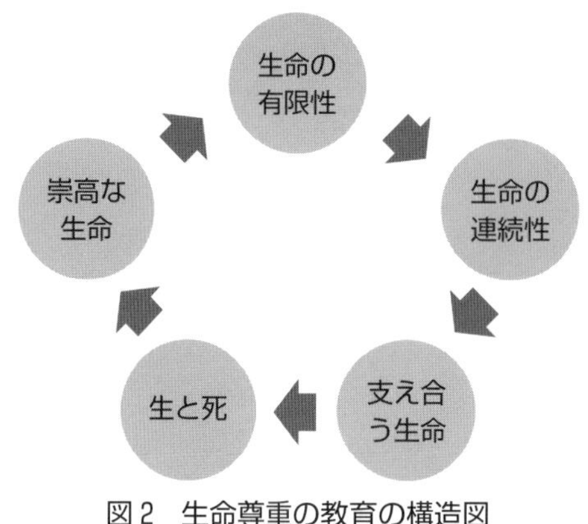

図２　生命尊重の教育の構造図

あることを理解し、生命を尊重すること。」[*8]と記されていて、より具体的な指導内容が確認できる。

「特別の教科　道徳」では、小学校低学年から中学校まで各内容項目がそれぞれ発達段階に応じた連続性を重視している。その中で、生命尊重の内容項目も、これまで以上に低学年から中学校まで、どのように理解が深まり、どのような部分があらたな価値観の高まりとなっていくかが表記の問題として分かるようになっている。

低学年では、「生きること」に対して、前の学習指導要領では「喜ぶ」ことだったのが「すばらしさを知る」ことに代わっている。具体的に喜びを表すのではなく、知的にすばらしさを知ることに重点を置くようになった。また、中学年では、「生命の尊さ」に対して改正前は「感じ取る」だったのが「知る」に代わっている。低・中学年ともに、どちらかというと道徳的判断力につながる知識の部分に比重が移ってきていることが分かる。さらに、高学年では、「生命がかけがえのないものであることを知る」ところが、「多くの生命とつながりの中にあって」こそのかけがえのなさであるところを、単に知るのではなく、理解するという点にまで高めていく内容項目になっている。そのため、これまで「自他の生命」と記されていた部分が、当然多くの生命とのつながりを理解するのであれば、そこには自分だけでなく他の生命についても尊重するということで「自他」という言葉が今回省かれている。

以上、「生命尊重」に関する内容項目を学習指導要領から分析してきた。

## 第４節　生命尊重の教育のとらえ方

生命尊重の教育という場合に、学校教育の中では２つの側面からの取り組みが考えられる。

１つは、学校教育の全体において行われる「生命尊重の教育」である。もう１つは、「特別の教科 道徳」[*9]の各学年の授業において、内容項目の一つとして実施される「生命尊重の授業」である。

この両者の関係性について理解するためには、道徳教育と道徳の時間の関係と同じである。学校全体で取り組む道徳教育は、教育活動全体を通じて行う指導である。学習指導要領の第１章総則の第１教育課程編成の一般方針の２では、「学校における道徳教育は、特別の教科である道徳（以下「道徳科」という）を要として学校の教育活動全体を通じて行うものである。道徳科はもとより、各教科、外国語活動、総合的な学習の時間及び特別活動のそれぞれの特質に応じて、児童の発達の段階を考慮して、適切な指導を行わなければならない。(以下省略)」と示されている。

つまり、「特別の教科 道徳」は道徳教育の要[*10]という位置付けになっている（図３参照)。

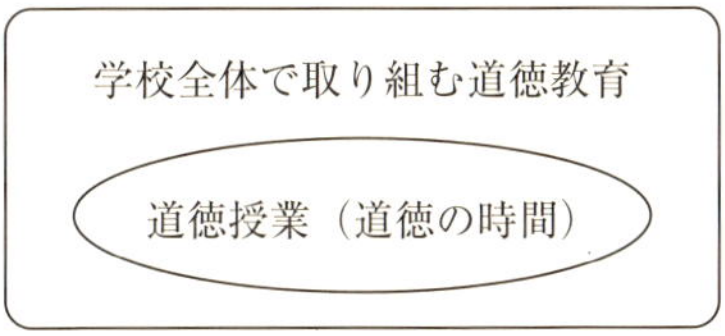

学校全体で取り組む道徳教育

道徳授業（道徳の時間）

図３　道徳教育と道徳授業との関係

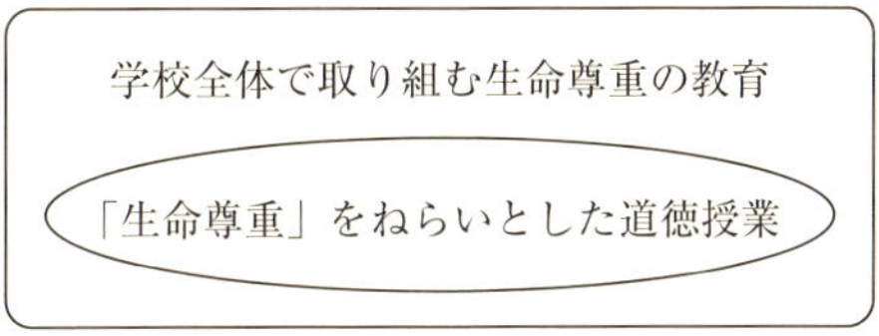

学校全体で取り組む生命尊重の教育

「生命尊重」をねらいとした道徳授業

図４　生命尊重の教育と「生命尊重」の道徳授業

この論理で生命尊重の教育を考えてみると、次のようになる（図４参照)。つまり、学校における道徳教育の一つである生命尊重の教育は、「特別の教科 道徳」を要として学校の教育活動全体を通じて行うものであり、「特別の教科 道徳」はもとより、各教科、外国語活動、総合的な学習の時間及び特別活動のそれぞれの特質[*11]に応じて、児童生徒の発達の段階を考慮して、適切な指導を行われなければならないということである。

生命尊重の教育という教育活動の位置付けは、このように学校教育全体を通して行われるものであり、その要となるものは「生命尊重」をねらいとした道徳授業となる。

## 第５節　内容項目「生命の尊さ」と「相互理解、寛容」に関して
## ―本研究の独自性を明確にするために

「寛容」に関する内容項目を見てみる。2008（平成20）年の学習指導要領では、小学校高学年では寛容に関する項目は「謙虚な心を持ち、広い心で自分と異なる意見や立場を大切にする。」とあった。しかし、改正後の学習指導要領ではまず項目には〔相互理解、寛容〕と示されていて、２学年ごとにより詳細に示されている。

第５学年及び第６学年は「自分の考えや意見を相手に伝えるとともに、謙虚な心を持ち、広い心で自分と異なる意見や立場を尊重すること。」*12と記されている。

これらの「生命の尊さ」と「相互理解、寛容」は、内容項目の視点からすると、別々のところに位置付けられる。つまり、「生命の尊さ」は「D 主として生命や自然、崇高なものとの関わりに関すること」であり、「相互理解、寛容」は「B 主として人との関わりに関すること」である。

本研究のテーマとなる「寛容を基盤とした生命尊重の教育」とは、学習指導要領で示された内容項目であるところの「相互理解、寛容」と「生命の尊さ」という異なる柱に示されているものを新たな視点で結び付ける意味を含んでいる。

「生命や自然、崇高なもの」と「他者」とに関することでは、その対象が異なる。そのため、一つ一つの価値をじっくりと分析して、それぞれの価値の共通部分を焦点化して、これらの価値を同じ視点から教えることは、これまであまり推進されてこなかった。道徳の時間には、生命尊重をねらいとした授業は

授業で実施し、また別の週の道徳の時間には、謙虚や寛容をねらいとした授業を実施しているのが一般的であった。

この部分について、そもそも視点の異なる内容項目を一つのねらいとして指導できないだろうか。つまり、本研究では「寛容」と「生命尊重」の内容項目を一体的にとらえて、寛容を基盤とした生命尊重の指導を提案することができないかという独自の視点から、新しい生命尊重の教育を提案しようとするものである。

あらためて、そのオリジナルはどこにあるかと問われれば、生命尊重の教育の実践から現在の時代に生きる人々に求められている新たな生命尊重の教育が、「寛容」の価値を基盤とするところにあるというものである。「寛容」という言葉は、これからの時代に人と人とが共に生きていく「共生」を考え、互いを認め合い尊重していく場合の大切な価値である。人間は一人では生きられないのだから、広い心で相手を認め合いゆるし合うことで、互いの生命を輝かせてよりよく生きることができる。これが新しい時代の生命尊重の教育と考える。

---

＊1　改正教育基本法　2006（平成18）年12月15日第165回臨時国会において成立し12月22日に公布施行された。

＊2　林辰夫編（1971）『哲学事典』初版４刷，平凡社、493頁。

＊3　岩波書店（2008）『広辞苑』（第六版）、1142頁。

＊4　戸田浩史（2009）「『ゆとり教育』のみなおしと学習指導要領の在り方」『立法と調査』第295号、66頁。（学習指導要領の法的性格については、長年大きな論争となっていたが、最高裁判決により法的拘束力を持つものとされている。判例として、永山中学校事件最高裁判決（昭 51.5.21）、伝習館高校事件最高裁判決（平 2.1.18）など。なお、最近の政府見解は、教育基本法案に関する質問主意書に対する答弁書（内閣衆質165第230号、平 18.12.19）「学習指導要領は、学校教育法（昭和22年法律第26号）第20条、第38条、第43条等の規定による委任に基づき、教育課程の基準として文部科学大臣が告示として定めるものであり、お尋ねの各教科及び各科目の目標、内容及び内容の取り扱いを含め、法規としての性質を有している。」）。

＊5　これについては、以下の中でも説明が加えられているので参考にしたい。文部科学省

2015（平成27）年７月『小学校学習指導要領解説　総則編（抄）』、５～６頁。

＊６　「道徳性」という言葉の定義には様々ある。現在の学習指導要領に則っていくと③に該当する。

①道徳の本質、道徳法則にかなっていること。（岩波書店　2008年『広辞苑』（第六版）、1576頁。）

②人間としての本来的な在り方やよい生き方を目指してなされる道徳的行為を可能にする人格的特性であり、人格の基盤をなすものである。（文部科学省　2008（平成20）年６月『小学校学習指導要領解説　道徳編』、15頁）

③道徳性とは、人間としてよりよく生きようとする人格的特性であり、道徳教育は道徳性を構成する所様相である道徳的判断力、道徳的心情、道徳的実践意欲と態度を養うことを求めている。（文部科学省　2015（平成27）年７月『小学校学習指導要領解説　特別の教科　道徳編』、19頁）

＊７　文部省　1989（平成元）年３月『小学校指導書　道徳編』、６～７頁。

＊８　道徳教育の充実に関する懇談会　2013（平成25）年12月「今後の道徳教育の改善・充実方策について（報告）～新しい時代を、人としてより良く生きる力を育てるために～」、９頁。

＊９　これについては、以下の中でも説明が加えられているので参考にしたい。

文部科学省　2015（平成27）年７月『小学校学習指導要領解説　総則編（抄）』、９～10頁。

＊10　中央教育審議会道徳部会座長である押谷由夫（2015）は、「特別の教科 道徳」について、各教科と深く関わりを持った教科としてスーパー教科としての役割を意味していると語っている。

＊11　道徳教育の要とは、「道徳の時間は、道徳教育について補充・深化・統合する授業である」ということで、道徳教育を扇子に例えてその「扇の要」の部分に由来する。

＊12　文部科学省　2015（平成27）年『小学校学習指導要領解説　特別の教科　道徳編』、62頁。

# 第４章　海外の道徳教育と宗教教育
## —イングランドと韓国を中心にして

生命尊重の教育を追究していけば、そこには必ず宗教との関係性が問題[*1]になってくる。特に、本研究が重視する寛容の精神も宗教と密接に関わる。そこで日本における道徳教育と宗教教育の関係はどのようになっているのか。また、生命尊重の教育を推進していく際に、宗教教育の視点から重視している部分を道徳教育の視点からどのように指導することが求められるかについて探究したい。そのために、まずは海外の道徳教育と宗教教育について調査していくこととした。

本研究では、海外の道徳教育と宗教教育について研究するために、公教育における宗教教育の科目としての導入と社会経済的発展段階の２つの区分軸を設けた。第１の軸は公教育において宗教教育を独立した科目として導入しているかをめやすにしている。また、第２の軸はその国の社会経済的発展段階を採用した。国民国家としての性格や社会の世俗化の進展状況、宗教教育の社会的意義や内容、方法などが、先進国と発展途上国では異なると考えられたからである。そこで、第１、第２の軸の両方においてどちらもあてはまる国を西洋とアジアの地域から１か国ずつ選び、今回はイギリス（主にイングランド）と大韓民国（以下、「韓国」）とした。

イギリスは、日本の近代教育の模範となった国である。国教である「キリスト教」と、日本の道徳教育に該当する「人格・価値教育」の関係はどのようになっているかを明確にしたいと考えた。ロンドンやケンブリッジで関係機関[*2]を訪問して、直接そこでの研究者や教育に携わる人たちに面接調査を行った。また、韓国は道徳教育のカリキュラムの中で、宗教についての学習が位置付けられている国の一つである。韓国は、日本の近代の道徳教育にも大きな影響を与えた、中国春秋時代の諸子百家の一人である孔子による儒学の影響を受けている。韓国については、道徳の国定教科書[*3]を、道徳と宗教について焦点を当てて分析を行う。

## 第1節　イングランドの道徳教育と宗教教育

### 1　イングランドの道徳教育

イギリスの中でも、今回はイングランドを調査対象とした。イギリスは、イングランド・スコットランド・ウエールズ・北アイルランドの4つに分かれている。それぞれの地域が独自の教育制度を持っている。そのなかで、総人口の84%[*4]を占めるイングランドの教育をここでは見ていく。

イングランドのナショナルカリキュラム（以下「ＮＣ」という）を見ても、そこには「道徳」と称した教科はない。ただし、道徳教育に該当するものとして、以下に示すような3つの大きな柱がある。

イングランドには学校のすべての教育活動を通して進めていこうとするいわゆる「全面主義教育」[*5]の立場をとった道徳教育が行われている。

大久保正弘（2012）[*6]によれば、その指導方法は、①現実の問題にひきつけて身をもって学ぶ。②実際に行動することに関わった学習を行う。③多様な価値を提示して、自ら考え、話し合い、そして判断することを基調として、教師側からの押し付けがない、という点を特徴としている。

こうした指導方法が実際のカリキュラムの中では、道徳教育に相当する人格・価値教育として「宗教教育」、「PSHE 教育」、「シティズンシップ教育」の中で中心的に行われている。

イングランドの学校は伝統的に宗教を必修教科としてきた。それは現在でも同様である。そのため、初等中等教育においてはカリキュラムを見ると1～9学年まで宗教教育が全児童生徒の必修となっている。また、PSHE 教育は、教科ではないが1～11学年のすべての学年で実施されている。また、シティズンシップ教育はパストラル（生徒指導）と統合されて7～11学年までの全生徒の必修教科となっている。

## 2　イングランドの人格・価値教育の具体的指導内容

宗教教育については、別の項を設けて説明するとして、ここでは人格・価値教育のコアとなる PSHE 教育とシティズンシップ教育の中身について考える。

### (1)　PSHE 教育

正式名称は、Personal Social Health Economic 教育である。人格・社会性・健康・経済といった具体的内容を総合的に扱う。WHO（世界保健機関）が定めたいわゆるライフ・スキル（「日常の様々な問題や要求に対して、より建設的かつ効果的に対処するために必要な能力」を指す）をテーマとした学習である。その目標は、コミュニケーションスキルを高めたり、自らを知り、自らを守り、自らを成長させていくスキルを高めたりすることである。そのため、座学だけでなく具体的な活動をともなった学習をすることがある。また、集団や社会の中で生きていくためのスキルを高めていくことで、キャリア教育との連携を図る学校も多い。さらに近年では、薬物教育、金融教育、性に関係する教育、健康的なライフスタイル等の学習など、経済や健康に関する社会からの要請に応える形での教育内容を大きな柱としている。また、こうした内容に指導者側の教師がきちんとした対応ができるよう研修の充実を PSHE 協会[*7]が中心となって実施している。

ここで、PSHE 協会の Chief Executive である Mr. Hayman から紹介されたモデル的な学校として聖ルカ小学校の取り組みを分析してみる。

この学校は、エセックスのコルチェテプトリーの村に位置している。約300人の生徒の男女共学のイギリスの教会小学校である。ＮＣの実施状況を確認に来校した検査官は次のように評価している。

「精神的、道徳的、社会的、文化的な開発は抜群です。生徒から善悪の明確な感覚を開発し、安全で健康な自分自身を維持するために、優れた学習理解の力を持っています。」

この小学校の PSHE 教育カリキュラムの主題としては、年間を通じてのレッスンではないが、各学期の初めに１週間のタイムテーブルの大半を PSHE 教育に与えているということであった。

検査官が訪問した日に、3年間でいくつかの素敵な自分のイメージをつくりあげる『子供のための哲学』をテーマにした学習を見学して、愛の意味を討論している様子を参観した。これらは数週間にわたる長期計画で、異なる学年の児童が一緒に実施していた。（キー・ステージ1、2）このプログラムの成功のおかげで、子どもたちは、異学年交流の機会を大事にしているとのことであった。

今では、学校の多くの指導方法の一つとして、こうした「社会哲学」に関係するグループを設けて、PSHE 教育を実践しているところが多くなってきているとのことである。日本でも、この PSHE 教育に注目し、主体性や社会正義を培う教育として、いじめを許さない子どもの人格形成に応用できると期待されている。

### ⑵ シティズンシップ教育

シティズンシップ教育の目的は、社会をよりよくするために自発的に行動する「積極的・活動的な市民」の育成を目指すものである。英国では、2000年版カリキュラムのキー・ステージ3と4で教科としてシティズンシップが必修化され、2002年より実施されるようになった。

シティズンシップ教育は、いま日本でも注目されている教育である。東京都品川区では2005年度から品川区小中一貫教育を進めることとなり、その中で「市民科」[*8]を小中で導入した（市民科の詳細は注を参照のこと）。政府の構造改革特区の小中一貫特区として認定され、当時から注目を浴びている。また、お茶の水女子大附属小学校[*9]や岡山大学附属小学校[*10]では学校主体型としてシティズンシップ教育を研究テーマに掲げた小学校現場での研究発表会が2014年に開催された。既存の社会科との違いや21世紀型学力における市民科の役割など、広く注目を浴びるところとなっている。このシティズンシップ教育は、「市民性の教育」と翻訳されるように、そこには知識とスキルと価値、そしてアクティビティの4つの教育の柱が見られる。

イングランドのカリキュラムの概要を見ていくと12歳～14歳（KS3）、15歳～16歳（KS4）の年齢的な段階に応じて、それぞれに①知識・スキル・理解、

表1　シティズンシップ教育カリキュラム（2000年）

| | |
|---|---|
| ①　知識の柱 | 自由と秩序、民主主義、政治制度、選挙制度、紛争、国際協力、法制度、アイデンティティ、多様性、相互理解と相互尊重、地域貢献 |
| ②　スキルの柱 | 思考、討議、ディベート、交渉、調査分析、プレゼンテーション　⇒　市民の生活として実際に必要となってくるコンピテンシー能力 |
| ③　価値の柱 | 遵法精神、寛容、交渉による解決や平和的解決などの民主主義的な価値観 |
| ④　アクティビティの柱 | 市民性を養うような児童生徒の自治的活動 |

②良識ある市民になることに関する知識と理解、③調査とコミュニケーションのスキルを育成、④参加と責任ある行動のスキルの育成が示されている。(2000年版カリキュラム（KS3,4）で、2002年から実施されているものである。具体的な指導内容は表１のとおりである。)*[11]

学習内容だけでなく、身に付けるべき「スキル」については「調査とコミュニケーション」と「参加と責任ある行動」の２つを核にしているところを見ても、知識だけでなく実際に行動し考えることをとおして学ぶことが意識されているのが分かる。

実際には、イングランドのある中等学校*[12]では、シティズンシップ教育は第７学年（13歳）で、「権利と責任」「多様性」「民主主義と政府」についての授業を受ける。また、「能動的市民性プロジェクト」として、生徒たちがグループで野外活動を行ったり、校内の安全のためのリーフレットを作成したり、多文化に触れる行事などを学校内外のコミュニティ活動に取り込んだりしている。

## 3　イングランドの宗教教育

### (1)　歴史的な流れ

イングランドでは公立学校において、非宗派的キリスト教育による宗教教育を行うという特色のある教育制度をとっている（1944年教育法；通称「バトラー法」[*13]による)。そして、これが公立学校での道徳教育の中核となっている。伝統的に聖書による教授を中心とする宗教教育によってキリスト教徒としての生き方を教え、身に付けさせることが人格教育の根本であり、それがとりもなおさずに道徳教育であるという考え方が支配的であった。すべての学校において毎朝の一斉礼拝と宗教教授からなる宗教教育が義務化された。そこでは、宗教を基盤としない道徳教育という概念はあまり存在しなかった。

最近はイングランドでは非キリスト教徒移民の増加にともない、多様な宗教を取り上げる非宗派的なアプローチ[*14]が主流となってきた。そこには、従来の宗教教育だけでは非キリスト教徒の子どもたちに対しする道徳教育の充実が補いきれない現状が生まれてきた。あらたな宗教教育の改革が必要となったのである。

1966年にコックス（Cox. T.)[*15]は『変わりゆく宗教教育の目的』において、社会の世俗化と多宗教化の進行を鋭くとらえ、宗教教育の目的を新たに設定すべきであると訴えた。彼は学校教育の中に宗教教育が位置付けられるためには、他教科同様に子どもが彼らの経験を通して検証したことから学ばせ、自らの経験に基づいて解釈するよう導くべきと述べている。彼はここで「宗教教育は真に教育的価値を持ったものであるべき」であるという、のちの「教育的宗教教育」の基本原理を打ち出している。

公立学校の宗教教育をめぐる新たな議論は、イングランドの道徳教育の研究を進めることにも役立った。また宗教教育自体が道徳教育化している状況で、果たして宗教教育の存在理由があるのか、あるとすればその理由は何か、どのような内容であるべきかについて1970年代には盛んに議論された。1970年に発行されたスクールズ・カウンシルの『中等学校における宗教教育』と国教会の宗教教育委員会の報告書『ダラム・レポート』[*16]である。

そこで、学校教育の中に宗教教育を位置付ける論拠を５つ挙げた。

① イギリス社会の伝統と世論の支持
② イギリスさらにヨーロッパ文化の背景を理解する必要性（文化的理由）

③　宗教が持つ本来的性格（人生の意味と目的の洞察と帰依―その洞察にふさわしい行動―を主張する）
④　道徳教育としての役割
⑤　教育的理由

宗教教育は、子どもの全面的発達をはかるために不可欠として教育課程に位置付けられた。宗教教育が家庭において保護者に任せておくだけでなく、その教育の本質から一つの領域として学校教育において不可欠とされるからである。イングランドの学校現場で、実際には子どもたちは英国国教会の教えだけを学んでいるわけではない。多様な信仰を持つ子どもが一緒に、同じ教科書*17を用いて、6つの宗教（キリスト教、イスラム教、ヒンドゥー教、シーク教、ユダヤ教、仏教）について学んでいる。相互理解を深めることが共生の基礎になると考えられているからである。

### (2)　実際の学校現場から

宗教の時間で用いる教科書を見ると、多様な国民の共生を目指し、宗教を学ぶために現在の姿から入るスタイルとして用いているものが多い。日本では宗教について一般的に学ぶとすれば、宗教の歴史や起源について学ぶこととは対照的である。

それぞれの宗教を信仰している子どもの家庭の様子が描かれており、その特徴的な点について紹介している。ここで重要なのは、同じ年頃の例えばイスラム教徒の子どもの価値観について理解をすることを通して、イギリスの公立学校の子どもたちは自分の生き方を導いているものは何なのかと、自己理解を深めることだという。

さらに、その教科書で学んだ様々な宗教について信じるか信じないかは子ども本人の自由としている点がポイントとなる。教科書で学ぶことを通して、信じる人と自分とのあいだでの往復運動が始まり、自分とは違うよりどころを持つ人と自分のあいだに、共通性と違いの両方を見つけ出す。また、そこから自分の生き方についてじっくりと考える機会を与えることが大切になる。こうした指導方法や教材が、多様な信仰を持つイギリス国民に対する、国としての責任ある宗教教育となっている。

## 4　イングランドの人格・価値教育および宗教教育から学ぶこと

シティズンシップ教育は公的社会的道徳性に焦点を当て、公民的共和主義を前提としている。

PSHE 教育については、現在の社会的課題の解決に向けて、これまでの宗教教育や家庭教育で補えない部分（健康、性、キャリア、環境など）を体系的に整理したものである。PSHE は各地方教育局において独自のコースカリキュラムを組んでいるが、そこでは道徳や宗教をテーマにした学校もある。

シティズンシップ教育と PSHE 教育は、直近の調査ではカリキュラム上距離が縮まってきており、大きく一緒に包括的に取り扱っている学校が多くなっている。一方で、宗教教育については司教が授業を担当する学校もあるなど、イギリス国教会の確固たる影響力は変わらない。つまり、日本の道徳教育に相当するイングランドの価値・人格教育のコアの部分を担う３つの教育は、宗教教育の基盤の上に他の２つの教育が成立している（図５参照）。社会的、経済的、環境的な多くの課題が噴出するなかで、宗教教育だけでは解決しない課題を、イングランドでは具体的な生き方の問題として PSHE やシティズンシップの教育で学習する。

日本の教育では宗教教育を教科・領域として認められるところは、私立学校を除いてはない。しかし宗教的情操の必要性は戦後一貫して強調され、教育基本法第15条でも確認ができる。ところが日本の人格・価値教育の体系はイングランドのナショナル・カリキュラムとは異なっている。その最大の特徴は、宗教教育の位置付けが曖昧な点と道徳教育がその部分を担っている点である。

日本の道徳教育では、道徳の教科化の検討において、「特別の教科 道徳」が始まるなかで、内容項目の部分*[18]では「いじめ問題への対応のため（中略）人間の弱さや醜さを踏まえて、困難に立ち向かう強さや気高さを培うことや、生命を尊重する精神を育むことなどをより重視することなどが考えられる」（アンダーライン部分が変更点）とされた。

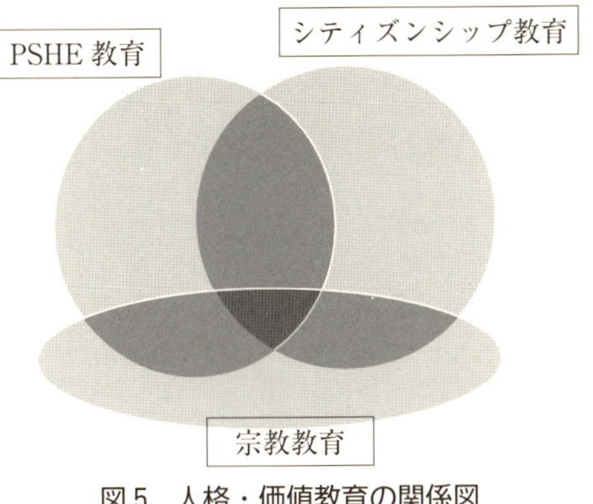

図５　人格・価値教育の関係図

いじめ問題への対応や社会正義を培う市民性の教育など具体的な実践がより強く求められる日本の教育において、道徳教育とりわけ生命を尊重する精神を育む教育への期待は大きいと言えよう。なぜなら、生命を尊重する教育がイングランドの宗教教育のように、すべての教育の基本となるからである。

また、道徳教育に該当する上記の３つの柱は、互いに補完し合いながら展開されていることが分かる。「価値多元化社会」と言われるイングランドにおいては、道徳教育によって、民主主義的な価値観や態度を身に付けることができると評価されてきている。だからこそ、互いの生き方や宗教の違いを認識したうえで、改めて自分自身の価値観を問い直すような教育が求められている。現在実践されているイングランドのこの道徳教育は、グローバル化にともなう多元社会における人格・価値教育の手本となるだろう。

## 第２節　韓国の道徳教育と宗教教育

### １　韓国の道徳教育

韓国における道徳の授業の成立は、おおよそ次のような経緯による。

韓国では、李朝末期、日本にならって「修身」の教科書を国が編纂[*19]して、発行していた。そして日本の統治下になってからも、日本と同様に「修身」の授業が行われていった。望ましい価値徳目を積極的に子どもに内面化していこうとする性格が強い教科であった。

ところが終戦の1945年８月15日以後は、米国の軍政権下に入り、それまで30

年以上続けられてきた「修身科」が廃止された。その後は、「修身科」にかわり「公民」、そのあと1年後には「社会生活科」を設置することとなった。そしてこの教科を中心にして、韓国では民主主義を基盤とした道徳教育が教えられた。

朝鮮戦争が勃発した1950年から54年までは、実際の教育は不可能な状況であったが、戦後1954年4月より、韓国には「道義教育」という教育が行われるようになった。この「道義教育」が韓国の道徳教育の基本となるが、その内容は反北朝鮮であり、日本からの防日的な内容を盛り込んだもの*20だった。米国とソ連の代理戦争と呼ばれる朝鮮戦争が勃発して、米国は韓国の教育に反共産主義の色を濃くしたものを残したいと考えた。それが実を結ぶのは、1963年2月のあらたな教育課程の改革である。ここで韓国のカリキュラムは、教科活動、反共・道徳生活、特別活動の3分野となり、日本の道徳の時間に該当するものは「反共・道徳生活」として、対共産主義をあからさまにするものとなった。1973年8月からは、「反共・道徳生活」が一つの「領域」から「道徳」へと名称が変わり、正式の道徳教育を実施する教科となった。

朝鮮戦争後は、イデオロギーによる対立の中で、米国からの反共産主義的な動きに影響を受けるかたちで、道徳教育が進められたが、戦後のめざましい経済発展とともに、戦後50年のあいだに、ゆるやかに人格教育が進められていった。2015年9月には、教育部（以前の教育科学技術部）より「第2015-74号」*21が告示され、「総論」とともに、「時間配当基準」が発表された。現行の韓国の「道徳」は、この「2015改訂教育課程」に全面的に準拠した教科教育を実施している。

## 2　韓国の道徳教育の指導内容

ここでは、韓国の道徳教育について、道徳の目標と授業で使用する教科書*22からその指導内容を見ていく。

### (1)　韓国の「道徳」の目標

関根明伸（2016）*23は、2015年9月に韓国で告示された教育課程について

「『2015改訂教育課程』にみる韓国道徳科の動向」として発表した。関根の翻訳した教育課程を参考に、「2015改訂教育課程」から現在の韓国道徳教育の動向を確認し、道徳教育の目標や内容項目について調べていく。「2015改訂教育課程」には、初等学校と中学校に共通の教科目標（以下、「教科目標」という）が示されている。

道徳科は基本的に誠実、配慮、正義、責任など21世紀の韓国人として持つべき人間性の基本要素を核心価値として設定し、内面化することを一次的な目標とする。これを土台として自分の人生の意味を自主的に探索できる道徳的探究および倫理的省察、実践過程で伴う道徳を行う能力を養い、道徳的な人間と正義感に満ちた市民として生きていけるよう手助けすることを目標としている。

上記の目標は、小・中共通の目標である。そのあとに、発達段階に応じた小・中それぞれの目標が示されている。

① 初等学校段階では、“正しい生活”科で形成された人間性を基に、自分、他者、社会・共同体、自然・超越的存在との関係で自分の生活を反省し、様々な道徳的な問題を探究し共に生きるために必要な基本的な価値・徳目と規範を理解し、道徳的技能と実践力を涵養する。

② 中学校段階では、小学校の道徳科で形成された価値・徳目および規範に対する理解と道徳的技能および実践力を深め、現代社会の多様な道徳問題に対する探究と人生に対する省察を基に道徳的アイデンティティを構成し、相互に配慮の人間関係と正義に満ちた共同体および自然との調和した関係を具現化し、積極的に実践する徳性と力量を養う。

なお、「2012改訂教育課程」における道徳科の目標と比較してみる。2012年度の改訂の教育課程における道徳科の目標は以下のとおりである。

道徳教科は、人間の生に必要な道徳規範と礼節を学び、人間と社会、自然・超越的存在との関係の中で正しい道徳的責任と義務を理解させるとともに、多様な道徳的問題への感受性と思考力、判断力を形成させて道徳的理解を実践につなげ、さらに実践動機と能力を涵養することで、個人の望ましい価値観を確立させ、社会と世界の発展に寄与できるようにする教科である。

比較してみてみると、2015年の教育課程における道徳科の目標は、21世紀の韓国人として身に付ける核心的な価値として「誠実」「配慮」「正義」「責任」の４つの価値を挙げている点が注目される。「誠実」は自分との関係における核心価値。「配慮」は他者との関係における核心価値。「正義」は、社会・共同体との関係における核心的価値。さらに、「責任」は、自然・超越的存在との関係における核心的価値である。

この核心的価値を一次目標にして、二次的に「道徳的探究」「倫理的省察」「実践過程で伴う道徳を行う能力」を養い、道徳的な人間で正義感に満ちた市民を目標としている。前回の改訂では、道徳的理解から、道徳問題への感受性、思考力、判断力を養い、そこから道徳的実践につなげることをねらいとしていたが、今回はその点については、初等部学校および中学校のそれぞれの段階での目標にしている。

全体の目標を見てみると、「道徳」の最終的な目標を「統合的な人格を形成する」ことに置いている。そのために、「私」と四つの「領域」との価値関係を知的に理解できるように示している。

その中身は、私と①「自分」、②「私たち・他の人」、③「社会・国家・地球共同体」、④「自然・超越的な存在」との関係性において、「正しい理解」と「人間の生に必要な道徳的規範と礼節」を学ぶことを目標としている。さらに、「中学校目標」では、それに加えて「道徳的価値・徳目に対する理解を深化」させることが求められている。

内容項目は、上記の①～④の各領域から抽出されたものが、初等学校の３～４年生で16個、５～６年生で16個、中学校１～３年生で30個設定されている。この４つの領域は、カリキュラム上の範囲を示し、内容項目の配列は順序性を形成している。

なお、この内容項目は韓国の「道徳」で扱われる内容を示すとともに、学習することで達成すべき到達の基準を示す表現となっている。例えば、初等学校5～6年の④「自然・超越的な存在との関係」を見てみると次のようになっている。

そこでは（ア）環境親和的な生、（イ）生の大切さと道徳、（ウ）科学技術と道徳、（エ）文化と道徳、（オ）心の平和と道徳的生、（カ）理想的な人間と社会としている。この点について、関根*24は、従来の読み物教材による道徳的な自覚を促す題材だけでなく、生徒たちが生活の中で直面する現代的なテーマが数多く扱われていると言っている。

### (2) 韓国の道徳の教科書

現在韓国の道徳教育に関する教科およびそれに関連する教科書は以下のとおりである。

① 小学校１～２年生　『正しい生活』

これらは、小学校３年生から始まる教科「道徳」の準備段階にあたる科目の国が発行する教科書である。

② 小学校３～６年生　『道徳』

③ 中学校１～３年生　『道徳』

④ 高等学校　選択教科　『生活と倫理』『倫理と思想』

これらのほかに、全面主義教育から見た場合に、韓国では教科としての道徳だけでなく、生活指導（生徒指導）に関わる教科書も作成している。それが『生活の手引』である。この『生活の手引』は、小学校１～６年生の６年間指導し、使用する。

韓国の国定教科書『道徳』は、1988年に埴生知磨（はにゅうともまろ）*25が韓国道徳教育の小学校教科書を翻訳している（埴生知磨『邦訳大韓民国「道徳」教科書　第４、５、６学年用』）。なお、小学校４～６年生の教科書については、1991年に訳出している。正式に韓国政府が認めた翻訳本は出ていないが、埴生の訳出した翻訳教科書を見ると、戦前の「修身」を彷彿とさせる章立てとなっている。

現在使用されている教科書は、その後改訂されて埴生の翻訳したものは現在使用されていない。2014年改訂されて2016年に出版された教科書には、道徳の内容一覧表が目次とともに紹介されている。例えば6年生の教科書[*26]を例にとると、目次に示された道徳の内容は以下のとおりである（図6参照）。

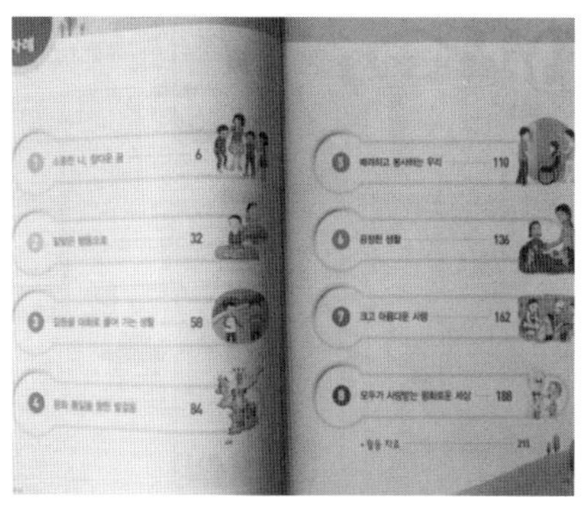
図6　小学校6年生の道徳教科書目次

目　次



小学校6年生では、第1章〜第8章まで、日本の道徳・副読本に相当する物語が描かれている。各章ごとに1〜4のそれぞれの単元がある。この4つの単元には、当該の道徳的価値に関する物語とそのねらいとする価値に関する格言や心に残る言葉（図7参照、『銀の燭台』）、物語を読んだあとに自分で実践できているかどうかを省察するワークシート[*27]（図8参照、『マザー・テレサ』）など、日本の副読本と大変似ている部分もある。

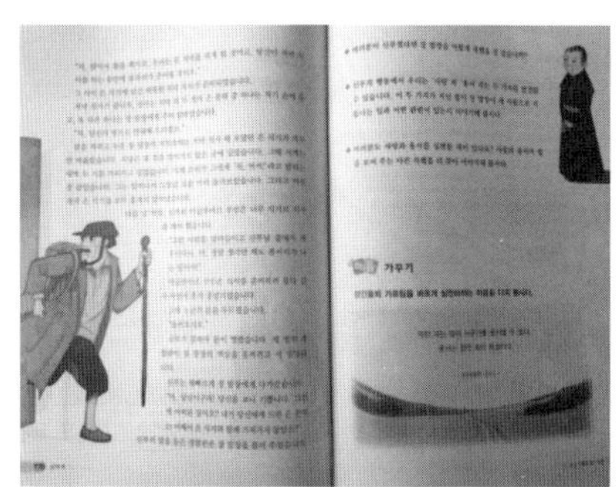
図7　読み物教材『銀の燭台』と格言

全体を概観すれば、韓国の道徳には読み物教材や各種資料によって道徳的な自覚を促すような資料だけでなく、現代的で現実的なテーマの資料が多く登場している。例えば、初等学校の3〜4年生の「インターネットのマナー」とか、初等学校の5〜6年の「情報社会での正しい生活」、中学校での「平和的解決と暴力の予防」などは、いずれも現実生活の中で子どもが直面するだろう身近な課題となっている。

また、資料から離れて実際の生活に活かす問題解決的な学習（図９参照）や、道徳的知識を増やし、それに基づいて判断力を問う部分（図10参照）も見られる。さらに、キャリア教育や環境教育、国際理解教育などを複合的に学習していくような課題も扱われており、「道徳科」は多面的で横断的に学ぶべき総合的な教科となっている。

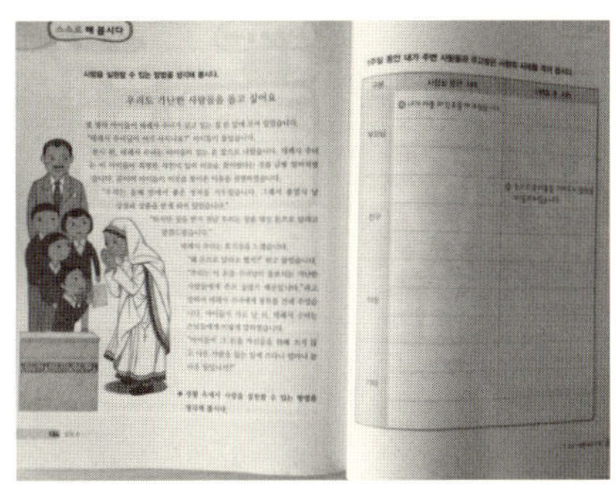


図８　マザー・テレサ

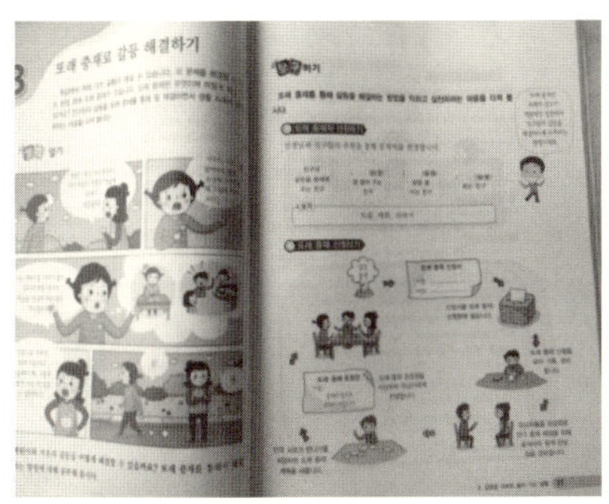


図９　日常生活の問題解決場面

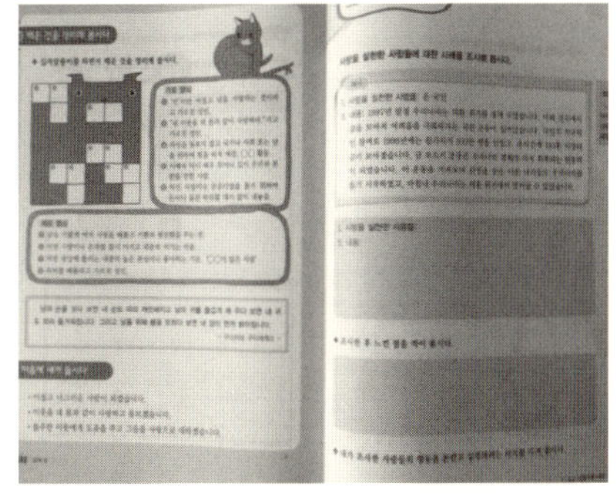

図10　道徳的知識に関するクロスワードパズル

## 3　韓国の宗教教育

### (1)　韓国の宗教について

韓国の宗教人口の内訳は、2010年の統計*28によれば、仏教徒22.8%、プロテスタント18.3%、カトリック10.9%、無宗教46.5%である。円仏教という20世紀初頭に韓国で生まれた仏教系の新宗教は仏教とは別にカウントされていて、0.3%である。その他として、儒教と回答した者が0.2%であり、他の諸宗教合わせて１%である。

韓国は儒教の国というイメージが強く、親孝行を大事にして家族のつながりを尊重する精神が儒教には流れており、それが現在の韓国社会の文化の基盤となっていると考えられるが、信仰する宗教として調査に回答する割合は大変低いものになっている。

留学生の韓国人男性に尋ねてみても、「儒教を宗教と考えていない」と答えている。韓国人にとっては、儒教を宗教とはとらえていないようである。

儒教は、五常（仁、義、礼、智、信）という徳性を拡充することにより五倫（父子、君臣、夫婦、長幼、朋友）関係を維持することを教えている。儒教の考えには本来、男尊女卑の概念は存在していなかった。しかし、中国の唐の時代以降、儒教に於ける男尊女卑の傾向がかなり強く見られるのも事実である。これは「夫に妻は身を以って尽くす義務がある」と言う思想（五倫関係の維持）を強調し続けた結果と現在では見なされて、儒教を男女同権思想と見るか男尊女卑思想と見るかの様々な意見がある。

朝鮮民族においての儒教は、中国から新羅の時代（12世紀初旬）に朝鮮半島に伝わり、発達した形である。朝鮮の精神史に於いて最も重要な影響は、中国からの文化的影響の一部としての儒教思想の導入だった。今日、儒教の遺産は、朝鮮半島の社会の根底部分、道徳体系、生活様式、年長者と若年層との関係、ハイカルチャーなどに残っている。また、大部分の法体系の基礎をなしている。朝鮮の儒教は、新羅や高麗などの時代から受け継がれていた国家統合の実践的な方法だと考えられている。韓国の学校教育においては、高等学校の「倫理と思想」の教科・科目で儒教について、思想や倫理の視点から教えている。韓国市民の精神性の中に息づいていると言ってもいいだろうと考える[*29]。

### ⑵　宗教教育の流れ①―「第6次教育課程」まで

1980年代、ある特定の高校（有名大学に入学しやすい高校など）への受験が熱を帯びる一方で、入学予定の生徒数が減少してしまい日常の授業に影響のでる高校が発生してきた。これは、関根（2012）[*30]によれば1974年からの高校の「平準化」政策による影響が大きいという。政教分離の政策を今日の韓国はとってはいるが、1980年代このため、政府は改善策を示した。政教分離の対象である宗教教育が高等学校の選択科目の一つとして俎上に載せたられた背景は、この「平準化」政策である。「平準化」政策とは、受験戦争を和らげるために個別の入試をやめて、生徒を自動的に地域の高校へふりわけるシステムである。これによって、高校に入学する際に信仰は考慮されずに成績のみで、高校生をふりわけることになってしまった。そのため、熱心なキリスト教徒の生徒が仏教の高校に入るような事態が発生した。社会的な問題となった事態を受けて、宗教系私立校は礼拝を免除し「宗教」を望まない生徒に対して代替授業を用意することが教育庁から求められるようになった。

また、多様な信仰を持つ生徒が共に学ぶという状況に対応するため、プロテスタント・カトリック・仏教の代表者が対話を重ねて、独善的な教育にならぬように独自の執筆を進めていたものが教科書となり2002年から使用されている。

この教科書で注目される点は、儒教的伝統に対する批判の要素が読み取れる。国内の男尊女卑や身分差別の慣習を啓発する形となっている。ただし「儒教のせいだ」と名指しして糾弾するところはない。プラス・マイナス様々な視点での論評があるだろうが、韓国における道徳教育に対する儒教の影響は大きいようである。これは、信仰しているかどうかを表明する以前に韓国文化の中に浸透しており、国民も無意識の中に影響を与えていると推察されるからである。

### ⑶　宗教教育の流れ②―「第７次教育課程」から現在まで

高等学校における宗教教育は、「2007年改訂教育課程」における科目「生活と宗教」に見られる目標や、それから４年後に改訂された「2011年改訂教育課程」における「宗教学」の目標に、韓国の最近の宗教教育の在り方が見られる。

「2007年版」と「2011年版」の冒頭では、正しい宗教観を培うための宗教に関する基礎的な知識の習得が強調されていて、宗教的な知識の教育を教科の中心的な目標にしている。

- 2007年度改定教育課程…幅広くバランスのとれた知識を習得する
- 2011年度改定教育課程…多様な宗教に関する一般理論と基本知識を習得する

中学校における宗教教育は2015年の教育科学技術部の『2015改訂教育課程』によれば、内容項目の④「自然・超越的な存在」の中で、（エ）文化と道徳の

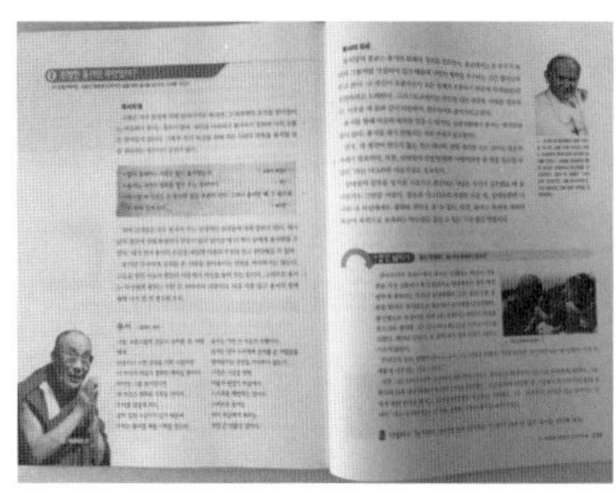

図 11　中学校 2 年道徳科教科書の一部分

中で、宗教と道徳との関係について示されている。

「生活の中で宗教が持っている意味や宗教と道徳との関係等を理解する。(以下省略)」

このように、生活の中で宗教が持っている意味と道徳との違いについて、すなわち我々が生活する日常的な文化の一つとしての宗教をいかに知識として理解すべきかが、ここでの内容であり到達基準として『道徳科教育課程』の中で示されている。

『2012年道徳科教育課程』のもとで作成され、2016年現在使用されている道徳科教科書を見ると、宗教に関する多くの知識を生徒に修得させようという内容になっていることが分かる。

図11は、中学校 2 年の道徳科教科書の一部である。ダライ・ラマやローマ法王を写真付きで取り上げ、それぞれの宗教についての説明を加えている。

図12、図13は、小学校 6 年の道徳科教科書の一部である。そこには、韓国における大切な思想であるキリスト教、儒教、仏教に関するイエス・キリスト、孔子、ブッダに関するエピソードを物語風に描いて、教科書にそれのみを掲載している。

以上、最近の韓国の中学校や高等学校での宗教教育では、どちらも宗教に関する基礎的な知識の習得に力を入れている傾向がある。いわゆる宗教知識教育が中心と言えよう。それを自分自身の生き方として取り入れていくか、ある程度の距離を置いて見ていくかは、生徒それぞれの問題である。

韓国のように道徳教育に宗教が位置づくということは、どの思想も信じるかどうかは本人にゆだねられており、その前段階の部分までを、学校の道徳科で扱うことが分かってきた。イングランドのような宗教教育が基盤にあって、そこに PSHE 教育やシティズンシップ教育が位置づくのではなく、学校の道徳

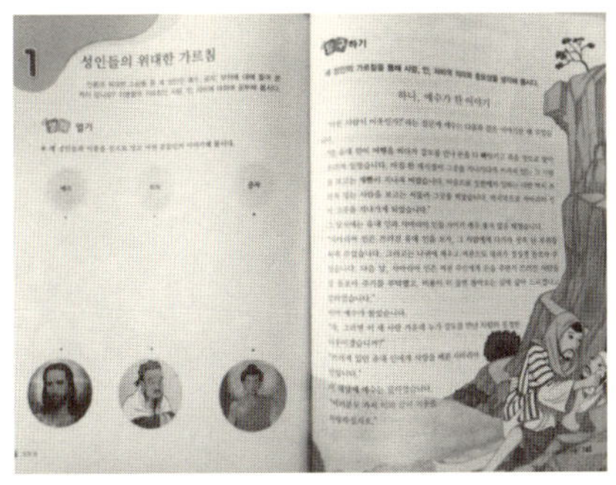
1 성인들의 위대한 가르침

하나, 예수가 한 이야기

図 12　小学校 6 年道徳科教科書（2016年用）の一部分

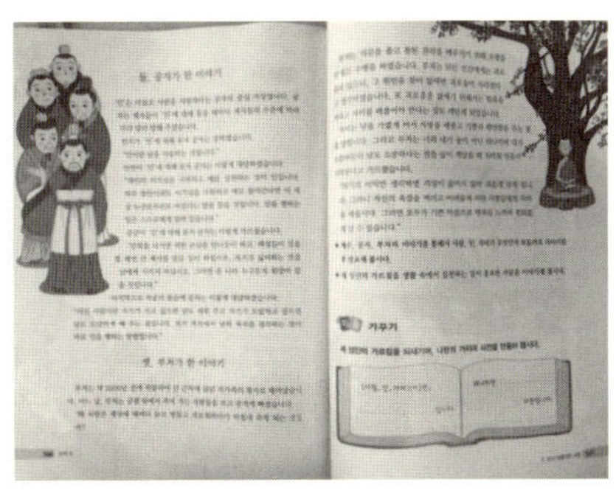
둘, 공자가 한 이야기

셋, 부처가 한 이야기

図 13　小学校 6 年道徳科教科書（2016年用）の一部分

科という教科の中に宗教知識教育的な部分が位置づいていた。

## 4　韓国の道徳教育と宗教教育から学ぶこと

現在の韓国において、「平準化」政策により公教育での非宗派的宗教教育が公立学校においても実施されている。そのために、2000年になってからキリスト教のプロテスタントおよびカトリック、そして仏教の関係者が一同に会して、それぞれの願いや思いを語り、韓国国民のために宗教教育のステークホルダーとして何ができるか、何が必要かを教科書の編集のために話し合った点は大変に評価される。宗教に対する寛容さを、各宗教指導者が実践した点が大きい。

こうした宗教教育の新しい展開を見せている韓国では、自覚的な信者は少ないものの儒教の伝統は社会に広く存在している。その儒教の精神でさえも、現在では家夫長制や儒教的な師弟関係の見直しにつながっている。つまり、伝統文化や土着信仰を尊重はしているが、それはなんでもよいということではない、韓国社会の悪しき習慣は率先して改めていこうという方針が見られる。

学校教育における道徳教育においては、儒教だけにこだわることなく宗教全般について、韓国人が育ててきた文化とみなし、そこから様々な宗教（キリスト教や仏教）の知的な部分を積極的に取り入れていこうとする姿勢が垣間見られる。宗教に対する寛容な姿勢である。

## 第３節　日本の公立学校における宗教教育と道徳教育の在り方

### １　「多様性」に価値を認める道徳教育の推進と宗教教育

イングランドと韓国の道徳教育と宗教教育について広い視点から見渡すと、どちらも宗教が学校教育にどのように位置付けられるかについては紆余曲折の歴史があり、それは今なお続いていると理解できる。そして、情報化・国際化の時代にグローバルな視点で宗教と道徳をとらえ直す必要性が、世界の流れと教育の目的に一致しているように考えられる。

つまり、情報はインターネットを通じて溢れるばかりに寄せられる今日では、旅に出かけなくても、自分と異なる宗教を信仰している人々がどのような生活をしているかが分かる。交通手段が発達し、各国へ異なる国の人々が気軽に来航し、そこでは国際的なコミュニケーションが発達してくる。企業は国内だけでなく利益追求のために世界へと飛び出している。今まで出会わなかった国と国の人々の交流が始まる。こうした状況をグローバリズムと呼ぶならば、グローバル化した状況では多様な民族、多様な文化、多様な宗教、多様な価値観が混在する事態が起きてくるのは、当然のことであろう。こうした状況の中で、教育の現場では、最近は「異文化理解教育」から「多文化理解教育」という言葉が多くなっている。

そこに多様性（diversity）の価値観を重視し、多くの国の文化を理解する教育を推進する意義が生まれてくる。つまり、宗教と道徳について各国は、グローバル化に伴う多様性の価値観を認めながら、その方向性を修正する動きが始まっていると言えよう。

多様な宗教を信仰する者がその国に移住し、その家族が学校教育を受ける。こうしたことが、イングランドや韓国だけでなく、多くの国で現実的になってきている。多様な宗教、文化に対応する学校教育は、ここに単に宗教の教義を教える宗教教育から脱皮を図り、「多様性」という点について価値の見直しを図り、最終的には他の宗教や民族を受け入れられる道徳的判断力や態度としての「寛容」という価値の再発見が必要なのではないか。この再発見のための教育として、道徳教育が用いられることにどの国の人々も気付き始めているのではないだろうか。

宗教教育の一部である宗派教育は日本の公立学校では認めていない。だからこそ、他国に先駆けて、日本の道徳教育が実践できることは、こうした様々な文化、生活様式、信仰を持った人々を受け入れることのできる多文化理解の教育の充実である。ここに期待が高まっていると考える。

イングランドの宗教教育の役割を日本では道徳教育が果たすだけでなく、韓国の道徳教育の歴史を参考にして、日本では道徳教育が「多様性」に価値を認める教育を強力に推進して、そこに様々な文化、宗教、民族を認めて受け入れていく道徳的価値「寛容」に対する価値観を高めていくような教育ができると考える。

宗教教育のとらえ方を日本では現在、①宗派教育、②宗教知識教育、③宗教的情操の教育の大きく分けて３つの類型*31（図14参照）として押さえている。多様な価値観や宗教、多様な生活、多様な民族、多様な生活習慣。その多様性を互いの理解のうえに認めていく。違いをマイナスととらえずに、多様性が民主主義のよさであることからも多様性をよさとして受け入れていく価値観。それを「寛容」をキーワードにした多様性社会の認識や多文化理解の教育として実施する。「寛容の教育」がこれからは、いっそう必要になってくると言えよう。

| 宗教教育 | 宗派教育・・・・・・・公立学校では指導できない。 |
|---|---|
| | 宗教知識教育・・・・・公立学校でも指導ができる。 |
| | 宗教的情操の教育・・・公立学校において指導が可能かどうか判断が分かれる。 |

図14　日本の宗教教育と公立学校での実施の関係

## 2　「宗教的寛容」を道徳的価値の側面からとらえる工夫

藤原聖子（2011）*32は、日本の宗教教育に関して、法律上は従来の宗派教育が特定の宗教の信仰をはぐくむ教育であるから、公立学校では実施できないとしたうえで、宗教的情操教育と宗教知識教育の目的を新しい哲学教育と共有できる表現に置きなおすという前提で以下のように整理している。「それは、人格形成のための教育、異文化理解のための教育、論理的・批判的思考力や対話能力といったコンピテンシーを身に付けるための教育である。」

つまり、日本では宗教に対する信仰が低く、一方で教育課程において公立学校では宗派教育の実践が認められない中においては、イングランドのように教科として「宗教」を教育することはできない。イングランドの現在の課題となる市民性の教育や PSHE 教育を構造的に実施することはできない。また、韓国の儒教という古くからの宗教を現在の多様性の中で改善する対象として道徳教育を進める教育もできない。

そこで、藤原の言うような宗教的情操教育や宗教知識教育の実践が、現在の時代にあった形で、宗教教育の一環として求められてくる。イングランドと韓国の道徳教育と宗教教育の実態をふまえ、これからは日本において多様性を認め合う教育が21世紀型学力とも関連し、大事になると感じた。それは、宗教という一つの文化に焦点を当てた場合に、宗教的寛容に関する教育が大切になってくると考えられる。

改正教育基本法の第15条（宗教教育）には、「宗教に関する寛容の態度、宗教に関する一般的な教養及び宗教の社会生活における地位は、教育上尊重されなければならない。」として、２項では「国及び地方公共団体が設置する学校は、特定の宗教のための宗教教育その他宗教的活動をしてはならない。」と明記されている。

つまり、２項の中で、「特定の宗教のための宗教教育」ということは、宗派的教育や一部宗教的情操教育を含むであろう教育活動を指すと考えられるが、１項で「宗教に関する寛容の態度、（中略）教育上尊重しなくてはならい」としている点から見て、宗教に対する「寛容」の態度を育てる教育は、公立学校において積極的に行う必要があると考える。

また、１項で「宗教に関する一般的な教養（中略）、教育上尊重されなければならない」としている点は、これまでの海外の宗教教育から見ても分かるように、宗教知識教育を指しているだろう。さらに、「宗教の社会生活における地位は、教育上尊重されなければならない」としている点は、世界の多様な人々が信仰している宗教について、これを認めると言う点で日本国憲法とつながってくる。

日本国憲法第二十条（信教の自由）を見ると、「信教の自由は、何人に対してもこれを保障する」として、社会生活における宗教の地位を保証している。教育基本法の上位の法であるところの憲法に規定されているわけである。

欧州評議会*33の「多文化共生教育のための宗教理解教育」運営委員会は、主として多文化共生の教育として道徳教育を位置付けている。「宗教に対する寛容の教育」は異なる宗教間の共生のために必要とされるものであるが、寛容の精神は多様な特質を持つ人間が共生していくために必要なものであり、人格形成やコンピテンシーの獲得にも及ぶものであると言える。したがって、宗教から生まれた「寛容」の価値ではあるが、これからの時代には道徳教育の視点からこれを積極的に取り入れていく必要があると考える。今後は宗教教育が大切にしてきた価値意識をも含み込んだ道徳教育の在り方を日本では考えていく必要があるだろう。

---

＊1　押谷由夫　2012年10月「本研究の意図と願い」『学校における宗教に関わる教育の研究①-日本と世界の宗教に関わる教育の現状-』公益財団法人 中央教育研究所、2～3頁。

＊2　インタビューを実施した教育関係者は以下のとおり。

＜ケンブリッジ大学＞

Dr. Michel Robson（the science of religion）

Fellow St. Edmund's College Academic Advisor　E-mail: mjpr@cam.ac.uk

Dr. Scott Annett（literary）Education Director　E-mail: scott@bbgroup.co.uk

Mr. Stewart Eru Education Director

＜中等教育学校の副校長＞

Mr. Richard Matthells

Mr. Peter Jones

＜PSHE Association＞

Mr. Joe Hayman (Chief Executive)

なお、Mr. Hayman から贈呈していただいた著作もＰＳＨＥ教育の調査の参考とした。

Hayman, J. (2012). *British Voices- The UK in its Own Words.* London: Matador

＊3　韓国の国定教科書　　道徳は小学校３年生から教科となる。

小学校１年生、２年生　　『正しい生活』　春、夏、家族、学校　各４巻ずつ。

小学校３年生～６年生　　『道徳』　　　　各学年１巻。

中学校１年生～３年生　　『道徳』　　　　３年間で２巻。

高等学校１年生～３年生　『生活と倫理』　教科で１巻。

＊4　イギリスの全人口が6411万人（2013年現在）でイングランドの人口はその84％にあたる。（外務省ＨＰより）

＊5　学校でなされる全ての教育活動を通して道徳教育を進めていこうとするもので、道徳教育を実施するための特定の教科を敢えて設けないもの。

＊6　大久保正弘（2012）「第２編　わが国における導入の可能性について―英国の事例との比較分析から」長沼豊／大久保正弘編著『社会を変える教育 Citizenship Education』Keystage 21、64-69頁。

＊7　PSHE 教育に関する質問　To Mr. Hayman（PSHE 協会　Chief Executive）。

The question

① PSHE education a subject entirely Socialist or not. Over the years when the number has been decided about this education?

② Which grade of school PSHE education is carried out? Which grade of stage on National Curriculum PSHE education is carried out?

③ How does "health and economic education" will be each flow of personalities and values education?

④ To be specific, what do "personality education" in the lesson?

⑤ What kind of education does "social education" internally?

⑥ What do you teach about "health education"?

⑦ What do you teach about "economic education"?

⑧ How do all students study values in connection with a current problem?

⑨ What is the leaning in anticipation of practically action?

⑩ What do you think about consideration you in order to avoid imposingvalue?

⑪ How do you evaluate? To parents, telling how assessment of students are?

⑫ How much will this evaluation influence to higher schools?

⑬ The teaching of respect for human life and what relevance do?

⑭ Where the relevance of religious education? What is the difference?

⑮ Where is the relevance of "citizenship education"? What is the difference?

⑯ Period of education why, with the theme of one of these four pillars of.

Add question

⑰ What kind of values awareness training?

⑱ Advanced performance whether there is overlap in PSHE education teaching and religious education?

⑲ What is effects of PSHE education guidance as immediate advantage? Also, what do you expect about the effects of rises in the future?

⑳ How to show publicly effect visible as education PSHE is coming up? Thinks future effects of such education publicly shows actively are you trying?

㉑ I want introduce school PSHE education effect is coming up. Want to know specific PSHE education efforts. Are these schools honored as the PSHE Association?

㉒ Is the degrees of freedom of each school for PSHE education? As PSHE Association, how to grasp the each school's PSHE education activities?

＊8 教養豊かで品格のある人間を育てることを目指し、児童・生徒一人ひとりが自らの在り方や生き方を自覚し、生きる筋道を見付けながら自らの人生観を構築するための基礎となる資質や能力を育みます。そのため市民科の学習では、教師が指導性を発揮し、「我の世界」を生きる力（自分の人生を自分の責任でしっかりと生きていく力）と「我々の世界」を生きる力（世の中でしっかりと生きていく力）の両方をバランスよく身に付けさせる必要があります。実施に当っては、人格形成上、内容や方法面で関連がありながらも別々に行われていた道徳の時間、特別活動（学級活動）、総合的な学習の時間を統合し、その理念は大切にしつつもより実学的な内容を盛り込んだ単元で構成する学習となります。(http://www.city.shinagawa.tokyo.jp/hp/menu000006200/hpg000006190.htm）品川区教育委員会ＨＰより。

＊9 経済産業省（平成18年３月）「シティズンシップ教育と経済社会での人々の活躍についての研究会報告書」別冊<国内外の事例のヒアリング個票・参考資料>より。

○ 研究開発協力校　お茶の水女子大学附属小学校

1 研究開発課題　小学校における「公共性」を育む「シティズンシップ教育」の容・方法の研究開発

2 研究の概要　本校の構想する「シティズンシップ教育」は、「公共性」を育む取り組みである。本校で定義する「公共性」とは、授業づくりにおいて、「教師が民主主義に基づく社会生活を創る資質・能力を育てる視点を持つこと、そして、友だちと自分の違いを排除せずに、理解し考える力を発揮する子どもを育てること」である。そのために、教育課程を,「学習分野」と「創造活動」で編成する。この３年間は特に「学習分野」の研究に焦点を当てる。教師が他者と共に子どもを育てる協力学年担任制では、発達的な課題から「公共性」育む手だてを工夫し、実践する。教師の専門性を生かす学習分野 担任制では、学習分野ごとに、「公共性」を育む「リテラシー」を明らかにし、『学びの概要』(リテラシーの系統表)を策定する。昨年度までの研究開発で、特に心とからだの発達のギャップが大きいことが分かった3～4年生を核としていく。これらの校内研究を持続可能なものにするために、教師の同僚性を形成しながら、研究体制のあり方を探っていく。

＊10 日本道徳教育方法学会（2014年）『道徳教育方法研究』20より「会務報告」126～128頁。第20回研究発表大会 シンポジウム「シティズンシップ教育から道徳教育は何を学ぶか」発表者渡邉満（岡山学大学院)、水山光春（京都教育大学)。

＊11 柴沼晶子/新井浅浩編著（2001年）『現代英国の宗教教育と人格教育（PSE)』東信堂、182-200頁。

＊12 シティズンシップ教育に関する質問 to Mr. Richard Matthells（Vice schoolmaster of junior high school）Citizenship education is from 2002 in key stage 3 and 4 as part of the national curriculum for compulsory turned.

The question

① Become and why, alongside religious education in values education, citizenship education is compulsory?

② At key stage 1 and 2 PSHE and citizenship as a non-statutory framework, national curriculum combining reason to educate its own divided from stage 3 is being built?

③ Citizenship education within the curriculum take place in what we do?

④ Citizenship education is in relation to other subjects and religious education at any point is removed?

⑤ In learning program and any common relation to PSHE education will?

⑥ Citizenship education should learn how active how are, assessment discussion, simulation activities and doing research activities and group activities?

＊13 1944年に成立した教育法。当時の文部大臣 R.バトラーの名を取ってこう呼ばれる。これによりイギリス公教育制度は初等，中等，継続という3つの連続した教育段階に組織され，義務教育年限は15歳に延長された。(『コトバンク』より)

＊14 藤原聖子（2011）『教科書の中の宗教―この奇妙な実態』岩波新書、139-154頁。宗教教育における宗教の知識の部分を扱うような指導内容。また、自分の信じているものでない宗教の話についてはその間の授業については教室から退室できることも可能としている。

＊15 Cox, E. *Changing Aims in Religious Education,* Routledge & Kegan Paul, 1966.

＊16 柴沼晶子/新井浅浩編著（2001年）第2章1988年教育改革法後の宗教教育『現代英国の宗教教育と人格教育（PSE)』東信堂、25-59頁。

＊17　宗教で用いる国定教科書の見直しが代表的である。イングランドの宗教の教科書は以下を参照のこと。藤原聖子（2011年）第２章イギリス―となりの○○教徒と学び合う『世界の教科書でよむ<宗教>』ちくまプリマー新書、42-57頁。

＊18　文部科学省（2015（平成27）年７月）小学校学習指導要領解説　特別の教科　道徳編、３頁。

＊19　杉原誠四郎（2007）『日本の道徳教育は韓国に学べ―道徳教育教科化への指針』文化書房博文社、81頁。

＊20　同上書、81-82頁。

＊21　2015年９月23日に韓国教育部告示第2015-74号として、新しい教育課程が示された。なお、初等学校の道徳の内容体系もこの公表と同時に、教育部告示第2015-74号<別冊６>『道徳科教育課程』として公表されている。

＊22　今回の改訂での特徴は、共通教育課程と選択教育課程という２つの教育課程から構成されている点や教科群や学年群の導入、そして「汎教科学習」の実施など、わが国とは異なるいくつかの特色がみられる。

＊23　関根明伸（2016）「『2015改訂教育課程』にみる韓国道徳科の動向」公益財団法人中央教育研究所より。

＊24　同上書、57-58頁。

＊25　対訳朝鮮語読本など朝鮮語、ハングル語の翻訳に詳しい。

＊26　도덕 5～6 학년②　なお、６年生の教科書も表紙には、５～６年生の２年間の間に２冊を使用するようにするため、５～６年生用教科書①、②という示し方も併用している。

＊27　図８の右側に『マザー・テレサ』の物語を読んだあとのワークが表で示されている。この表の横軸は、自分自身のことをふりかえって、「愛をもらった」「愛をあげた」という道徳的行為をしたか、してもらったかで仕分けしている。縦軸については、その愛の授受の相手側が誰であるかで分けている。「両親」「友達」「隣人」「その他」の欄を設けて、書き込む活動ができる。

＊28　アメリカ中央情報局（CIA）（2010）『ザ・ワールド・ファクトブック』、ISSN 1553-8133より。

＊29　図12に示したとおり、道徳科教科書には、顔写真と思想家・宗教家を線で結ぶ学習で、キリストやブッダと並び、孔子が登場する。次ページからは、孔子の在りし日の物語まで２大聖人とともに示されている。

＊30　関根（2012）「韓国における宗教教育の動向―「教育課程」にみる宗教教育科目―」『学校における宗教に関わる教育の研究①―日本と世界の宗教に関わる教育の現状』公益財団法人中央教育研究所、42頁。

＊31　貝塚茂樹（2012）『道徳教育の取扱説明書―教科化の必要性を考える』学術出版会、111-118頁。

＊32　同上書、187～189頁。

＊33　欧州評議会（http://www.coe.int/en/web/interculturalcities/）は、1949年に設立されたヨーロッパの統合に取り組む国際機関。欧州評議会は47の国が加盟している。欧州評議会の法定上の機関は、加盟国の外相で構成される閣僚委員会、各国議会の議員で構成される議員会議、事務局の長である事務総長である。また欧州評議会内で独立した機関として人権委員が設置されており、加盟国における人権への意識と尊重を促進することを使命としている。欧州評議会は基準、憲章、条約を定めることで、ヨーロッパ諸国の間での協力を構築して統合を進めるという機能を果たしてきた。欧州評議会はフランスのストラスブールに設置されている。（世界ブリタニカ百科事典）。

# 第５章　学校教育における「宗教的情操」について

第４章では、イングランドと韓国における宗教教育がどのように行われているかを見てきた。第５章では、日本における宗教教育の実態はどうなっているのかを見ていく。現在の日本の道徳教育において「畏敬の念」を指導していく場合に、「宗教的情操の教育」との関係が問題になってくる。現行の学習指導要領の総則*1で、道徳教育において人間尊重の精神と生命に対する畏敬の念を育むことを基本にしているが、この「生命に対する畏敬の念」を育むことが、宗教教育との関係でどうなのか、宗教的情操を育むことになるのか、そもそも畏敬の念を指導していくことは可能なのかについて明らかにしていく。

## 第１節　日本の学校における宗教教育の実際

### １　教育法規における「宗教教育」について

#### (1)　憲法について

教育法規の基本となる日本国憲法第二十条【信教の自由】では、以下のように宗教教育について規定している。

> 日本国憲法第二十条【信教の自由】
> 信教の自由は、何人に対してもこれを保障する。いかなる宗教団体も国から特権を受け、又は政治上の権力を行使してはならない。
> ２　何人も、宗教上の行為、祝典、儀式又は行事に参加することを強制されない。
> ３　国及びその機関は、宗教教育その他いかなる宗教的活動もしてはならない。
> ※アンダーラインは筆者による

この第３項で宗教教育についてふれている。ここでの国及びその機関とは、国・公立の学校をさすと考える。こうした公の機関では、宗教教育だけでなく、その他のいかなる宗教的な活動も実施してはならないと明記している。つまり、公の学校教育では宗教に関する指導はできないことがこの条文からは読み取れるところである。

### ⑵ 教育基本法について

次に、憲法の下位にあたる法律である教育基本法について見てみよう。2006（平成18）年12月に決定し施行された改正教育基本法では、憲法の宗教教育に関する規定の影響を受けた流れになってはいるが、一部解釈のうえで注意する必要がある。

> 教育基本法第十五条
> 　宗教に関する寛容の態度、宗教に関する一般的な教養及び宗教の社会生活における地位は、教育上尊重されなければならない。
> 2　国及び地方公共団体が設置する学校は、特定の宗教のための宗教教育その他宗教的活動をしてはならない。

国のホームページ[*2]を見て教育基本法の解説を調べると、第十五条　宗教教育については、以下のように説明している。「国公立学校は、特定の宗教のための宗教教育その他宗教的活動を行ってはならないことを引き続き規定するとともに、新たに、宗教に関する一般的な教養は教育上尊重されるべきことを規定しました」としている。

憲法と比較して、ここに単に宗教教育をしてはいけないのではなく、「特定の宗教のための」宗教教育をしてはならないと示していて、逆に考えれば、特定でなければ宗教教育を実施してもよいのかと読み取ることができる。また、特定でない宗教教育とは何か。ここに疑問が一つ残ることになる。

この点については、廣瀬裕一[*3]（1996）は上位の法律である日本国憲法から見て、「あらゆる宗教のための宗教教育も禁止される」という見解と「一般的な宗教教育は許される」とする見解が対立すると言っている。また廣瀬は、ただこの混乱と対立は、宗教の概念を整理することで解決できるとも論じている。

以下にその整理を見てみよう。

憲法第二十条で国及びその機関が禁止した「宗教教育」において、例えば立法者の意思として考えた宗教を宗教Ｙとしたとする（以降「宗教Ｙ」)。その宗教Ｙに含まれる要素は一般的には、①教義、②儀礼、③教団、④その背景にある宗教体験、の４つの要素があると指摘する。

①〜③については、客観的に見て学校で指導しているかどうか判断しやすい。ところが、④については言うに言われぬ独特の心情を伴う聖なる体験であり、客観的に判定しにくいものであると補足する。

この④の要素がその宗教教育の実際に含まれているかどうかが、これを宗教として判定するかどうかの決め手になるという。また、この宗教教育の判定基準に照らして、宗教教育の可能な宗教を宗教Ｘとした場合に、この宗教Ｘは、宗教Ｙと異なり、④の要素を有していないことになる。④を有しない宗教Ｘは、別の憲法第十九条の思想・良心の自由や憲法第二十一条表現の自由・結社の自由によって保障されることになる。

以上が、廣瀬が試みた宗教教育と憲法の関係整理である。宗教的な体験を尋ねたり、模擬体験的な活動をしたりしなければ学校においても宗教教育は可能だと考えられる。

### ⑶　学校教育法施行規則について

さらに、下位の教育法規となる学校教育法だが、学校教育法そのものには「宗教教育」の項目も文言の登場も一切登場しない。学校教育法の施行規則においては、その第二十四条教科において、私立小学校の道徳を次のように扱うことができると定めている。

> 学校教育基本法第二十四条
>
> 　私立の小学校の教育課程を編成する場合は、前項の規定に関わらず、宗教を加えることができる。この場合においては、宗教をもって前項の道徳に代えることができる。

実際に全国で約200校の私立小学校[*4]があり、東京ではその４分の１である

54校が点在するが、建学の精神に宗教（キリスト教、仏教など）を掲げている学校が25校に及んでいる。道徳を教えずに、宗教を実際に指導している学校が現在の日本の教育において存在しており、道徳ではなく宗教を学校教育で受けて成人になる日本国民がいるということである。

私立学校においては、廣瀬*[5]は次のように説明する。「先に述べた宗教Ｙの信仰に導く目的や効果を持った宗教教育、宗教的活動が可能であるとされるため、宗教Ｘとしての『道徳』を宗教Ｙとしての『宗教』に代え得るということである。」

時間割には宗教の時間が礼拝になっている学校や神父からの講話の時間になっている現状をいくつも目にしている。私立学校では、堂々と宗教の教義を教えている。

以上の３点が、教育法規から見た宗教教育に関する留意点である。

## 2 「宗教教育」の中身に関する解釈について

下村哲夫（1996）*[6]は、法的な事実に鑑みて「宗教教育」の範疇について次のように言及している。「憲法、教育基本法は、国・公立学校について厳しく政教分離を求めているが、その趣旨から見て、禁止されているのは『特定の宗教のための宗教教育その他宗教的活動』すなわち宗派的宗教教育であって、宗教教育そのものを否定しているわけではない。」

宗教と教育はいずれも人間の内面的価値に関わりを持つものとして密接に関係し合うものであるため、確かに宗教教育全体を否定してしまっては、情操や態度、行為や愛など生徒指導や学級活動で教えるものも、学校教育で深く教えることができなくなってしまう。

貝塚茂樹（2012）*[7]は、戦後教育においてこの宗教教育は長い間タブー視され続けてきたと主張する。宗教教育についての議論は、すでに「思考停止」に陥って学校教育から意図的に「放逐」されているのではないかとさえ言っている。

さて、従来から「宗教教育」は、前述のとおり　①宗派教育、②宗教知識教育、③宗教的情操の教育の３つに分類される。

①の道徳の宗派教育は、国・公立学校では許されない。主権者教育において高等学校の教員がその指導に消極的であるという状況によく似ているといえる。つまり、国・公立学校の先生は、自分の指導がこうした法律に抵触することを大変に恐れている。勇気をふるって政治に関する主権者としての意識を高めるために選挙と政党の話をしたとしても、「特定の政党を支持したり非難したりすることがないように心がける」というある一定のガイドラインが定められているならば、不安も解消される。しかし、宗教教育の中身に関して、教育関係者や法律学者においても解釈が異なるとなれば、自分自身が法に抵触するかどうか分からないままで、進んで火中の栗を拾いに行く者はいない。

宗教に関する知識教育は、国・公立学校、私立学校を問わず全ての学校での教育が認められている。実際には社会科や美術科、音楽科において宗教について触れているが、積極的には行われていない。まして、その宗教の思想の理解や歴史的背景などを深く考える授業は行われていないと言える。

以上をふまえて考えると、③の宗教的情操の教育は、廣瀬の言うところの宗教的体験をふりかえらせることであれば、これは宗教教育として憲法に抵触するため教えることができないとなる。また、宗教的な心は誰の胸の内にも培われているものであって、ある意味で道徳性の一つであるととらえる立場がある。

村田昇（2011）*8は自分の孫娘の幼稚園の実践を例に出し、孫が帰宅して合掌し、誓いの言葉を毎日唱えられる指導に感心し、幼稚園教育から宗教的情操の教育の在り方についてふれている。

「この幼稚園は、すでに述べたように仏教系の私立幼稚園である。しかし、国公立の学校園では、このようなことはなされ得ない。教育基本法の第十五条によって、『特定の宗教のための教育その他宗教的活動』は禁止されているからである。しかしそのことは、宗教的情操の涵養を否定するものでは決してない。」としている。

また、村田は、Spranger E.の「生の諸形式」*9（1914年序文）から、「生命に対する畏敬より、それ以上に高い宗教は存在しない」という文章を引用している。そして、これらに鑑みて、現行の道徳教育のさらなる充実を進める中で、宗教的情操の涵養を強化することを求めたいとも明言している。

## 3 「教育と宗教」の歴史から見る「宗教的情操」

### ⑴ 第二次世界大戦までの「教育と宗教」の歴史から見る

ここまで、我々は教育法規の視点から「宗教教育」について見てきた。そこでは、憲法で宗教教育は国及びその機関は行ってはならないと明文化されているのだが、実際には私立学校では道徳の代わりに宗教が認められていたり、宗教教育の中身を細かに見ていくと実際の授業で宗教知識教育に関する部分が実践されていたり、宗教的情操に関する指導は学者からは賛成・反対の両方の意見がある。

ここからは、宗教教育の中でも「宗教的情操」が日本においていつ頃から学校現場において取り上げられてきたのか、その教育における背景やこれまでの歴史的な流れについて見てみる。

#### ① 文部省訓令第12号による宗教と教育の隔離

1872（明治５）年の学制で、近代日本の学校制度は始まったが、当時の教育と宗教、ここでは専ら仏教との関係性が深かった。天平時代から始まる僧侶による中国との交流で、寺院における僧侶による教育や、日本に仏教文化が伝来したことなど近代まで教育と宗教は密接な関係にあった。

ところが、学制により公にはこの教育から仏教（宗教）が排除される形となる。その動きとなったものが明治政府が1899（明治32）年に出した訓令（文部省訓令第12号）である。

「一般ノ教育ヲシテ宗教ノ外ニ特立セシムルハ学政上最必要トス依テ官公立学校及学科課程ニ関シ法令ノ規定アル学校ニ於イテハ課程外タリトモ宗教上ノ教育ヲ施シ又ハ宗教上ノ儀式ヲ行フ事ヲ許ササルヘシ」*10

これにより、官公立だけでなく私立学校であっても宗教教育や宗教上の儀式・行事を行うことが禁じられた。井上兼一*11は、「これによって明治末期から大正時代にかけては宗教教育の必要性が有識者によって唱道され、その賛否をめぐって議論が繰り返されてきた。」と言っている。

これについては、貝塚（2012）*[12]は「しかし、教育から宗教を全て排除することは教育の目的を達成できないという趣旨の指摘がなされ、官公立学校では、一宗一派の教義に基づく宗教教育は禁止すべきであるが、宗教的情操の教育における意義は否定すべきではなく、宗教的情操が人格の形成に必要であることを認めるべきであるという見解が、次第に強くなっていった」と指摘する。

### ②　文部省通牒「宗教的情操の涵養に関する件」と戦争への道

それから36年後、昭和に入り1935（昭和10）年、世の中が戦争へ戦争へと歩み始めている時代に、文部省は「宗教的情操の涵養に関する件」*[13]という通牒を出し、これまで宗教教育に関して実質上禁止していた文部省訓令第12号に「宗教的情操」の教育は含まれないという公式の見解を出した。

貝塚*[14]はこれについては、「この通牒の内容は教育が戦時体制に組み込まれる中で、戦勝祈願のための神社参拝を正当化する根拠として作用した面が強かった」と言っている。

宗教的情操を子どもたち一人ひとりの道徳性の育成の面から「宗教教育」の禁止事項から省いたと思われるところだが、実際には明治政府の時代から「神道は宗教に非ず」という解釈のもとに、制度上神道を宗教として扱わない立場をとってきたために、宗教的情操の教育については一歩譲ってこれを公教育において認めていた。さらには、神道による国民の天皇中心の国民精神を形成するためにこの宗教的情操を利用していったと考えられる部分である。

## ⑵　戦後の歴史からみる「宗教的情操」

宗教的情操教育の重要性は戦後早くから強調されてきた。敗戦の焦燥と新しい日本を築いていこうとする希望の混ざった混乱期にも戦後教育の再構築の礎として「宗教的情操」の涵養に注目が集まった。

### ①　文部省の発表した「新日本建設ノ教育方針」と「宗教的情操に関する決議」の採択

1945（昭和20）年９月15日、終戦から１か月。文部省から「新日本建設ノ教育方針」が出された。宗教的情操については「国民ノ宗教的情操ヲ涵養シ敬虔ナル信仰心ヲ啓培シ神仏ヲ崇メ独リヲ慎ムノ精神ヲ体得セシメテ道義新日本ノ建設ニ資スル」[*15]として、国民の宗教心について、①宗教的情操の涵養、②敬虔な信仰心の啓培、③神仏を崇めて、その前では慎んだ気持ちになることを体得する、という①〜③についてはまさに宗教教育を実践していくことで、新しい日本を建設するためのもとになると言っている。

また翌年1946（昭和21）年９月の第90回帝国会議において「宗教的情操に関する決議」が採択され、帝国議会でもその重要性が広く認められている。

### ②　天野貞祐の『国民実践要領』から見た宗教的情操

1947（昭和22）年当時、文部省調査局審議課内に設置された教育法令研究会がまとめた『教育基本法の解説』[*16]を見ると、「宗教教育というのは、広い意味で宗教に関する知識を与え、宗教的情操を養い、もって人間の宗教心を開発し、人格の完成を期する教育である。また、狭い意味ではある特定の宗教宗派の教義を教え、その儀式を行うことをいう」としている。つまり、宗教教育の広い意味で、宗教的情操を養うことも入っていて、これは人格の完成に期する教育であると規定している。

そして1950（昭和25）年には第３次吉田内閣時代の文部大臣として天野貞祐[*17]が登場する。大臣を辞したのちに彼は、『国民実践要領』[*18]を出版し、「宗教的情操」に関わる内容についても、次のように記述した。

> 我々の人格と人間性は永遠絶対のものに対する敬虔な宗教的心情によって一層深められる。宗教心を通じて人間は人生の最後の段階を自覚し、ゆるぎなき安心を与えられる。人格の自由も人間相互の愛もかくして初めて全くされる。古来人類の歴史において人の人たる道が明らかになり、良心と愛の精神が保たれてきたことは、神を愛し、仏に帰依し、天をあがめた人達などの存在なくしては考えられない。　※アンダーラインは筆者による

天野は「宗教的心情」という言葉を用いて、宗教的情操の大切さを訴え、それは我々の人格と人間性を深めるものであるとした。この『国民実践要領』は、天野が委員をしていた中教審第19特別委員会において出された『期待される人

間像』[19]の中に受け継がれたといえる。

1951（昭和26）年には、文部省が出版した教科書として社会科中学校３年生向けに『宗教と社会生活』があり、これは1947（昭和22）年度版の『学習指導要領社会科編』に示された、宗教が社会生活に影響を与えてきたことによる部分をまとめたものであると見られる。こうして宗教的情操の涵養に対する高まりが見られ、社会的にも認められてきたように思われた。

ところが、その後戦後の占領軍による教育への介入を受けることとなる。アメリカ教育使節団[20]が、第２次大戦後、1946年３月と1950年９月に来日した。日本の教育改革についての勧告を行った。日本駐在の占領軍総司令官に提出した報告書が注目された。特に、「われわれの最大の希望は子供にある」として個人の価値と尊厳を認め、個人の能力の伸長を基本原理として再編する必要を説いた点が注目される。

しかし、二度にわたるアメリカ教育使節団の報告書では、宗教教育についてはふれていない。文部省においても、宗教教育の対応は消極的なものとなっていた。これまで学習指導要領においては社会科で詳しく、宗教と社会生活について取り上げられて書かれてきたが、1951（昭和26）年度版の『学習指導要領一般編（試案)』では、社会科においても宗教の単元はなくなってしまった。

驚くべきことに1958（昭和33）年に道徳の時間が特設[21]されたが、この「道徳の時間の設置に関する会議」でも、「宗教についての議論はほとんどなかった」と道徳の時間の設置に大きく関わった勝部真長[22]は、回想している。「実のところ、公共心や愛国心については論議したが、宗教については『触らぬ神にたたりなし』という感じでしたね。道徳と宗教は別ものであり、宗教教育は私立学校にまかせよう、といった空気もありましたね。だから、1958（昭和33）年度版の学習指導要領では、小学校学習指導要領道徳編で『美しいものや崇高なものを尊び、清らかな心を持つ』とあるだけで、超越的な、スーパーな対象に触れていません」[23]と述べている。

### ③　高坂正顕の『期待される人間像』と宗教的情操

高坂は、教育行政に積極的に関与した。そのために、一部からは国家や天皇に従属する「人間像」を主張している国家主義者だ、との評価を受け、『期待される人間像』がその象徴的なものとして扱われてきた経緯[*24]がある。

山田真由美（2015）[*25]はこれに対して、高坂の思索を吟味してみると、その根底には西田哲学を継承した「絶対無」の思想が横たわっていて、一貫して絶対の不在というものが説かれていると分析する。特に、高坂の言う「無」の概念を引き受けたときに、道徳教育は「無限の探究」という新たな可能性をひらくと言っている。

1966（昭和41）年10月31日の中央教育審議会答申別記「期待される人間像」は、初めて文部省の政策文書として「宗教的情操」を定義したものである。

その中で、第1章「個人としての」の第5「五　畏敬の念を持つこと」において、その定義が示されている。ここでは、宗教的情操を「生命の根源に対する畏敬の念」と明確に打ち出している点を以下で見てみよう。

5　畏敬の念を持つこと

以上に述べてきたさまざまなことに対し、その根底に人間として重要な一つのことがある。それは生命の根源に対して畏敬の念を持つことである。人類愛とか人間愛とかいわれるものもそれに基づくのである。すべての宗教的情操は、生命の根源に対する畏敬の念に由来する。われわれはみずから自己の生命をうんだのではない。われわれの生命の根源には父母の生命があり、民族の生命があり、人類の生命がある。ここにいう生命とは、もとより単に肉体的な生命だけをさすのではない。われわれには精神的な生命がある。このような生命の根源すなわち聖なるものに対する畏敬の念が真の宗教的情操であり、人間の尊厳と愛もそれに基づき、深い感謝の念もそこからわき、真の幸福もそれに基づく。しかもそのことは、われわれに天地を通じて一貫する道があることを自覚させ、われわれに人間としての使命を悟らせる。その使命により、われわれは真に自主独立の気魄（きはく）を持つことができるのである。

※アンダーラインは筆者による

高坂正顕[*26]によって草案が執筆された『期待される人間像』は、それ以後の学習指導要領の内容に影響を与え続けたとみる。国民実践要領で天野が示した宗教的情操の定義が、ここで高坂にも受け継がれていく。

戦後、「宗教的心情」として著した天野の宗教的情操に対する思いは、京都学派の哲学者である高坂を中心にしてつながっていく。

では、学習指導要領の変遷においては、宗教的情操はどのようにとらえられていったのだろうか。そこで、中学校学習指導要領で示された内容項目が、『期待される人間像』が発行された以降、どのように変化してきたかを見ておく。

第一に、1969（昭和44）年の改訂では、項目８「人間の人間らしさをいとおしみ、美しいものや崇高なものに素直に答える豊かな心をやしなう。」として、その(2)では、「自然を愛し、美しいものにあこがれ、人間の力を超えたものを感じとることができる心情を養う。」としている。

次に、1977（昭和52）年の改訂では、項目９「自然を愛し、美しいものに感動し、崇高なものに素直にこたえる豊かな心を持つ。自然と人間との関わり合いについて考え、自然や美しいものを愛する心を持つとともに、人間が有限なものであるという自覚にたって、人間の力を超えたものにたいして畏敬の念を持つように努める。」としている。

さらに、2015（平成27）年に新設された「特別の教科　道徳」では、「視点Ｄ　感動、畏敬の念　美しいものや気高いものに感動する心を持ち、人間の力を超えたものに対する畏敬の念を深めること。」となっている。

1969（昭和44）年の改訂から今日の「特別の教科　道徳」となる2015（平成27）年３月まで、「自然」や「美しいもの」、「人間の力を超えたもの」がキーワードとしてすべてに登場している。自然や美しいものに対しては「あこがれ」から「愛する心」、そして「感動する心」へと変化してきた。

2015（平成27）年７月に出版された「中学校学習指導要領解説　特別の教科道徳編」には、感動する心だけでなく「畏敬」とは何かについて書かれている。自然との関わりを深く意識して、人間が有限なものであり、自然の中で生かされていると自覚すれば、そこに人間の力を超えたものを素直に感じとり、これに対する畏敬の念が生まれてくる、と解説が加えられている。

### ④ 「畏敬の念」の対象の変化

貝塚（2010）[*27]は、戦前・戦後の宗教教育の歴史的な流れをつぶさに調査していくなかで、宗教的情操という言葉を用いるかどうかの視点から、その宗教的な情操の対象が何であるかについて、微妙に変化してきたことに注目して、そこに大きな国の施策的な変化を感じると言っている。

貝塚は「畏敬の念」という言葉の対象となるものが、当時『期待される人間像』で使われていた「宗教的情操」の対象となるものと、ずれが発生してきているという。「この学習指導要領では『畏敬の念』の向かうべき対象が、結局は『人間を愛する精神』に結び付けられ、『期待される人間像』のいう『永遠絶対的なもの』や『聖なるもの』といった宗教的な存在が想定されていないからである」とまとめている。貝塚は、1969（昭和44）年度学習指導要領の作成とその指導書の執筆に携わった元東京大学教授 佐藤俊夫[*28]の文章を引用し、学習指導要領では「畏敬の念」という言葉は使われても、「宗教的情操」という語句が避けられた理由を説明している。

一つ目の理由は、「現在のわが国の公教育では特定の宗教を学校にもちこむことを禁じている」ためであるとした。そして、さらにそれより大きな理由があるとして、「宗教というとただちに特定の既成宗教を連想してしまうことが多いからである」と説明した佐藤の文章を引用している。

「世界には古今東西、ほとんど無数といってよいほどにさまざまな宗教があり、そして宗教と名のつく以上、それぞれに独自な教義や儀礼や道徳を掲げている。しかし、外見や内容のそれぞれに違いはあっても、それらの基底にはなかなか共通したものが一貫しているはずである。それがつまり宗教的な心持ちであり、宗教的情操というものである。」

「（中略）生命に対する畏敬とは、植物や動物や人間のそれぞれの命をそのまま畏敬するというのではなく、それらの基底にあり、それらを一貫している生命そのもの、いうならば生命性に対する畏敬であった。そして、生命のそれぞれは実在的であるが、生命そのものは超越的であるといわねばならぬ。その意味からして、畏敬の対象としての生命そのものは、一種の超越者ということができる。いや、むしろ裏返しに、生命は超越者としての意味を持つとき、はじめて畏敬の対象となりうる、といったほうがよいかもしれない。」

このように、現行の学習指導要領や指導書のいう「畏敬の念」の理解と３で述べた『期待される人間像』が示した宗教的情操との間には、大きな違いが生まれてきている。このあと、学校現場では生命そのものに対して丸ごとその生命を畏敬の念の対象としてとらえた文言が頻繁に見受けられるようになる。また、その一方で、「宗教的情操」という語句がこの『期待される人間像』以降は文部省の発行物から姿を消していくことになる。つまり、畏敬の念の対象は「永遠絶対的なもの」や「聖なるもの」から宗教的意味合いが薄くなっているととらえることができる。

さらに詳しく分析すると、1966（昭和41）年10月31日の文部大臣諮問の「後期中等教育の拡充整備について」の答申について、高坂が私見をまとめた著書『人間像の分裂とその回復―私見期待される人間像』[*29]で、人間は「超越者」との関係において理解されるべきだと強調されたことが、そのまま実際の答申に採用されたとの見方がある。つまり、高坂自身が「生命の根源、すなわち聖なるものに対する畏敬の念が真の宗教的情操」という部分は、すべて高坂自身の考え方であり、生命の根源は超越者のことを指すのではないかと解釈されよう。

岩田文明[*30]は、宗教的情操に関して、高坂の期待される人間像と現在の学習指導要領との間の断絶を指摘して、哲学的な分析から、「生命の根源」を人間の内的生命だととらえた。山田は、高坂の考え方の中で、対象化されないものに「畏敬の念」を求めていたのに対して、その後の学習指導要領は何らかの対象に畏敬を要請していたとしている。

つまり高坂は、自分自身の外側に畏敬の対象をもとめていたのに対して、学習指導要領では自分自身の内面にある生命の根源的なものに畏敬の念を求めた。なお、同時に自然への畏敬の念については、自然界そのものを畏敬の対象にしている。1989（平成元）年の学習指導要領より、「畏敬の念」に関する内容項目は発達段階を考慮して、小学校では「自然の偉大さを知り、自然環境を大切にする」と「美しいものに感動する心や人間の力を超えたものに対する畏敬の念」とし、中学校では「自然を愛護し、美しいものに感動する豊かな心を持ち、人間の力を超えたものに対する畏敬の念を深める」となっている。

「特別の教科　道徳」になって、新たな内容項目「感動・畏敬の念」では、よりよく生きようとする心やそれを追い求める姿勢をはじめ、芸術や自然をも含めて畏敬の対象にしている。小中学校における内容項目の指導のつながりを考慮している。

特に気高いものとして良心を位置づけ、芸術や自然、人間の生き方も中心として畏敬の念の対象ととらえられる。

## 第2節　カント哲学における宗教的情操について

宗教的情操について検討を加えるには、西洋の近代思想にその論の基をたどる必要がある。この点については、道徳教育と宗教教育に関係する批判哲学の祖である Immanuel Kant（以下、カント）が、古くからふれているところである。カント哲学において宗教的情操は、道徳教育においてどのように位置付けられているかを明らかにする。

### 1　いかなる宗教教育にも、道徳教育は先行しなければならない

ヨーロッパの中世には、キリスト教の教義を論証し、学問的に体系化しようとするスコラ哲学がおこった。そこでは、「哲学は信仰の侍女である」とされ、哲学は否定的にみられ、信仰の優位が説かれることが多かった。

『神学大全』*[31]を著した Thomas Aquinas（以下、トマス＝アクィナス）は、アリストテレスの哲学を積極的に取り入れて、これまで神の啓示によってのみ与えられるものが知識だったのが、同時に被造物である自然についての経験的な知識もあるとした。ただし、彼は理性によって自然を探求する哲学は、神へ

の信仰のもとに従わせることによって2つの調和を図ろうとした。

近代においては、カントは『純粋理性批判』*[32]において、形而上学的な、経験を超えた問いについては答えることはできないという、認識の限界を証明した。つまり、霊魂や自由な心や神の存在など超越的な事物について認識は不可能であるとした。カントは、理性によって、人間の内面にある神と自分のつながりのような、宗教的であやふやな部分について解明していくことができると答えた。

カントは、理性をとことん使って何が道徳的に正しいのかを考え抜くことはできると考えた。逆に、神についてもその存在について、以下のように限定して説明した。つまり、神は統制的な理念として現象の世界原因者であり、最高存在であるとされているにすぎない。かろうじて類比的に限定されて示されているのみで、理論理性の認識対象としてはこれ以上明らかにされない存在とした。

だからこそ、カントの道徳教育の考察においては、宗教教育を想定していない。広瀬悠三*[33]は、「道徳教育における宗教―カントの道徳教育論の基底を問う試み」(2015) の中で、「最高善に到達するために、そこで要請される神の存在があるにすぎない」と Kate A. Moran*[34]の説を紹介している。また、Robert B. Louden*[35]がこのことについて、「宗教的問答法を道徳の授業の中に取り入れるとしても、いかなる宗教教育にも道徳教育は先行しなければならない」としているとの説を付け加えている。

道徳を子どもに教える場合に、最初に神がいるから神の教えとして道徳を教えるとすると、これは宗教的な道徳となってしまう。実際は、神の言うとおりにしなくてはならないという一種に権威的な部分も見えるような考え方に陥る状態でもある。この危険性をカントは訴えたかったのだろう。

それよりも、自分の内なる声に耳を傾け、その理性が命ずるところにより道徳的実践を行うことが大切だとするカントの道徳教育では、神の声が聞こえるのはまず道徳的実践をいかにするかの問いかけがあったときであり、その道徳的課題に直面しないかぎりにはいつも神の声が様々頭の中でこだましているわけではない。だからこそ、宗教よりも道徳が必ず先行するのであり、神がいるから道徳心を持つとか、道徳的行いをしなさいと言う上下の関係ではない点をカント哲学において道徳と宗教の関係性を考える場合には、十分に理解する必要があろう。

## 2　実践理性における神の存在について

廣瀬[*36]は、カントの理論理性と実践理性のそれぞれから宗教との関わりを見ている。『純粋理性批判』には詳しく理論理性と宗教との関連について書かれている。なかでも、人間存在の原因としての最高存在であるのが神であるという定義は明解である。

また、『実践理性批判』[*37]では実践理性について、神について考察できる可能性を示している部分であるという。実践理性の本性からの要求であるところに最高善（道徳性と幸福とが一致する状態を指す）がある。この最高善を成り立たせる可能性として、神の存在を必要条件にしている。さらに、カントは、人間が道徳性を完全に実現することに幸福を見出す最高善にいたるには、絶え間なく自己を改善する必要があるとしている。この自己改善の可能性の条件として、魂の不死を保証してくれる神の存在がなければならないと説き、やはりここに神の存在が発生してくるとしている。

このように、カントは理論理性ではなく、実践理性に神の存在は関係していると考えた。『実践理性批判』には、次のように示されている。

「物自体そのものの本性の理論からではなく、われわれの固有の理性が権威をもって命ずる道徳法則から神の概念は生ずるのであり、実践的な純粋理性が神の概念を自分で作るようにわれわれに強いるのである。」（Ⅷ401）[*38]

そもそもカントは、定言命法の立場にたって「自分には厳しく、他人には優しく」とか「寛容であれ」など行為の主観的原理（モットー）について、「汝の意志の根本指針がつねに同時に普遍的立法の原理となるように行為せよ」と言っている。

そして、定言命法に３つの方式を作り、道徳法則[*39]についてもふれている。

○定言命法の第一方式（自然法則の方式）

「汝の行為の根本指針が、汝の意志によって、あたかも普遍的自然法則となるかのように行為せよ」

形式的には、自然法則と同列になるような根本指針にしたがって行為せよとしている。

○定言命法の第二方式（目的の方式）

「汝自身の人格にある人間性、およびあらゆる他者の人格にある人間性を、つねに同時に目的として使用し、決して単に手段として使用しないように行為せよ」

道徳法則固有の対象が人格であって、物ではない。人間性に他ならないのだから、相手にも自分と同様に人格があるから、相手の人格を単に自分の行動の手段として使用してはならないとしている。

○定言命法の第三方式（自律の方式）

「自己自身を同時に普遍的に立法的と見なしうるような、そのような根本指針にのみしたがって行為せよ」

規律は自分自身が律して決めていくことであり、そこに初めて本当の自由が生み出されることを言っていて、自由の概念の根本となる点である。

ただし、この定言命法の部分には、自分自身の実践理性についての姿を理性から感性への命令という流れで示しているのみで、宗教的な情操を自分自身に求めるようなことはない。また、宗教的情操が実践理性を鋭くするとか、実践理性を高めていく要素になるなどという記述も見当たらない。神の存在は、権威をもって理性が命ずる道徳法則の側に概念として発生するというのである。そのためこれが宗教教育においてこれまで用いられた宗教的情操とはその概念を異にしており、宗教的情操の教育が学校教育において可能かどうかを明らかにすることはない。

それでも、いつの時代にも理性の声や道徳法則を命ずる側の最高善に神が位置するなど、西洋哲学から発生する道徳教育においては、こうした神の存在を抜きにしては考えることができない。神との関係の部分は必ず残ってしまう。

孔子は自らの経験を大切にし、こうした霊や神といった存在を自分たちが思考していくにはその領域にたつことはできないから考えることはしないとした。これとは異なり、キリスト教の影響が深く影響している近代西洋の社会では、全く神の存在をぬきにして哲学の基本にすることはできないのであって、道徳教育を考える場合にも少なからず、道徳的価値を考えたり、道徳的実践を追及していったりする場合に、神の存在なり神の意志などという発想は切ることはできない点があると推察される。

そのために、2014年に視察したイングランドのロンドンでは、学校教育において宗教教育を大切にしてきた理由も、あらためてカントの批判哲学を学ぶなかで、学校教育において全くキリスト教育の学習や宗教教育を実施しなくてもよいというわけにはいかない部分が必ず生まれてくる意味も確認できたところである。

ただし、カント哲学に影響を受けた学者たちは、カントの教育学と宗教について次のように語っていることを補足しておく。例えば Martin Heidegger (以下、ハイデッガー)*40は、『純粋理性批判』の探求を神の存在をめぐる考察ととらえ直して、カントの批判哲学は宗教的な神の存在論的考察に依拠していると解釈している。また、西田幾多郎*41はカントの宗教は道徳宗教であって、神に対する独自な宗教意識や宗教体験を欠いていると言っている。

## 3　宗教的道徳教育の展開

こうして宗教教育の前に道徳教育があると主張するカントの教育学であるが、それでは子どもに宗教的な事柄をどのように示し、教えることができると考えているのだろうか。

カントは「まさにもっぱら神が禁止したという理由からではなく、むしろそれ自体が嫌悪すべきであるという理由で悪徳を嫌悪するように若いうちから子どもに教えることの方が、はるかに重要ではないだろうか」(Ⅸ450)*42と述べている。

国語教育では語彙指導を行う際に、言葉とその感覚を学習するが、低学年においては、その言葉の美醜感覚や好悪感覚、快不快の感覚を大事に育てていくことが、国語の使い手としの児童生徒の指導として大事であるとしている。倉沢栄吉[*43]は、カント同様に幼い頃にこそ、嫌悪したり快い気持ちになったりすることは何であるかということこそ、教えるべき第一のことであると、その著書『国語の教師』で語っていた。

神による道徳的判断を待つ状況はよくないと言うことであろう。カントはこのように、子どもにとって宗教的な神の概念は、道徳的な人間形成の妨げになるとして、その扱い方に慎重を期している。

廣瀬[*44]は、カントが「彼らに自然の作品の秩序と美しさについて教え、その後に世界の構造のさらに広範な知識を付け加え、そのうえで初めて最高存在者の概念を、つまり立法者の概念を知らせることが事物の秩序にふさわしいだろう」(Ⅸ493)[*45]と主張している。しかし、カントはこうした状況は、学校以外の教会や家庭など地域社会で実際にキリスト教の教義の指導が行われている現実があるとした。そして、発達の初期段階的に学校において宗教的情操の教育が実践されているとは押さえていなかった。

「子どもたちは現実的に日常生活においてすでに様々な宗教的な事柄を見聞きしていながら、それでも教育の場ではそれらの事柄について何も教えられずにいれば、当然のことながら宗教的な事柄について大人が隠していると感じざるを得ない」[*46]と言い、「こうして子どもは、そのような宗教的な事柄が学校で扱われないという理由から瑣末なものであるという思い込みや、そのような宗教的な事柄は隠されるだけの理由のある危ういものであるという偏見を持つようになりかねない」とカントは主張し、「もし成長してから神について何かを教え込もうとしても（中略）このことは無関心か、あるいは神についての間違った概念、例えば神の力に対する恐れを生み出すことになるだろう」(Ⅸ493)[*47]として、宗教教育が学校で教えられない矛盾点をついている。

以上から、カントの考える宗教的道徳教育の展開は、「子どもが間違った概念を持つことを避けるために、子どもの時期に宗教概念を教えていかなくてはならない」として、道徳教育を基盤にして、そこに「自然にふさわしい」形で、神といった宗教的な概念を教えてやることだと言えよう。無条件に最初から子どもの柔軟な心に神の概念を教え込むことは避けなければならないが、一方で成長してから神の概念を教えることも、現実的には無神論者や狂信的宗教者にさせてしまうがゆえに避けなければならないとしている。

カントは、道徳が宗教に先行する必要があると言う。そうしなければ神が言うからそれに従うための道徳になってしまう。そのために、人間の道徳性を培う道徳教育を最大の基盤にしなければならないのである。結局、道徳教育の基盤の上に、宗教的情操に関わる内容を教えるということは、人間の道徳性を培う道徳教育を最大の基盤にしながら、自然にふさわしい形で宗教的な情操を培うことであると考えられる。

## 第3節　宗教的情操と道徳的情操

戦後の道徳教育における「宗教的情操」の扱いと、カント哲学における宗教的道徳教育について検討を加えてきた。そのことをふまえて、ここでは「宗教的情操」の「情操」に焦点を当てて「情操教育」の視点から検討を加える。そして、道徳教育から考えれば「道徳的情操」を培うことによって、宗教的情操から導かれる情操を補うことができることを明らかにする。

### 1　情操教育について

#### ⑴「情操」の定義

ところで、そもそも情操とは何か。片岡徳雄（1989）はその著書『情操の教育』*48の中で、「かんたんに言えば、それは『価値あるものに接したときに起こる感情』であるとともに、『そうした感情を起こす態度』つまり準備状態である」としている。また、「情操は全人的・直感的な反応であり、科学や知識のもたらす論理的・分析的なものとは異なる」としている。

また、銭谷眞美（2014）はその論文「小学校教育における豊かな情操を養うことの大切さ」[*49]の中で、「『情操』とは美しいものや優れたものに接して感動する、情感豊かな心をいいます。似たような言葉である『情緒』などに比べて、さらに複雑な感情を示すものとしています。」としている。

専門的な平凡社の哲学事典や心理学事典にあたったところ、「情緒」や「情動」は示されていたが、「情操」については言葉として取り上げてなかった。

広辞苑[*50]では「人間の感情のうち、道徳的・芸術的・宗教的など社会的価値を持った複雑で高次なものを指す」とし、「美しいもの、すぐれたものに接して感動する、情感豊かな心。」として、「道徳的・芸術的・宗教的など、社会的価値を持った複雑な感情」を言うとしている。

辞典では、片岡の言う「情操」について、その人の感情がどんな価値に関わっているかで、道徳的や芸術的、宗教的などの感情があるとしている。これについて、片岡[*51]は、真・善・聖・美の4種類の価値に関わる領域に、情操は分類されるとした。第一に、知的価値に関わる知的情操。これは、普遍的な価値をめざす個人的な感情として成り立つとしている。第二に、善悪の判断に関わる倫理的情操。これは、人の好みとして語られることがあり、相対的・個人的なものである。第三に、宗教的情操である。聖や神や仏への信仰であるとしている。そして第四に、美的情操（芸術的情操）である。この美的情操は、芸術的なものを含みつつ、「表現」に示される美的価値に関わる情操としている。「表現」の部分で、知的情操、倫理的情操、宗教的情操と関連する部分もあるとしている。つまり道徳教育においては、これまで宗教的情操ばかりが注目されていたが、倫理的情操（道徳的情操）や芸術的情操について、積極的に取り上げ、指導を具体化することが求められるのである。

### (2) 「情操」と学習指導要領

道徳教育の内容項目をあらためて確認しよう。学習指導要領には、「宗教的情操」という言葉は示されていない。また、「情操」という言葉は小学校学習指導要領では解説総則編[*52]において多く用いられている。また、教科においては、音楽と図画工作において使用されている。

音楽科では、「音楽を愛好する心情や音楽に対する感性は、美しいものや崇高なものを尊重する心につながる。また、音楽による豊かな情操は、道徳性の基盤を養うものである。なお、音楽の共通教材は、我が国の伝統や文化、自然や四季の美しさや、夢や希望を持って生きることの大切さなどを含んでおり、道徳的な心情の育成に資するものである。」(現行の特別の教科道徳解説編、12p)（アンダーラインは筆者による）と記されており、図画工作科では、「図画工作科において、つくりだす喜びを味わうようにすることは、美しいものや崇高なものを尊重する心につながるものである。また、造形的な創造による豊かな情操は、道徳性の基盤を養うものである。」(同、12p)（アンダーラインは筆者による）となっている。「特別の教科　道徳」も学校の教育活動であり、「特別の教科　道徳」を要とした道徳教育が目指すものは、特に教育基本法に示された「人格の完成を目指し、平和で民主的な国家及び社会の形成者として必要な資質を備えた心身ともに健康な国民の育成。」(第１条）であり、「幅広い知識と教養を身に付け、真理を求める態度を養い、豊かな情操と道徳心を培うとともに、健やかな身体を養う。」(以下省略)（第２条第１項）(同、16p)（アンダーラインは筆者による）と示されている。

また、「小学校学習指導要領解説 特別の教科 道徳編」の中でも、視点Ｄの自然愛護の価値についての説明で、一か所次のようにふれているだけである。「古来日本人は、自然から受ける様々な恩恵に感謝し、自然との調和を図りながら生活を営んできた。自然に親しみ、動植物が自然の中でたくましく生きてきた知恵や巧みさについて学んできた。そして、自然と一体になりながら動植物を愛護し、豊かな情操を育んできたのである。」(アンダーラインは筆者による)

中学校の学習指導要領を調べて見ると、さらに二つの点が注目される。

一つ目は、「視点Ｄ　感動、畏敬の念」に示された文章で、指導の要点として「中学校の段階では、入学して間もない時期には、すばらしい自然の美や芸術、品格のある気高い人間の生き方に触れることを通して、豊かな感受性が育ってくる。学年が上がるにつれて、美的な情操が豊かになり、感動する心が育ち、自然や人間の力を超えたものに対して美しさや神秘さを感じ、その中で癒される自己に気付くようにもなる。」（アンダーラインは筆者による）としている。

二つ目は、「第４章　指導計画の作成と内容の取扱い」の中にある「３-⑷各教科等、体験活動等との関連的指導を工夫する」で示されていて、「また、生徒自らが成長を実感でき、これからの課題や目標が見付けられるよう、学校や家庭・地域社会における職場体験活動やボランティア活動、自然体験活動などの道徳性を養うための体験活動や情操を育む活動を積極的に活用したり…」（アンダーラインは筆者による）と書かれている。

このように、学習指導要領において「情操」という言葉が登場する部分では、音楽や図画工作といった芸術科目に関して、情感豊かに感じる心を培うことの大切さをうたっている場合が多い。

### ⑶ 「情操教育」と「道徳的情操の教育」

ここでは学習指導要領における「情操教育」について道徳教育の方向から探っていく。

学習指導要領において、情操教育は、「音楽」や「図画工作（美術）」などの芸術教科の中で強調されている。「特別の教科　道徳」においては、自然愛護や畏敬の念の指導で用いられることがある。畏敬の念の価値においては、美的な部分で情操が豊かになるというように説明されている。

また、学習指導要領には宗教的情操をふくめた「○○的情操」という言葉の使われ方はないが、音楽や図画工作（美術）で一部「美的な情操」という使われ方をしている。

「中学校学習指導要領解説　道徳編」では「感動、畏敬の念」に関しての解説でも「宗教的情操」という言葉は書かれていない。小学校低学年から中学校までの解説書においてはどの内容項目を調べても、人間の力を超えたものに対して宗教的情操を育てると言った文言は見当たらない。

すでに第５章で「宗教的情操」という語句が、『期待される人間像』以降は文部省の発行物から姿を消していき、畏敬の念の対象は「永遠絶対的なもの」や「聖なるもの」から宗教的意味合いが薄くなっていることを指摘した。「特別の教科　道徳」の解説書を調べても「情操教育」や「情操」といった文言もその使用は抑えられている。また、「情操」という文言は、音楽や美術といった美的な心を豊かに培う場合に「美的情操教育」と使用されている。以上の点が確認できた。

なお、道徳教育の面から「情操教育」を整理すると、図15のようにまとめることができる。これは、道徳教育において内容項目視点Dの「感動・畏敬の念」を指導する場合に、その指導内容には、多くの部分で「道徳的情操」と呼ばれるものを指導してきている点を示したものである。この「道徳的情操」と呼ぶ情操には「情操教育」の視点から見るといくつもの種類の情操教育の指導内容が含まれている。それは、美的情操の教育であり、音楽的情操の教育でもある。

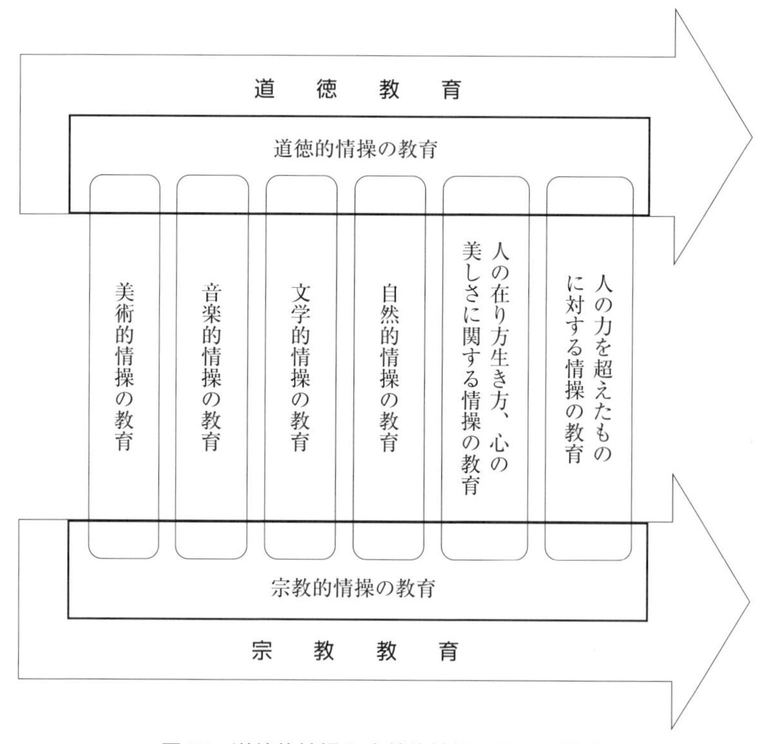


図15　道徳的情操と宗教的情操に関する構造

ただし、それぞれの情操教育のすべてが、道徳教育の「感動・畏敬の念」の指導に包含されるものではないことが分かる。それと同様に、「宗教的情操の教育」は、すべてが道徳教育における「感動・畏敬の念」の指導と内容を同じくするものでなく、「人間の力を超えたものに対する情操の教育」と称して、その一部分を道徳教育の方向から指導しているのである。つまり、道徳教育における「道徳的情操の教育」として指導している部分だということが、この図15から明らかになる。

### ⑷ 宗教道徳的情操の教育

「特別の教科　道徳」の指導内容は、どうしても内容項目を確認して、そこから1時間ごとの授業のねらいを立てて指導する。だからこそ、道徳性を育てることが大前提であっても、そこに具体的な指導内容を検討する場合には、解説編に示された内容項目の具体的な部分を参照する。

表2では、見直してみると、感動や畏敬の念として指導する具体的な対象は、自然や芸術、人間の心や生き方、そして発達段階が進むにしたがって、そこに人間の力を超える大いなるものが加わってくることを示している。これを情操の教育の視点から整理しなおすと、表3のようになる。

これらの情操教育の中で、宗教的情操に該当するものは、すべてに当てはまるものはないが、小学校高学年では「感動・畏敬の念」の中の「大自然の摂理に感動し、それを包み込む大いなるものに気付く畏敬の念」であろう。また、中学校の「感動・畏敬の念」の内容項目では「人間は有限なもので自然の中で生かされていることを自覚するとともに、人間の力を超えたものを素直に感じ取る心が深まる畏敬の念」が、人の力を超えたものに対する情操の教育である。人は生命や自然の崇高さに出会うとき、さらにそこに人間の力を超えたものの存在を意識する。そして、その存在に対して、頼りにしたり、信んじたりする信仰心が生まれることがある。具体的には、神を想像したり、大いなるものとかサムシング・グレート*53と呼ばれるものを感じたりするだろうと推察できる。そこから「畏敬の念」については、すぐに宗教的情操の教育と結びつくと考えてしまいがちだった。

したがって、情操の教育の対象となるものは、芸術や自然、人間の生き方などへの畏敬の念が置き去りにされる傾向があった。これらの自然的情操や美術的情操、音楽的情操、文学的情操や人に関する在り方、生き方、心の美しさに関する情操などの教育が、「感動・畏敬の念」の道徳的価値を学ぶ際に、あまり重点が置かれてこなかったと言えよう。

つまり、すべてを包括する情操教育として、「道徳的情操」という名称をつけて呼ぶことにすれば、視点Dの教育において、宗教的情操に関する論議に巻き込まれることから逃れられるのではないだろうか。

宗教教育を禁止している日本において、国公立の学校では、未だに宗教的情操の指導を行ってよいかどうかの議論は続いている。ただし、情操教育の視点から見れば、道徳教育において、宗教的情操を「特定の神を想定しない道徳的情操の教育」ととらえ直して指導することは可能であると考える。

結局、日本において宗教教育は教育法規上、尊重されるものである。また、国公立学校においては信教の自由を尊重しながらも、決して特定の宗派のための宗教教育その他宗教的活動をしてはならないと明記されている。

「特別の教科 道徳」において、「感動・畏敬の念」を扱う場合には、小学校低・中学年の場合に「美しいものや気高いものに感動する心を育てる」が、小学校高学年や中学校の場合には、人間の力を超えたものに対して畏敬の念を持つこともある。この感動する心や畏敬の念は、神との関わりを想定しない道徳的情操の範疇で、指導しなくてはならない。そのことが可能であることを本論文は実証しようとするのである。

また、もう１点、学習指導要領おいて「宗教」という言葉が登場する部分があるので、ここで補足的にふれておこう。

道徳の内容項目　視点Ｃには「国際理解、国際親善」がある。ここでの指導内容について、小学校学習指導要領解説編では、⑴内容項目の概要で、「なお、宗教について、宗教が社会で果たしている役割や宗教に関する寛容の態度などに関しては、教育基本法第15条の規定を踏まえた配慮を行うとともに、宗教について理解を深めることが、自ら人間としての生き方について考えを深めることなるという意義を十分考慮して指導に当たることが必要である。」との文言も示されている。これは宗教教育の宗教に対する知識・理解を深めることの大切さをうたったもので、宗教知識教育の範疇に入るものと考える。

また、視点D-22「よりよく生きる喜び」のねらいとも関連する。崇高なるものを人間の内にある良心に求めていくことが、人間の価値ある生き方だとする項目である。

以上、ここまでは第5章として、日本の宗教教育に関して、法的および歴史的視点から考察を加えた。また、宗教的情操について情操教育の視点から、日本では道徳教育によって、道徳的情操を高める角度から宗教的情操も養うことができることを検証してきた。

**表2 「感動・畏敬の念」の項目に関わる『学習指導要領解説　特別の教科 道徳編』の記述のまとめ**

**小学校低学年**　（第1学年及び第2学年）

① 身近な自然の美しさに感動する心

② 心地よい音楽、芸術作品などにふれて気持ちよさを感じる心

③ 物語などに語られている美しいものや清らかなものに素直に感動する

**中学年**　（第3学年及び第4学年）

① 人の心や生き物の行動を含めた気高さに気付く心

**高学年**　（第5学年及び第6学年）

① 人間の持つ心の崇高さや偉大さに感動する心

② 真理を求める姿や自分の可能性に無心で挑戦する人間の姿に感動する心

③ 芸術作品の内に秘められた人間の業を超えるものに気付く畏敬の念

④ 大自然の摂理に感動しそれを包み込む大いなるものに気付く畏敬の念

⑤ 文学作品、絵画や造形作品などの美術、壮大な音楽などの美しいものに感動する心

**中学校**

① 自然の美しさや芸術作品や芸術家の技、人間の持つ心の崇高さや偉大さ、真理を求め可能性に挑戦する人間の姿に感動する心

② 人間は有限なもので自然の中で生かされていることを自覚するとともに、人間の力を超えたものを素直に感じ取る心が深まる畏敬の念

表3　情操教育の視点から「感動・畏敬の念」の指導内容項目を分類したもの

| | 低学年 | 中学年 | 高学年 | 中学校 |
|---|---|---|---|---|
| 美術的情操の教育（図画工作科、美術科） | 心地よい音楽、芸術作品などにふれて気持ちよさを感じる心 | | 芸術作品の内に秘められた人間の業を超えるものに気付く畏敬の念<br>文学作品、絵画や造形作品などの美術、壮大な音楽などの美しいものに感動したり、尊敬したりする畏敬の念 | 自然の美しさや芸術作品や芸術家の技、人間の持つ心の崇高さや偉大さ、真理を求め可能性に挑戦する人間の姿に感動する心 |
| 音楽的情操の教育（音楽科） | 心地よい音楽、芸術作品などにふれて気持ちよさを感じる心 | | 文学作品、絵画や造形作品などの美術、壮大な音楽などの美しいものに感動したり、尊敬したりする畏敬の念 | |
| 文学的情操の教育（国語科） | 物語などに語られている美しいものや清らかなものに素直に感動する心 | | 文学作品、絵画や造形作品などの美術、壮大な音楽などの美しいものに感動したり、尊敬したりする畏敬の念 | |
| 自然的情操の教育（理科） | 身近な自然の美しさへの感動する心 | 人の心や生き物の行動を含めた気高さに気付く心 | 大自然の摂理に感動しそれを包み込む大いなるものに気付く畏敬の念 | 自然の美しさや芸術作品や芸術家の技、人間の持つ心の崇高さや偉大さ、真理を求め可能性に挑戦する人間の姿に感動する心 |
| 人の在り方生き方、心の美しさに関する情操の教育（「特別の教科 | | 人の心や生き物の行動を含めた気高さに気付く心 | 人間の持つ心の崇高さや偉大さに感動する心<br>真理を求める姿や自分の可能性に無 | 自然の美しさや芸術作品や芸術家の技、人間の持つ心の崇高さや偉大さ、真理 |

| | | | | |
|---|---|---|---|---|
| 道徳」) | | | 心で挑戦する人間の姿に感動する心 | を求め可能性に挑戦する人間の姿に感動する心 |
| 人の力を超えたものに対する情操の教育(「特別の教科道徳」) | | | 大自然の摂理に感動しそれを包み込む大いなるものに気付く畏敬の念 | 人間は有限なもので自然の中でいかされていることを自覚するとともに、人間の力を超えたものを素直に感じ取る心が深まる畏敬の念 |

※アンダーラインは筆者による。それぞれの情操教育に該当する部分に傍線を引いた。

---

＊1　文部科学省　2015（平成27）年7月『小学校学習指導要領解説　総則編（抄）』、9-10頁。

＊2　文部科学省生涯学習政策局政策課『新しい教育基本法について』（平成18年12月）。www.mext.go.jp/b_menu/kihon/houan/siryo/…/001.pdf

＊3　廣瀬裕一（1996）公立学校／私立学校と宗教—見えない宗教を巡って『宗教の中の学校』時事通信社、43-52頁。

＊4　日本私立小学校連合会（通称「日私小連」）によると、2016年現在加盟校は188校。ただし、全国には加盟していない私立小学校が10校ほどある。（日本私立小学校連合会2016年度名簿より）

＊5　同上書。

＊6　下村哲夫（1996）教育と宗教の関係『宗教の中の学校』下村哲夫編　時事通信社、12-23頁。

＊7　貝塚茂樹（2012）『道徳教育の取扱い説明書-教科化の必要性を考える』学術出版会、111-118頁。

＊8　村田昇（2011）『道徳教育の本質と実践原理』玉川大学出版会、70-78頁。

＊9　E. シュプランガー（著）村田昇（翻訳）片山光宏（翻訳）（1987）『教育学的展望—現代の教育問題』東信堂。

＊10　文部科学省　学制百年史資料編より「一般ノ教育ヲシテ宗教外ニ特立セシムルノ件」（明治三十二年八月三日文部省訓令十二号）。http://www.mext.go.jp/b_menu/hakusho/html/others/detail/1317974.htm

＊11　井上兼一（2005）「1930年代における宗教教育政策の転換とその影響」『龍谷大学文学研究科紀要』27、55-70頁。

＊12　同上書、111-118頁。

＊13　文部時報第535号（1936）「宗教的情操の涵養に関する留意事項」（文部次官通牒発普第160号）（2013）『文献資料集成日本道徳教育論争史　第Ⅱ期修身教育の改革と挫折　9修身教育と宗教教育』日本図書センター、703頁。

＊14　貝塚茂樹（2013）解説『文献資料集成日本道徳教育論争史　第Ⅱ期修身教育の改革と挫折　9修身教育と宗教教育』日本図書センター、9-13頁。

＊15　文部科学省　学制百年史資料編より「新日本建設ノ教育方針」（昭和二十年九月十五日）。http://www.mext.go.jp/b_menu/hakusho/html/others/detail/1317991.htm

＊16　辻田力、田中二郎監修（1947）「教育基本法の解説」教育法令研究会（文部省内）、12頁。

＊17　天野貞祐（1884-1980）大正・昭和期の日本の哲学者・教育者・文学博士。文部大臣（第3次吉田内閣）。業績として『カント純粋理性批判 純粋理性批判の形而上学的性格』岩波書店「大思想文庫」1935、復刊1985。『「純粋理性批判」について』講談社学術文庫1980など多数。

＊18　天野貞祐（1953）「国民実践要領」（2015）『文献資料集成日本道徳教育論争史　第Ⅲ期戦後道徳教育の停滞と再生　11「修身科」復活と「国民実践要領」』日本図書センター、327-359頁。

＊19　中央教育審議会第19特別委員会（1965）「期待される人間像（中間草案）」（2015）『文献資料集成日本道徳教育論争史　第Ⅲ期戦後道徳教育の停滞と再生　13「期待される人間像」論争　日本図書センター、477-492頁。中央教育審議会第19特別委員会（1966）「期待される人間像（最終報告）」（2015）『文献資料集成日本道徳教育論争史　第Ⅲ期戦後道徳教育の停滞と再生　13「期待される人間像」論争』日本図書センター、494-503頁。

＊20　山住正己・大田堯・五十嵐顕・堀尾輝久編著（1982）『岩波教育小辞典』岩波書店、3頁。

＊21　文部省（1958）「道徳実施要綱」（小・中学校）『文献資料集成日本道徳教育論争史　第Ⅲ期戦後道徳教育の停滞と再生　12「特設道徳」論争」』日本図書センター、591-647頁。

＊22　勝部真長（1926-2005）元お茶の水女子大学教授、元日本道徳教育学会会長、生前は和辻哲郎に師事。

＊23　菅原伸郎（1999）『宗教をどう教えるか』朝日新聞社、93頁。

＊24　貝塚茂樹（2015）解説『文献資料集成日本道徳教育論争史　第Ⅲ期戦後道徳教育の停滞と再生　11「修身科」復活と「国民実践要領」』日本図書センター、12-13頁。
抜粋「『期待される人間像』をめぐっては、『中間草案』の発表以降、活発な議論が展

開され、『中間草案』に言及した新聞、雑誌等の論文、個人から中教審に寄せられた意見及び教育団体からの要望等は約2000件を超えた。（中略）『期待される人間像』をめぐる議論は、全体的に見れば『期待される人間像』それ自体に対する賛成と反対の「世論」が相半ばしたというのが実態だった。その議論の多くは、政治的なイデオロギーを色濃く反映したものが多く、その内容に関する議論の深化は見られなかった。

＊25　山田真由美（2015）「高坂正顕における超越と人間の問題―「生命の根源に対する畏敬の念」についての考察―」日本道徳教育学会『道徳と教育』第333号、43-45頁。

＊26　高坂正顕（1900-1969）哲学者。明治33年1月23日名古屋市に生まれる。1923年（大正12）京都帝国大学哲学科卒業。西田幾多郎に師事する。1940年（昭和15）京都帝国大学教授となり、西田幾多郎や田辺元に師事した学者たちが形成した哲学の学派である「京都学派」の一員として活躍する。戦後、公職追放を受けるが、復帰してからは、1955（昭和30）年京都大学教育学部長、1961年東京学芸大学学長となる。さらに教育大学協会会長、国立教育会館館長を歴任する。1966年には、中央教育審議会特別委員会の主査として「期待される人間像」をまとめる。専門分野では、カント哲学、歴史哲学、実存哲学、教育哲学を研究し、著書に『歴史的世界』（1937）、『カント』（1939）、『実存哲学』（1948）、『西田幾多郎と和辻哲郎』（1964）などがある。1969（昭和44）年12月9日死去。原島正（1989）『日本百科全書』小学館より。

＊27　貝塚茂樹（2010）「戦後の道徳教育における『宗教的情操』と『生命に対する畏敬の念』の検討」日本道徳教育学会第75回（平成22年度春季）発表原稿より。

＊28　佐藤俊夫　1969年版『学習指導要領』編集委員および『中学校指導書道徳編』編集委員。佐藤俊夫（1967）「生命に対する畏敬と超越者に対する畏敬―宗教的情操と敬虔―」明治図書『道徳教育』第73号、23頁。

＊29　高坂正顕（1963）『人間像の分裂とその回復―私見期待される人間像』（増補版）日本図書センター。

＊30　岩田文明（2007）「道徳教育における〈宗教性〉」国際宗教研究所編『現代宗教2007―宗教教育の地平』秋山書店、89頁。

＊31　トマス・アクィナス　神学大全　山田晶訳（2014）中公クラシクス　中央公論社。

＊32　エマニュエル・カント　純粋理性批判　有福孝岳訳（2001）『カント全集4、5、6』岩波書店。

＊33　廣瀬悠三（2015）「道徳教育のおける宗教―カントの道徳教育論の基底を問う試み―」日本道徳教育学会『道徳と教育』第333号、31-42頁。

＊34　Kate A. Moran, *Can Kant Have an Account of Moral Education?*, journal of Philosophy of Education, Vol. 43, No. 4, 2009, pp. 471-484.

＊35　Robert. B. Louden, Kant's Human Being, Oxford, Oxford University Press, 2011, pp. 145-150.

＊36　廣瀬　同上書。

＊37　エマニュエル・カント　実践理性批判　坂部恵・伊古田理訳（2000）『カント全集７』岩波書店、117-357頁。

＊38　カント　同上書。

＊39　道徳法則については、日本道徳教育学会第86回（秋季）大会個人研究発表報告　寺崎賢一「道徳性（Sittlichkeit）とは何か」、およびレポート　矢作信行「イマヌエル・カント　道徳形而上学・実践理性批判・判断力批判を読む」（2015）昭和女子大学大学院修士課程ゼミを参考にした。

＊40　Martin Heidegger, 溝口競一・杉野祥一・松本長彦・セヴェリン＝ミュラー訳『現象学の根本問題』（ハイデッガー全集第24巻）、創文社、2001年。

＊41　西田幾多郎「場所的論理と宗教的世界観」『西田幾多郎全集第11巻』岩波書店、1965年、375頁。

＊42　カント　同上書。

＊43　倉沢栄吉（1987）『新訂　国語の教師―指導法の手引き』国土社、42-49頁。

＊44　広瀬　同上書。

＊45　カント　同上書。

＊46　カント　同上書。

＊47　カント　同上書。

＊48　片岡徳雄（1989）「子ども文化と子どもの情操」『情操の教育―遊び・読み物・音楽を通して―』（改訂版）放送大学教育振興会、９-17頁。

＊49　銭谷眞美（2014）「小学校教育における豊かな情操を養うことの大切さ」『初等教育資料』No. 918　文部科学省教育課程課/幼児教育課　東洋館出版社編、２-８頁。

＊50　新村出編著（2014）広辞苑第六版　岩波書店。

＊51　片岡　同上書、９-17頁。

＊52　文部科学省（2015（平成27）年）『小学校学習指導要領解説　総則編（抄）』、22-27頁。

＊53　伊藤隆二（2002）「生命と教育」の研究『続　人間形成の臨床教育心理学研究―愛と祈りの「人格共同体」を願って―』風間書房、172-173頁。

# 第６章　「寛容」の精神と生命尊重の教育

本章では本論文のメインテーマでもある「寛容を基盤とした生命尊重の教育」の「寛容」という道徳的価値について分析していくことにする。

具体的には、次の３つの課題を明らかにしたい。

第一に、西洋における「寛容（Tolerance, Forgiveness）」[*1]のとらえ方について、歴史的背景を調べながら明らかにしたい。第二に、日本における思想の流れと寛容の価値についての関係性を検討しながらも、あくまでも学習指導要領を中心にして、「寛容」という道徳的価値をどのようにとらえているかを明らかにする。

そのうえで、第三に、日本の学校教育における道徳教育の中で、新しい生命尊重の教育において、なぜその基盤に「寛容」という道徳的価値を重視する必要があるかを明らかにする。

## 第１節　西洋における「寛容」という価値のとらえ方

寛容についての論争が繰り広げられている西洋おける寛容のとらえ方について明らかにしたい。西洋において「寛容」という価値は、その歴史的背景を知らなくは理解できない部分が多い。キリスト教の教会は、異教徒による文化と政治の反乱を恐れ、市民に対して主とわれわれの関係において異教徒を認めることはよくないこと、価値の低いことであり、自分たちの信じる宗教を貫くことこそが価値があるとした。身近にいる異教徒の信者を受け入れるような「寛容」は価値が低く、一方で信者たちがキリスト教を守るために異教徒を認めない、いわゆる「不寛容」こそが、価値があるとした。

現在とは180度異なる価値観であるところの「寛容」について、17世紀イギリスの哲学者ジョン・ロックおよび、18世紀フランスの思想家ヴォルテールの視点から西洋のキリスト教思想が価値観の根底となっている「寛容」について見ていく。

## 1　ジョン・ロックの力説した「魂の救済」

17世紀イギリスの John Locke（以下、ロック）（1689a）は、イギリスの名誉革命を理論的に正当化した思想家として評価されている。彼の代表的な著書『統治論』[*2]における、自由主義的な政治思想は、名誉革命を理論的に正当化するものとなった。また、彼の思想がその後のフランス革命やアメリカ独立宣言にも大きな影響を与えたことは誰しもが認めるところである。

ロック（1689b）は、その著作『寛容についての書簡（Epistola de Toletantina)』[*3]の中で、国家と教会の存在原理を区別している。そして、単なる区別にとどまらず、そこには市民の心の問題が大きく関連していると主張している。国家（respublica）は「人々がただ自分の社会的利益を確保し、護持し、促進するためだけに造った社会」であるとする。また、その一方で「魂の救済に踏み込む権限をもたないもの」とした。また、教会（ecclesia）は「人々が神に受け入れられ、彼らの魂の救済に役立つと考えた仕方で神を公に礼拝するために、自発的に結びついた」ものであり、「人々の自発的な集まり」であると区別している。

そのうえで、ロックは人間の理性を信じ、理性を重視することを強く説いている。「宗教の問題に関して他の意見と異なる人々に寛容であることは、イエス・キリストの福音と人類の真正なる理性とにまことによくかなったことでありますから、こんなにも明白なその必要と利点とが認められないほどに盲目な人があるのは、まったく奇怪千万なことに思われます。」[*4]として、宗派の異なる信者に対して寛容であることは、イエスの福音とともに、人類にそなわった真実で正しい理性から判断してもその通りであるとしている。つまり、人間の魂を救済する教会においては、イエス・キリストと人間の本来持っている理性によって、人それぞれが異なる意見を持っていることは認められ、それこそが人間の考えのまとまりである魂を救うことだとした。

そしてロックはそのまとめとして、以下のように説明を加えている。「これ（寛容であること）をしなければ、一方で人間の魂のことに関心を持つ人々と、他方で国家に関心を抱いている人々、少なくともそういうふうに言っている人々相互の間に、絶えず起こってくる争いに結着をつけることはできないでしょう。」[*5]

この文章からも分かるとおり、ロックは人間の心の問題が大事であるというのは、次のとおりである。教会という場所が「魂の救済」の空間であり「自発的」に礼拝に訪れる場所である。そして、そこは自らの「自由」な意思で向かうところであるからこそ、「魂が救済される」のであって、自ら批判的に決められた宗派の教会に行くことでは、「魂の救済」にならないのである。ロックは、寛容について、17世紀当時においても決まった宗教を強制することに批判を加え、教会や国家といった機構の強制からいかにして距離をとるのかということと「寛容」の価値が関連していることを指摘しているのである。

### 2　ヴォルテールの説いた「人間の理性の力」

18世紀の中頃のフランスは、宗教改革のあとのカトリックとプロテスタントの宗派による対立が色濃く残っていた。16世紀からの専制君主制（アンシャン・レジーム）[*6]をしいていた政治の世界には、一方の宗派が他方の宗派を罠にかけ貶めるような事件[*7]が発生し、事件で冤罪をうけて自殺したカラスの父親は、息子の改宗に対する怒りからのカトリック信者の蛮行だとして、拷問の上絞首刑にされるという厳しい処罰が下されるなど、宗派対立による不条理な社会となっていた。

当時フランスの啓蒙思想家だった Voltaire（以下、ヴォルテール）（1763）[*8]は青年期にはフランスの専制政治を批判してバスチーユ牢獄に投獄される経験もしている。彼はその著書『寛容論』[*9]で取り上げている出来事が、宗派対立から生まれた冤罪の悲劇であるところの「カラス事件」[*10]（1761～1762年）である。事件のあらましは次のとおりである。

18世紀半ば、南フランスの、カトリックとプロテスタント間で宗教対立の激しかった町トゥールーズで、宗教改革後にプロテスタントとなったカラス一家の長男が自殺した。しかし、町の人々はプロテスタントと対立したカトリックを狂信的に信じており、カラスの父親もそうだった。そのため長男の改宗を許さなかった父親による殺人だと信じ込み、家族を激しく糾弾する。激しい世論に流される形で、カラスの父親は拷問され処刑される。カラス一家は破滅と離散に追いやられてしまう。そこに登場するのが、著者のヴォルテール。彼は、離散した家族を援助し、再審査のための運動を展開した。さらに、事件の客観的事実を明らかにしたうえで、宗教的寛容を訴える文章を次々と発表した。そしてついにカラス一家の再審無罪を勝ち取ることとなった。

ヴォルテールは、新旧キリスト教の対立を原因とする悲惨な冤罪事件に衝撃を受け、思想や信条の違いを乗り越えていける普遍な価値を説いた。それが「寛容」である。彼は、この「寛容」の価値に市民が自ら気付くために、理性の力こそがキリスト教に対して妄信する人々の勢力に対抗できる力であると強調した。この主張はのちのフランス革命（1789～1799年）*11につながった。

当時の背景としては、カラス事件に代表される宗教に関わる異端を許さないとする「不寛容」に市民は価値を置いていたことが特筆されるだろう。時代とともに社会的価値が変化する中で、当時は「寛容」は悪をだらしなく容認するものとして非難していた。悲惨な差別や迫害が起こっても、不寛容の態度が一定の評価を受けていた。これに対してヴォルテールが、「不寛容」から「寛容」へと価値転換に挑戦した。文章力の高さとブルジョワ社会とのつながりの深さに秀でていた彼は『寛容論』を表し、当時の上流社会に訴えた。

「不寛容を権利とするのは不条理であり、野蛮である。それは猛獣、虎の権利だ。いや、もっと恐ろしい。われわれ人間はほんのわずかの文章のために、たがいに相手を抹殺してきた。（中略）もしもこのような振る舞いが人定法で許されているのであれば、そのとき日本人は中国人を憎み、中国人はタイ人を憎悪しなければならなくなるだろう。タイ人はガンジス河流域の住民を迫害し、迫害された連中は今度はインダス河流域の住民に襲いかかることになろう。モンゴル人はマラバール人（インド半島中南部の住民）に出会い次第その心臓をえぐり取るかも知れない。マラバール人がペルシア人を絞め殺せば、ペルシア人の方はトルコ人を虐殺するかも知れない。そして全民族が一丸となってキリスト教徒にとびかかってくるかも知れないのだが、当のキリスト教徒はたいへん長いあいだ互い同士殺し合いに明け暮れしていたのである。」*12

そしてヴォルテールは、人間の理性を強く信じていた。特に、宇宙や自然の創造主である神を理性の力で理解しようとする理神論者（教会など既成の権威や超越的教理にしばられず、人間の側の理性や良心の立場から神を考えた思想家のこと）であった。また、ヴォルテールは、激しい筆致で問うている。「この二つの法（人定法と自然法）の大原理、普遍的原理は地球のどこにあろうと、“自分にしてほしくないことは自分もしてはならない”ということである。この原理に従うなら、ある一人の人間が別の人間に向かって“私が信じているが、お前には信じられないことを信じるのだ。そうでなければお前の生命はないぞ”などと、どうして言えるか理解にくるしむ。」*13

18世紀のフランスにおいて、宗教改革後の宗派対立から混乱をきたしていた市民生活に対して、「不寛容」から「寛容」へと価値転換をその著書「寛容論」等で強く訴えたヴォルテールの主張をみてきた（図16参照）。

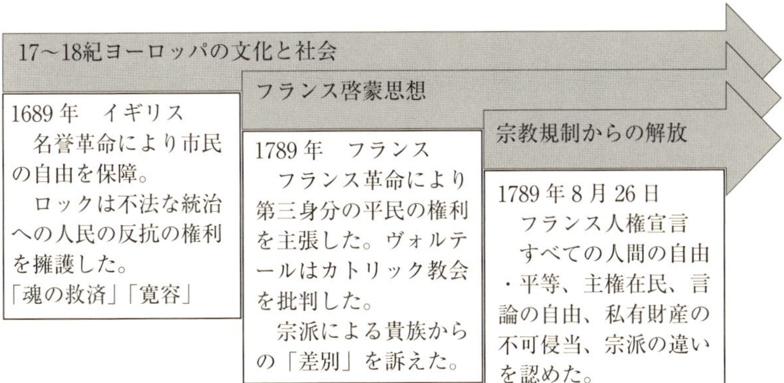

17～18紀ヨーロッパの文化と社会

1689年　イギリス
名誉革命により市民の自由を保障。
ロックは不法な統治への人民の反抗の権利を擁護した。
「魂の救済」「寛容」

フランス啓蒙思想

1789年　フランス
フランス革命により第三身分の平民の権利を主張した。ヴォルテールはカトリック教会を批判した。
宗派による貴族からの「差別」を訴えた。

宗教規制からの解放

1789年8月26日
フランス人権宣言
すべての人間の自由・平等、主権在民、言論の自由、私有財産の不可侵当、宗派の違いを認めた。

図16　17～18世紀の西洋における「寛容」の基となった歴史的流れ

## 第2節　西洋と日本における「寛容」に関する価値の違い

### 1　寛容の価値を宗派対立や神との契約の関係性からとらえる西洋

西洋の歴史と文化のうえで、キリスト教と市民の関係性は切っても切れないものである。だからこそ、キリスト教社会における宗教的な心は誰にでもあると考えるのは必然だろう。けれども、カントが語るように「道徳は常に宗教より先にやってくる」のであるから、道徳的価値として「寛容」を意識して考える必要がある。

宗教的社会の西洋においては、「寛容」に関する心情は次の２つの宗教に関する関係性から生まれたと考えられる。１つ目は、キリスト教のある宗派と別の宗派との間に生まれてくる。A宗派のキリスト教徒がB宗派のキリスト教徒を同じ宗教の仲間として、社会の中で共に生きていく者として認めていくといった意味での「許す（Tolerance）」場合である。これは、宗派対立の関係性が強い（図17参照）。

２つ目は、キリスト教信者は多くの者が、神と自分との垂直な関係性の中で、自分の犯した罪について懺悔し償うといった、信者が神から「赦し（Forgiveness）」（罪に対する赦しを与える）を請う場面を見受ける。教会にも懺悔する部屋があり、神に祈る信者は「赦し給え」と祈る（図18参照）。キリスト教の教会には懺悔の部屋があるように、神に赦しを請うという行動は、日本人が想像するよりも頻繁なのかもしれない。また、法律的に罰を与える為政者に対して赦しを請う場合にも、この言葉（Forgiveness）を用いる。

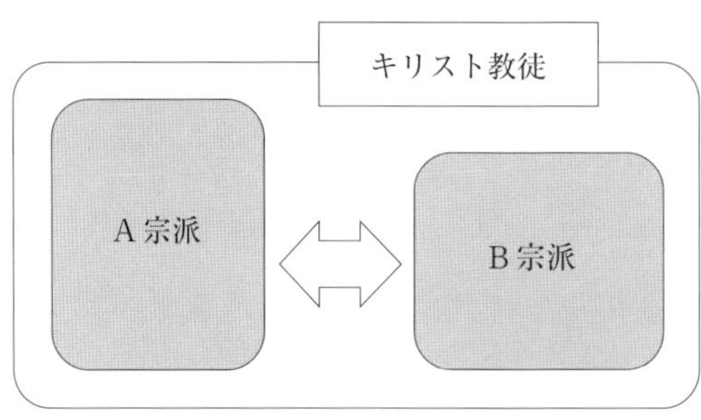

図17　宗派間の対立と「宗教的寛容」

以上、「寛容」に関する２つの宗教的なものは、図示すると分かりやすい。これら２つについては、対立するものではない。信者という人間同士の間における寛容的な態度についての問題が、図17の示した寛容である。この寛容を、第1節の2で明らかにした学習指導要領の「寛容」と混同しないために、ここでは「宗教的寛容」*14と呼ぶことにする。

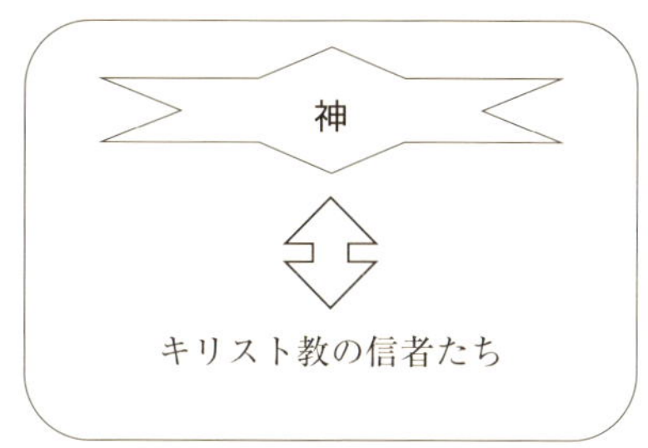


**図18　神と信者の間における懺悔とゆるしの関係**

図18については、信者にとっては大いなるものであるところの神の前には僕(しもべ)であり、敬虔な信徒であることを示したものである。そこでは、神に懺悔する信者とそれを赦す神のとの関係性を示している。

図17の関係性は、宗派間の対立における寛容（Tolerance）であり、図18の関係性は、神と信者のあいだでの寛容（Forgiveness）となる。

Tolerance とは、“the action or practice of enduring or sustaining pain or Hardship” と The Oxford English Dictionary*15では示されており、その次の意味としては “the power or capacity of enduring” と書かれている。

つまり、元来「耐える」「忍ぶ」ということがらを含意しているのである。ラテン語では、Tolero という言語を語源としており、この言葉の意味がやはり「耐える」「忍ぶ」という意味なのである。

現代倫理学事典*16によれば、この寛容には対義語として “intolerance” という言葉（意味：狭量、〔特に宗教的に〕異説を入れないこと）があると書かれている。多数派を占める集団（とりわけ正統とされる宗教的組織）が、少数派を占める集団（とりわけ異端とされる宗派、そして無神論者）の宗教行為・儀礼はむろんのこと、その存在を「耐え忍ぶ」という寛容に扱う側と寛容に扱われる側との非対称性が、この語には刻み込まれているとされる。

一方で、Forgiveness とは、“the action of forgiveness; pardon of a fault, remission of a debt, etc.”（赦すとは失敗の容赦や罪の赦免といった赦しの行動）と同じ The Oxford English Dictionary*17には示されている。第2の意味としては、“Disposition or willingness to forgive” として、「赦せるための気質

や進んで行う気持ち」を意味している。

平凡社の新版心理学事典*[18]では寛容に関する言葉は「寛容効果 generosity effect」*[19]に登場するのみであったが、同じ平凡社の哲学事典*[20]では、「寛容」についてははっきりと宗教的意味合いに関連することを示している。

「自然的な神人合一致のもとでは、無関心につながる意味でのある種の寛容が実現されていた。これに対して、異端審問をくり返した中世カトリック教会が、分派を焚刑に処したような主教改革者カルヴィンをあえて引例するまでもなく、愛の宗教の名にふさわしくない『排他的不寛容』を生み出したものは、キリスト教に特有な絶対性の主張と宗教的無関心を誘うものとしての、寛容を不当におそれる過度の潔癖感であった。いうまでもなく近代国家においては、ロックなど寛容（信仰の自由）の主張を一つの突破口として寛容の思想は定着をみた。だが宗教が姿をかえて現れたイデオロギーの世の中において正統と異端が角逐をつづけている両者に寛容は意義の問い直しを迫られている、きわめて現代的な観念といえよう。」

比較対象のもう一方である“Forgiveness”は、比較的に宗教色の薄い言葉である。ただし、相手の過ちや失敗を許すという、赦す側と赦される側のパワーバランスがその使い方ひとつではっきりするという言葉である。赦す側は当然に権力を持った神や行政や司法、検察や警察などが該当するであろうと考えられる。

## 2　西洋の「寛容」と日本における「寛容」の価値の違い

### ⑴　西洋の「寛容」の背景

これまで、17〜18世紀の思想家であるイギリスのロックやフランスのヴォルテールの思想から、近代西洋における「寛容」の価値の基盤となる思想についてみてきた。

藤井基貴*[21]は、ポイントとしては、宗教的な争いがその著作物から読み取れるものの、宗教的問題（宗派の対立、教会の政治的権力の拡大など）に端を発する市民の抑圧と解放、信教の抑圧と解放というような関係のうちにあると説いている。また、フランス革命やアメリカ独立戦争もこうした国家権力や教会の権力による抑圧とそこからの解放の運動が起こり、その高まりとともに寛容の精神が表れたのであると言っている。

藤井*[22]は、日本の学習指導要領とロックやヴォルテールといった西洋の思想家の考え方を比較したうえで、「西洋思想における寛容概念と日本のそれとの間には異なる位相が存在することは確かである。」と結論づけている。ただし、日本の学校教育において道徳等で「寛容」の価値について指導する場合に留意することとして、「教育学の視点からみれば、寛容がどのように育成可能であるかという問題は、今日の国際社会の文脈において重要な問題であるだけに、寛容の本質的な位置付けを経たうえでその教育内容を検討することは必要であることに違いない」とした。藤井*[23]は、このように道徳教育の実践がその道徳的価値についての歴史的背景や社会における本質的な位置付けを知らずに展開されることの課題および危うさを指摘している。そして、授業者に哲学的・倫理学素養の重要性を提起し、そこから新たな道徳教育実践の可能性を膨らませようと主張している。

また、藤井*[24]によれば「寛容」の差別性は、寛容するものが寛容されるものを道徳的に下位に位置付けることに由来しているとする。そして、この枠組みの中で「寛容する者」と「寛容される者」との道徳的地位が逆転することはないという。「寛容される者」とは当時の宗教改革以降は、改宗を果たしたプロテスタント教徒（異端とみなされている）を指すであろうし、「寛容する者」とは伝統的なカトリック教徒を指すのであろう。ここで当事者間に差別の事実があるのにも関わらず、教会や国家が差別を禁じたところで政治的に説得力はないとする。

こうした宗教的寛容の例を前に「異端を許す」ことの内容は、現代日本における道徳教育で指導される「寛容」とは構造的には類似するものではない。

### ⑵　日本における「寛容」の背景

日本における「寛容」は、他者の過ちを許すことである。西洋のような許す者と許される者の関係性が生まれ、許す者は、キリスト教徒の宗派対立による主流と異端といった政治的な動きによって主と従、本流と亜流が入れ代わるような関係性ではない。

日本における「寛容」では、過ちを犯した者とそれを許す者の間で、その道徳的地位はいつ何時、立場が逆転するかもしれなという、わたしもあなたもみな過ちを犯す存在だからという立場で同じレベルにあるという考え方である。

この考え方のもとになったものは、日本宗教民族学の研究者である福江充(2005)*[25]は、自然と共に生きてきた日本人独特の生活習慣から生まれてきた価値観ではないかとする。また、福江は奈良時代に天平文化など中国からの仏教が突然に日本に輸入され、価値観や生活習慣に大きな影響を与えたが、「寛容」や「謙虚」といった価値についてはその後の鎌倉時代まで時代が進んでからではないかという考え方を示す。その理由として、当時の中国は唐の時代が長期間に及ぶが、文化として「謙虚であったり、人をゆるして相互理解を育んだりして共に生きる」と言った考え方が培われてきたことは、どの文献を見ても明らかではないとしている。ところが、鎌倉時代になり、法然*[26]の浄土宗をはじめとする自然（山岳信仰）と一体化した宗教が育ってくる中で、日本人は自然と共に生き、その中で恵みを分け与えられ、時に幸福に時に厳しい気候にさらされながら生きてきたのである。そこに、喜びも苦しみも自然の中ではお互い人々は共に生きていく知恵を身に付けていったのだろうと推測されるという。

鈴木正崇（2015)*[27]は、日本人にとっての山は自然の代表であり、山の中には神がいて、水や米、そして野菜や木の実、また蛋白源となる肉もあったという。海の文化とことなり、ここには自然の恵みのほか、神々の宿る自然があり、畏敬の対象だったとする。

さらに、清水正之（2013)*[28]は、「自然」が自然物を指すのではない場合に、そこにこめる意味内容として「じねん」がより強いだろうとする。「じねん」とは、中国の『老子』*[29]の中の「人は地に法り、地は天に法り、天は道に法り、道は自然に法る」（象元章題二十五）の一句で、万物の本質である道はあるがままであることにその姿をしめしているという意味で使われている。ところが鎌倉時代になり、「自然（じねん）」とも読み始め、独自の意味も付け加わった。ありのままであることが弥陀のちからによること。おのずからそうなることの様態を「じねん」といい、親鸞は『歎異抄』*30の中でも「我がはからはざるをじねんと申すなり。これすなわち、他力にてまします。」と指摘している。

自然物や自然の変化の動態を「自然」と称することは、その後近代までなかった。西洋から入ってきた nature 等の訳語として定着してからは、「自然」は伝来の自然の語に置き換わった新たな「自然」となっていった。

清水は、和辻哲郎の『風土』*31や寺田虎彦の『日本人の自然観』*32を引きながら、自然環境ではないところの風土性に注目し、それは自然と自然に包まれてある人間の営みのすべての要素が論じられているとする。仏教という言葉が用いられないところにおいて、自然環境ではない概念としての風土は、人々が自然と共に生きて、まさに共生してく中で、人間が自然に包まれて生きていくということの大切さを訴えている。

我々は、日本人の価値観の一つとして「寛容」はどういうところからやってきたかを明らかにしたいと日本人の思想の背景を紐解いてみたところである。その思想には大きく自然が絡んでおり、自然との共生が思想の根底を支えている部分をあらためて究明した。

他の人や集団社会との関わりの中で、よりよく生きていこうとする人間の生き方の問題となる言葉が「寛容」であるとは、西洋のこうした背景からはなかなか考えにくい。（西洋では、寛容に対して宗教に関する問題が大きな課題となっている。）日本の集団や社会において、よりよく生きるために一人ひとりの児童生徒に培っていく「相互理解」や「謙虚さ」、「広い心」で示された道徳的価値の「寛容」は、西洋の宗教的歴史をもとにした２つの「宗教的寛容」とは、その価値の背景が異なるのである。

## 第3節　学習指導要領における「寛容」という価値について

日本の道徳教育において、宗教的な歴史的背景のある「寛容」という価値をどのように指導すればよいのだろうか。

ここでは学習指導要領では、「寛容」についてどのように捉え、どのような指導を求めているかを明らかにする。

### 1　内容項目の「寛容」の価値について

新設された「特別の教科 道徳」において、「寛容」の内容項目に変化が見られた。それまでは、寛容については小学校高学年から指導する項目として扱われていたが、特別の教科道徳としては小学校3、4年生の中学年から指導するものとされた。これまで11歳、12歳から指導していた「寛容」の価値について、9歳、10歳から指導する内容項目に変わったということは注意する点である。

内容については、内容項目を示すキーワードは、「相互理解・寛容」としている。これまでの2008（平成20）年に改訂された学習指導要領では、『小学校学習指導要領解説　道徳編』*33を見ると、以下のように示されていた。

「広がりと深まりのある人間関係を築くために必要な、謙虚な心と広い心を持った児童を育てようとする内容項目である」として、以下のような解説（小学校5、6年生）が加えられている。「寛大な心を持って他人の過ちを許すことができるのも、自分も過ちを犯すことがあるからと自覚しているからであり、自分に対して謙虚であることからこそ他人に対して寛容になることができる。しかし、わたしたちは、自分の立場を守るため、つい他人の失敗や過ちを一方的に非難したり、自分と異なる意見や立場を受け入れようとしなかったりするなど、自己本位に陥りやすい弱さを持っている。自分自身が成長の途上であり、至らなさを持っていることなどを考え、自分を謙虚に見て、他人の過ちを許す態度や相手から学ぶような広い心を持つことが大切である。今日の重要な教育課題の一つであるいじめの問題に対応するとともに、いじめを生まない風土や環境を醸成するためにも、このような態度を育てることが重要である。なおこのことは、第３、４学年の段階においても、例えば、相手を思いやり親切にすることや、友達と信頼し助け合うことなどに関する指導を通じてはぐくまれている。この段階においては、互いのものの見方、考え方の違いをそれまで以上に意識するようになる。そのような時期だからこそ、相手の意見を素直に聞き、なぜそのような意見や立場をとるのかを、相手の立場に立って考える態度を育てることが求められる。それとともに自分と異なった意見や立場、相手の過ちなどに対しても、広い心で受け止め、対処できるよう指導することが大切である。」と示されていた。

上記の文章にある下線は、2015（平成27）年に「特別の教科 道徳」の解説編では削除されている。ただし、削除されたとは言え、「特別の教科 道徳」となってこの内容項目は、これまでよりも早い段階の小学校３、４年生から扱う部分となったことは、いじめ問題との関連性からも注目されるところである。いままで小学校高学年の発達段階から学ぶことが必要だとされていた「謙虚な心を持ち、広い心で自分と異なる意見や立場を大切にする」とした内容項目が、「相互理解・寛容」という項目として、あらためて小学校中学年から学ぶべき内容項目として重視されている。

「特別の教科　道徳」となり、発達段階を考慮した価値項目の再編成にともない、小学校中学年から中学校までを見通した内容となった。項目の名称も、「相互理解・寛容」と示され、相互理解の視点が強調されるようになった。

以下にあらたな内容項目における「寛容」という道徳的価値*34について確認する。

まず、小学校３、４年生では、「自分の考えや意見を相手に伝えるとともに、相手のことを理解し、自分と異なる意見も大切にすること。」となっている。

また、小学校５、６年生では、「自分の考えや意見を相手に伝えるとともに、謙虚な心を持ち、広い心で自分と異なる意見や立場を尊重すること。」となっている。

さらに、中学校では、「自分の考えや意見を相手に伝えるとともに、それぞれの個性や立場を尊重し、いろいろなものの見方や考え方があることを理解し、寛容の心を持って謙虚に他に学び、自らを高めていくこと。」と示されている。

また、2008（平成20）年刊行の『小学校学習指導要領解説　道徳編』と比較するために、今回の「特別の教科　道徳」の小学校５、６年生の解説から「相互理解・寛容」について、内容項目の概要と指導の要点（小学校中学年、小学校高学年）[*35]の２つの角度から見ていく。

内容項目の概要は以下のとおりである。

広がりと深まりのある人間関係を築くために、自分の考えを相手に伝えて相互理解を計るとともに、謙虚で広い心を持つことに関する内容項目である。人の考えや意見は多様であり、それが豊かな社会をつくる原動力にもなる。そのためには、多様さを相互に認め合い理解しながら高め合う関係を築くことが不可欠である。自分の考えや意見を相手につたえるとともに、自分とは異なる意見や立場も広い心で受けとめて相手への理解を深めることで、自らを高めていくことができる。異なった意見や立場を持つ者同士が互いを尊重し、広がりと深まりのある人間関係を築くことができるのは、自分も過ちを犯すことがあると自覚しているからであり、自分に対して謙虚であるからこそ他人に対して寛容になることができる。このように、寛容さと謙虚さが一体にものとなったときに、広い心が生まれ、それ人間関係を潤滑にするものとなる。

しかし、私たちは、自分の立場を守るために、つい他人の失敗や過ちを一方的に非難したり、自分と異なる意見や立場を受け入れようとしなかったりするなど、自己本位に陥りやすい弱さを持っている。自分自身が成長の途上にあり、至らなさを持っていることなどを考え、自分を謙虚に見ることについて考えさせることが大切である。相手から学ぶ姿勢を常に持ち、自分と異なる意見や立場を受けとめることや、広い心で相手の過ちを許す心情や態度は、多様な人間が共によりよく生き、創造的で建設的な社会を創っていくために必要な資質・能力である。今日の重要な教育課題の一つでもあるいじめの未然防止に対応するとともに、いじめを生まない雰囲気や環境を醸成するためにも、互いの違いを認め合い理解しながら、自分と同じように他者を尊重する態度を育てることが重要であると言える。

また、指導の要点（第３学年及び第４学年）は以下のとおりである。

この段階の児童は、自他の立場や考え方、感じ方などの違いをおおむね理解できるようになるが、ともすると違いを受けとめられずに感情的になったり、それらの違いから対立が生じたりすることも少なくない。望ましい人間関係を構築するためには、自分の考えや意見を相手に伝えるとともに、自分と異なる意見について、その背景にあるものは何かを考え、傾聴することができるようにすることが必要になる。指導に当たっては、相手の言葉の裏側にある思いを知り、相手への理解を深め、自分も更に相手からの理解が得られるように思いを伝える相互理解の大切さに気付くようにすることが大切である。日常の指導においては、児童同士、児童と教師が互いの考えや意見を交流し合う機会を設定し、異なる考えや意見を大切にすることのよさを実感できるように指導することが大切である。

さらに、指導の要点（第５学年及び第６学年）は、以下のとおりである。この段階においては、自分のものの見方や考え方についての認識が深まることから、相手のものの見方、考え方との違いをそれまで以上に意識するようになる。また、この時期には、考えや意見の違う者同士が接近し、そうでない者を遠ざけようとする行動が見られることがある。そのような時期だからこそ、相手の意見を素直に聞き、なぜそのような考え方をするのかを、相手の立場に立って考える態度を育てることが求められる。

指導に当たっては、広い心で自分と異なる意見や立場を尊重することで、違いを生かしたより良いものがうまれるといったよさや、相手の過ちなどに対しても、自分にも同様のことがあることとして謙虚な心、広い心で受け止め、適切に対処できるように指導することが大切である。

上記の文章で下線部分は、「特別の教科 道徳」の解説から新たに付け加えられた内容である。これまでの謙虚さに加えて、自分とは異なる意見や立場も広い心で受けとめて相手への理解を深めるという相互理解の内容が付け加えられている。異なった意見や立場を持つ者同士が互いを尊重することで、自分自身を高めることができるとし、さらに互いを尊重することで、広がりと深まりのある人間関係を築くことができるとしている。

### 2　寛容の価値を人と人との水平の関係性からとらえる

人のより良い在り方、生き方を目指していく道徳においては、キリスト教を代表とする宗教における対立や神との契約における罪などで生まれてくる「寛容」とは異なり、まずは自分自身の生き方として、「寛容」を自分の内面に道徳的価値観として培っていくことを重視する。

#### ⑴　人と自分との関わりで生じる課題に対する寛容

『小学校学習指導要領解説　特別の教科 道徳編』および『中学校学習指導要領解説　特別の教科 道徳編』における「寛容」について分析した。また『私たちに道徳　小学校５・６年』の80頁～87頁の「けんきょに、広い心をもって」の部分および『私たちの道徳　中学校』の72頁～77頁の「認め合い学び合う心を」の部分についても分析を行った。これに、自分なりの考察を加えていくと次のようにまとめられる。

人との関わりにおいて、相手と自分自身とのあいだに課題が生じた場合に、

- 自分自身はその課題を問いただすことのできるような上から物を言う立場ではないという謙虚な姿勢。
- 相手の人はその課題を表面化させるまでに様々な問題があったのだろうという相手を理解する姿勢。
- 自分がもしかしたら相手のような課題を引き起こしていたかもしれないという相手と自分を置き換えて考える姿勢を求めている。

ここでは、自らの態度や姿勢をしっかりと持つことが大前提だとして、人と関わるうえでの自らを律する視点が重視されている。これらは、つまりは相手も自分も人間であるという大前提のうえにたち、相手と自分の立場がいつ入れ替わるかもしれないという水平関係の中での、人と自分との生き方について考えている。

また、この段階の次に来るのが、その課題を受け入れられるかどうかである。

ここで注意しなくてはならない点は、人との関係性の中で生じる課題である

にも関わらず、それは自分自身との対話が内面で始まり、不条理なことや納得できないことに対して憤懣やるかたない怒りを受け入れられるかどうかという自分自身の問題になっている。

順序からいうと、まず自分自身の中でその課題を納得する。次に、相手に対してその課題を受け入れたことを説明する、という２つの段階がある。

ところが、日本の学校における寛容の授業においては、まず自分の内面で自分自身に対する問いかけが始まり、次に自分自身の内面に受け入れる準備ができたことになるとそれを受け入れる。そして、最後に他者との関わりの中ではじめて、表出する行為としてそれをゆるすということになってくるのである。以上をふまえて「人との関わり」で生じる寛容までの意識のプロセスをまとめる*36と次のようになる。

図19に示した①～⑤については、人と自分とのあいだに生じた課題であるにも関わらず、そこで思い悩み、最終的に相手をゆるすという場合には、５つのステップのうち、その４つまでが自分自身の内面の課題へと変化しているのである。他者という外部との関わりで生まれた課題についても、解決していくに

【自分自身の内面の整理の段階】

① 自分自身のこれまでの在り方、生き方をふりかえり、謙虚な姿勢をとれるか。

② ここまでに至るまで相手には様々な悩みや苦しみがあっただろうという相手理解の姿勢がとれるか。

③ もし自分が相手と同じ立場だったらどうしただろうかという相互理解の姿勢がとれるか。

【相手をゆるす実践への段階】

④ 不条理さや理解できない点をゆるしていこうとする自分をゆるすことができるか。

⑤ 相手に対して、理解し受け入れるという行動をとることができるか。

図19　人との関わりで生じる課題への寛容までの流れ

は、実はそこに自分自身の内面で解決しなくてはならない課題がいくつも待っていることに留意する必要がある。

### (2) 生まれながらに存在している差異等への寛容

ここまでは、人との関わりで生じる課題に対して寛容さを問題にしてきた。しかし、現代社会では、Michael Walzer（以下、ウォルツァー）(1997)*[37]が言うように、多文化主義社会だからこそ、そこに生きる市民に求められる「寛容」がある。相手が自分自身とのあいだに何か課題を生じさせるような主体ではなく、単に自分と相手を比較した場合に、そこに生まれるような課題（年齢差、性差、住所、本籍地、学歴、社会的地位、収入、家族、趣味、エスニシティなど、ここからはこうした課題を「差異」と呼ぶ）が浮き彫りになってくる場合について考える。このことに対しても、

- 人は様々な「差異」に対して、人間の在り方、生き方の問題として、いかに関わっていかなくてはならないのだろうかと広い心で考えていく姿勢がとれるか。
- 人の差異には優劣はなく、人それぞれが光輝いて生きていくことが大切であるから、それぞれのよさとして認めていく姿勢がとれるか。
- 目の前の他者に対して、それぞれに差異はあるが、その差異をその人のよさとして認め、尊重した行動をとることができるか。

という視点が重要になってくる。

これを、自分自身の内面の問題から、相手を受け入れる実践の問題へと移っていくような流れのなかで整理*[38]をする。それをまとめたものが、以下（図20）のようになる。

【自分自身の内面の整理の段階】

① 自分は様々な「差異」に対して、人間の在り方、生き方の問題として、いかに関わっていかなくてはならないのだろうかと広い心で考えていくことができるか。

② 人の差異には優劣はなく、人それぞれが光輝いて生きていくことが大切であると考えていくことができるか。

【相手を認める実践への段階】

③　目の前の他者に対して、それぞれに差異はあるが、その差異をその人のよさとして認め、尊重した行動をとることができるか。

図20　生まれながらに存在している差異等への寛容までの流れ

つまり、この「生まれながらに存在している差異等」に対して寛容になるということは、「許す」や「赦す」、「許される」や「赦される」という範囲からは完全に離れた、人としての在り方、生き方の問題として考えなければならないところになっている。

これは、相手との差異を認め、相手を受け入れ、相手を尊重した行動をとるかどうかということであり、このことが相手に対してどのような行動をとるかであるとともに、自分自身をどのように律するかの問題になっていくだろう。

なお、ここでは相手とする対象を人間だけに限定せずに、自然に対しても寛容の対象としてとらえて、生まれながらに自分の周りに存在する自然を受け容れて、自然が人間に対して生活を脅かしたり、不安に陥らせたりしても、その自然を受け容れて自然と共に生きていくことも「生まれながらに存在している差異等への寛容」であることも指摘した。

## 第４節　「道徳的寛容」を基盤とした生命尊重の教育の可能性

生命尊重の教育については、第２章でこれまでの「死」を考える生命尊重の教育から、未来の生き方を考える教育への転換の必要性を指摘した。また、その未来の生き方を考える場合に、生命に対する畏敬の念を培うことが大事だということも考察した。

さらに、この畏敬の念という言葉と関連して情操の教育について詳しく調べることで、宗教教育と道徳教育の関連性が明らかになり、道徳的情操をこの生命に対して深めていくことが、生命に対する畏敬の念を培うことだという提案を行った。

ここで、最終的に、こうした生命に対する畏敬の念を培うための生命尊重の教育を行うには、これまでの歴史的背景を紐解くことで明らかになった宗教教育に関する一連の問題をどうするかという課題が残った。

そのことをふまえて「寛容」の価値をどのように指導すればよいのかについて次のような提案を行いたい。

### 1　対立や矛盾を再び全体的な考えへと昇華する「寛容」

「寛容」は、人との関わりに関することだけでなく、課題とするものに対して、自分の　内面と向き合い、謙虚な姿勢で自分のより良い生き方の面からとらえ直していくことが大事である。そこに相互理解の視点から、相手への思いやりの気持ちを持ち、自分自身の思い（正の段階）に対して、相手の対立する思い（反の段階）との対立と矛盾から、より高い次元のものに統合される動き（合の段階）を通して、真理が明らかになる視点を基盤とした、まさにヘーゲル*39の弁証法*40的なとらえ方で生命を尊重する教育を推進できないかと考えた。

### 2　グローバル社会における「差異」を認め、受け入れていく「寛容」

さらに、この地球で様々な人が自らの生命を輝かせ生きていくためには、それぞれの文化や歴史、民族や宗教を認め合って生きていかなくてはならない。日本国においては、憲法で信教の自由が保障されているところである。しかし、この信教の自由でふれた寛容の価値は、現代社会においてはミクロ的に宗教についてのみの寛容さを示しているのではない。異教徒をゆるしたり神との関係で贖罪にゆるしを請うたりするというだけの寛容さでは、これからの地球上の人たちが生命を尊重した生き方をすることは不十分なのである。

互いに宗教に関する寛容さだけで生きていくのではなく、宗教以外にもそれぞれの市民の間に生まれる「差異」すべてを受け入れて、認めていくような、そんなあらたな「道徳的寛容」の視点で、生命尊重の教育を考えていく必要がある。

第4章で論じたイングランドの道徳教育では、宗教教育を基盤としながらもそこにシティズンシップ教育と PSHE 教育の実践が進められている。シティズンシップ教育のような市民を育てる教育も、PSHE 教育のような実践的な教育もすべて、これからの市民社会で生まれるであろう「差異」に対してそれを受け入れて、認めて、実践する教育である。

時代は、人種や宗教、言語や文化、民族などの差異を超えたところを目指した教育へと確実に変化してきている。「特別の教科」となった道徳において、学習指導要領総則にうたわれた新しい道徳教育が目指す道は、こうした市民の間に存在する「差異」を受け入れて、認めて、理解したうえで、互いの生命を尊重する教育ととらえられる。生命尊重の教育は、「道徳的寛容」の理解を基盤とすることによって、より本質へと深めていくことができる。

---

＊1　寛容の定義は、英語の “Tolerance” と “Forgiveness” では、全く異なる。これは宗教に関わる単語だからであり、これまで検討してきた「宗教的情操」に関わる課題が明らかになってくる。詳細は注17、18、19。

＊2　ジョン・ロック（1689a）宮川透訳「統治論—市民的な統治の真の起源と範囲と目的とに関する小論」『世界の名著　ロック・ヒューム』中央公論社、240-251頁。

＊3　ジョン・ロック（1689b）生松敬三訳「寛容についての書簡」『世界の名著　ロック・ヒューム』中央公論社、349-402頁。

＊4　同上書。

＊5　同上書。

＊6　フランス革命前のフランスの政治・社会体制の総称。それまでの絶対王政での国民は、第一身分が聖職者、第二身分が貴族、第三身分が平民だった。しかしこの第三身分の平民が人口の9割であった。

＊7　裁判の不正が主な原因。シルヴァン事件、シュヴェリエ・ド・ラバル事件、ラリ＝トランダル事件など。ヴォルテールは、これらの事件の裁判について、その誤りを指摘してやまなかった。詳細は以下を参照のこと。中川信（2011）解説、ヴォルテール　中川信訳『寛容論』中公文庫、217-242頁。

＊8　ヴォルテール：本名 François-Marie Arouet 旧体制においてヴォルテールは、ブル

ジョワジーに属する家庭で生まれ、多くの貴族と交友関係にあった。そこで、サロンに出入りする中で、自由思想家たちの思想の洗礼を受けていた。宗教に対する不正や腐敗にも厳しい目を持って臨むようになった。(参考　木村靖二、佐藤次高、岸本美緒(2012)『詳説　世界史Ｂ』山川出版社、248-249頁。

＊9　Voltaire (1763), *Traité sur la Tolérance,* Gallimard.

＊10　新教徒が冤罪で処された事件。この事件を契機に、ヴォルテールは、宇宙の創造主として神の存在を認める理神論者の立場から歴史的考察や聖書検討などにより、自然法と人定法が不寛容にして法的根拠を与えないことを立証し、宗教や国境や民族の相違を超えて、「寛容」を賛美した。

＊11　フランス革命については、以下を参照。

中川信（2011）解説,ヴォルテール　中川信訳『寛容論』中公文庫、249-250頁。ヴォルテールが望んでいた信仰の自由は（中略）1789年のフランス大革命により成立した立憲主義は、有名な「人は生まれながらにして自由かつ平等の権利を有する」を第一条とする「人権宣言」の中で信仰の自由を明示する。こうして信仰という観点からは、この問題は解決をみたわけである。

＊12　Ibid. pp. 40

＊13　Ibid. pp. 40

＊14　図18の関係性は、神と信者の関係性が入れ替わることはない。ところが、図17のように宗派の異なるキリスト教徒は改宗することにより関係性が入れ替わることもある。そこで、図18の神と信者の関係性には、「宗教的寛容」という言葉は該当しない。

＊15　*The Oxford English Dictionary VI second edition,* Oxford University Press, pp. 72

＊16　大庭健、井上達夫、加藤尚武編（2006）『現代倫理学事典』初版１刷、弘文堂、149頁。

＊17　*The Oxford English Dictionary XVIII second edition,* Oxford University Press, pp. 199-200

＊18　藤永保編（1981）『新版心理学事典』初版６刷、平凡社、165R頁。

＊19　寛容効果（generosity effect）『新版心理学事典』では、「評価者が相手にどのような感情を持つかによって、評価の全体が肯定的に（相手に好意的感情を持っている場合)、あるいは否定的に（相手に非好意的感情を持っている場合）なるという傾向である。結果としては、これは『えこひいき』という形をとることになる」の意味で使われる。

＊20　林辰夫編（1971）『哲学事典』初版４刷、平凡社、286頁。

＊21　藤井基貴、宮本敬子、中村美智太郎（2013）道徳教育の内容項目「寛容」に関する基礎的研究『静岡大学教育学部研究報告（人文・社会・自然科学篇)』、63、123-134頁。

＊22　同上書。

＊23　同上書。

＊24　同上書。

＊25　福江充（2005）『立山曼荼羅—絵解きと信仰の世界—』、法蔵館、58-62頁。

*26　法然（1133）どこにいても、何をしていても「南無阿弥陀仏を唱えよ、南無阿弥陀仏と口に唱えて仕事をしなさい、その仏の中に生活しなさい」と教えている。こうした教えが広まるにつれて、それが新しい宗教であったために、様々なことで迫害をうけた。佐藤弘夫他編『概説 日本思想史』（ミネルヴァ書房、2005年）より。

*27　鈴木正崇（2015）『山岳信仰　日本文化の根底を探る』、中公新書、12-21頁。

*28　清水正之（2013）「自然と人倫」『岩波講座　日本の思想　第四巻　自然と人為』、岩波書店、199-203頁。

*29　高華平著、笠原祥士郎訳（2012）『老子』、北陸大学出版会・南京大学出版会、20-38頁。

*30　釈徹宗（2017）『100分 de 名著「歎異抄」親鸞』、ＮＨＫ出版、15-16頁。

*31　和辻哲郎（1979）『風土』、岩波文庫。

*32　寺田虎彦（1993）「日本人の自然観」『寺田虎彦随筆集』、岩波文庫。

*33　文部科学省（2008）『小学校学習指導要領解説　道徳編』、東洋館出版社、57頁。

*34　文部科学省（2015）『小学校学習指導要領解説　特別の教科　道徳編』、文部省ＨＰ、46頁。

*35　同上書、46-47頁。

*36　整理するために以下を参考とした。文部科学省（2014）『私たちの道徳（小学校５・６年）』、80-81頁。

*37　Michael Walzer, (1997) *On Toleration,* Yale University Press, New Haven and London, pp. 14-36. マイケル・ウォルツァー 大川正彦訳（1997）『寛容について（On Toleration）』みすず書房、30-64頁。グローバル社会における「差異」を認める寛容な姿勢について、Mickael Walzer（以下、ウォルツァー）は、1996年にイエール大学で行われたイエールの「倫理学・政治学・経済学のプログラム」に基づくキャッスル・レクチャーズにおいて提供した論文をまとめた“On Toleration”で、具体的に述べている。グローバル社会における６つの「差異」は、「権力」「階級」「ジェンダー」「宗教」「教育」「市民宗教」であるとした。また現代における「差異」を受け入れる「寛容」の心の状態は、以下の５つの状態であることを明らかにした。「黙従」「無関心」「道徳的な自制」「好奇心」「熱狂的な是認」。

*38　まとめるに、以下を参考とした。文部科学省（2014）「私たちの道徳（小学校５・６年）」、132-135頁。

*39　ヘーゲルについて以下を参照のこと。濱井修、小寺聡、三森和哉（2015）『現代の倫理』、山川出版、141頁。

*40　弁証法については以下を参照した。林辰夫編（1971）『哲学事典』初版４刷、平凡社、987頁。

# 第７章　寛容を基盤においた生命尊重の教育についての授業実践による検証

小学校高学年の児童に焦点を当てて、道徳的価値「寛容」や「生命尊重」に関して、「特別の教科　道徳」での授業実践を行う。ここでは、授業により「寛容」を基盤として新しい「生命尊重」の道徳授業を進めることができるという仮説についての検証を行うことを目的とする。

まず、本章の第１節では、「寛容」と「生命尊重」の道徳的価値に関して、道徳授業のねらいとする場合のポイントを示す。「寛容」と「生命尊重」の価値を授業のねらいとした場合に、そのつながりに注目してどのような指導計画を立てられるか検討した。

次に、第２節では、実際に仮説の検証として実施した授業実践を紹介する。小学校６年生に対して直接に授業を実践することで、「寛容を基盤にした新たな生命尊重の教育を進めることができる」という仮説に対してこの仮説を成り立たせるための方策について確かめることを目的とした。そして、そのために道徳科の学習指導案を立案した。

さらに、第３節ではその授業の結果から分かったことの考察を述べた。第４節では、こうした授業実践を行った児童に対して、授業の前と授業後での変容をとらえるために、児童に対する意識調査を実施し、その結果について考察を加えた。

最後に第５節では、これまで第４節までで見てきた授業実践による児童の変化を評価して検証を行った。なお、授業中の児童と教師の会話では、生命と言う単語ではなく、あえて「いのち」と言う言葉を使っている。これは児童一人ひとりが考えやすいように配慮しているためである。

## 第１節　仮説と検証の方法

現行の道徳教育の指導内容を学習指導要領の内容項目を基準に考えてみる。内容項目Ｂの「主として人との関わりに関すること」から「寛容」と、内容項目Ｄの「主として生命や自然、崇高なものとの関わりに関すること」から「生命尊重」を選択して、仮説を設けて検証のための授業の方法を検討する。

### １　仮説

ここでは仮説として、「『謙虚さ』が児童に培われ、自分と相手を『ゆるす』という道徳性を深めていくことで、生命を尊重する真の生き方に気付き、それを深く追い求めていくことができる」と考えた。この仮説を追究することで、「寛容」の道徳授業の実践を通して、「生命尊重の教育」が充実していくことを検証したい。

ここでは、「寛容」を基盤とした生命尊重を道徳的価値の中心に位置付けて、道徳的価値全体を再構築していくような、道徳科の授業の大単元的な指導を提案する。なお、小学校の場合、「寛容」という言葉そのものが難しい部分があるので、「ゆるすこと」だったり、「謙虚さ」と一緒に「寛容」の価値を扱ったりすることを前提とする。

### ２　検証の方法

授業研究を基本に検証していく。授業研究では次の２つの方法を用いて取り組んだ。

⑴　１時間の道徳授業の中に、複数の道徳的価値として「生命尊重」と「寛容」の価値が存在して、両者をねらいとする道徳授業を構想した。

⑵　２つの道徳的価値をねらいとして、複数時間（３時間）扱いの道徳授業を構想した。第１次～第３次までに各授業のねらいを「寛容」から「生命尊重」へと構造的に組み合わせた。

⑶　「寛容」を基盤とした生命尊重をねらいとする場合に、１時間の授業でそ

れを追究できる場合、また３時間かけてじっくりと追究できる場合のどちらからでも、２つの指導方法によって授業を行うことで、児童の変容が見られるとする授業の仮説が成立することで、本論の仮説を検証できるという点を明らかにしたい。

## 第２節　検証授業のねらいと実際

検証方法で示した２つの授業構想について、それぞれのねらいや指導法などを学習指導案と授業記録の形を用いて示す。

### １　１時間に複数のねらいを設けた道徳授業（２つのねらいがスパイラル的に高まる授業構想）*1

#### ⑴　本時のねらい

人の過ちを許すことの難しさと大切さに気付き、広い心で相手を受け入れようとする心情を育てる。また自分の過ちを素直に認めて、罪を償おうとする謙虚な態度を身に付ける。そして、自他の生命を尊重しようとする道徳的実践態度を育てる。

#### ⑵　資料の要旨および資料の価値分析

#### ①　資料の要旨

『青の洞門』（菊池寛『恩讐の彼方に』より）学研「みんなのどうとく」６年から主人公、了海は過ちを咎め立てる主人を殺害したことから、放浪の身となった。

その途中では、さらに罪を重ねる日々であった。

けれども、自分の良心に責められ、僧となって諸国を廻りながら修行を積むこととした。九州の耶馬渓（大分県）に、毎年何人もが崖から川へ転落して死亡するものがあいついでいると聞いた。山国川に通行の安全・便利のために、僧侶として入国して死人の亡骸にお経をよんでいた了海が決心する。洞門を掘

表４『青の洞門』における資料の価値分析表

| 了海の行為・気持ち | 村人の行為・気持ち | 実之助の行為・気持ち | 道徳的価値 |
|---|---|---|---|
| | また人が死んだ | | 死んだ人への同情 |
| かわいそうなことだ | | | 村人への同情 |
| よし道をつくろう | | | 目標設定と決心 |
| | 無茶の話だ | | 不可能という判断 |
| 一人でやろう | | | 目標実現への努力 |
| ９年間で40m掘る | | | 強い意志 |
| | 大岩壁が貫けるかも | | ほのかな希望 |
| また一人でがんばる | | | 己を乗り越える心 |
| 全体の半分を掘る | 了海への尊敬の念 | | 益々強まる意志<br>了海を手伝おう |
| | | 父の敵を発見 | 了海への憤り |
| | | あわれな姿の了海だ | 同情と尊敬 |
| | | 一緒に掘ろう | かたき討ちよりも目標達成を優先 |
| 実之助に討たれてもよい | | | 目標達成後の安堵<br>自他の生命尊重 |
| | | 了海の手を握る | 過去のすべてを忘れて、ゆるす思い |

ろうと巨大な岩壁に一人挑む。村人からも変人扱いされるが、最終的には誰もが了海に心を開き、石工を雇う代金を寄付でまかなえるようになった。

20年の歳月が過ぎ、了海を親の仇と狙う実之助が来るが、やがて了海と一緒にのみを打つようになった。

② 資料の価値分析

資料に登場する登場人物の「了海」と「実之助」、そして「村人」について、ストーリーの流れを追いながら時系列的に整理した。整理の視点は、それぞれの人物の行為とその時の気持ち、そして、それが道徳的価値のどんな内容項目に該当するかである（表４参照）。

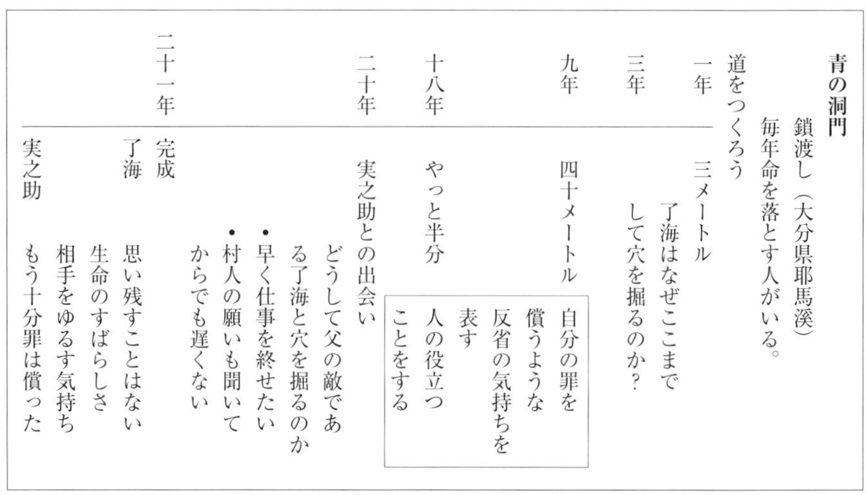


図 21 『青の洞門』の板書計画図

### ⑶　板書計画

了海が罪の償いとして洞門を掘り始めたが、その時間的な長さを視覚的に分かるようにするために、黒板で示す際には、時系列を黒板の横軸にした。それぞれの場面における登場人物の心情を考える発問をこの時系列の表に加え、最終的には発問に対する児童の反応を黒板に書き加えるような計画を立てた（図21参照）。

### ⑷　指導の展開

⑶で板書計画を立てたが、実際に資料を用いて児童との授業がどのように進むかをシミュレーションしたものが、以下の指導の展開である。

あくまでも『青の洞門』を資料として用いた場合に、どのような教師の発問とそれに対する児童の反応になるかを柱にして計画をねった。なお、授業のそれぞれの場面で指導する際に留意する点も書き加えた。

### ⑸　本時の児童の発言から（「授業記録」より）

実際に授業を実施したあと、この授業をふりかえった。特に中心的な発問となった部分について、逐語録の形で、教師と児童の発言を整理した。この部分は、相手の命を奪うよりも人の生き方の崇高さにふれて、仇討ちを超えた寛容

| | 学習活動 | 指導上の留意点 |
|---|---|---|
| 導入 | (1) 耶馬渓の写真を見せて、この話が菊池寛の『恩讐の彼方に』という作品からのもので、実話に基づいていることを紹介する。 | 地図で位置的な確認をする。21年間に185mを掘ったことを確認して関心を高める。 |
| 展開 | (2) 資料「青の洞門」を読み、了海の行為実之助の気持ちの変化を話し合う。<br>①この話から、どんなことを話し合ってみたいと思ったか。その時の２人の気持ちを考えてみよう。<br>• 了海はどうして穴を掘ったのか。<br>• 実之助はなぜゆるしたのだろうか。<br>②なぜ、こうまでして了海は穴を掘ったのだろうか。<br>• 村人の命を助けたい。<br>• 死んだ気持ちになって穴を掘りたい。<br>• 自分の犯した罪を償いたい。<br>③なぜ、実之助は了海と一緒に穴を掘ったのだろうか。<br>• 早く穴が完成すれば早く仇を討てる。<br>• 20年間穴を掘ってきたから、完成させてから敵討ちをしても遅くない。<br>• 村人の願いもあるから完成まで待とう。<br>④穴が完成した時に、どうして実之助は了海を討たなかったのだろうか。<br>• もう十分に了海は罪をつぐなっている。<br>• 村人の命を助けようとして自分の命をかけている人を討つことはできない。<br>• 20年間了海もつらかっただろう。<br>• 了海も弱い心を乗り越えて目標を達成したことで、父もきっと許すだろう。 | • 命をかけて罪をつぐなおうととする了海と、罪を許す実之助に話し合いのポイントをしぼる方向で進める。<br>• 了海の行為に共感させて、心情を読み取らせる。それによって、生命の尊さや自分の行為に謙虚に反省している姿に気付くようにする。<br>• 了海に対する実之助の憤にも共感させて考えさせたい。<br>了海の年老いた姿を目の当たりにした時の驚きを十分に考えられるようにする。<br>• 了海の悔恨の念の深さとその後の謙虚さに、実之助の揺れ動いただろう心の葛藤を深く考えるような時間を確保する。<br>• 役割演技で語らせていく指導法も可能。 |
| 終末 | (3) 人間には敵討ちのために相手を殺そうと思っていても、生命を尊重した崇高な生き方にふれることで相手をゆるし、よりよく生きようとする点をまとめるとする。 | • 気高さは寛容と生命尊重思が昇華した所に気高く生きる姿として現れる点に気付くようにする。 |

な気持ちに児童が気付く場面である。

＊　＊　＊　＊　＊　＊　＊

教師「実之助はどんな気持ちから洞窟の穴掘りを手伝ったのでしょうか」

a：早く洞窟の穴を掘らないと、了海を自分が殺す前に年老いて自然に死んでしまうから。

b：了海のことを憎んでいたばかりだったけれども、人々のためになろうと穴掘りをしている了海が良い人に思えてきて、手伝いたくはなかったけれども手伝ってしまった。

c：早く終わらせて、了海を討(う)ち取りたい。

d：村人のためにがんばっている了海を手伝いたい。

e：仇(かたき)を早くとりたい。

f：了海ががんばっているのを見て、自分が了海を殺す前にできることは手伝おうと思ったから。

g：一日でも早く仇を討つため。

h：早く穴が向こう側へと通って、了海を討てるようにするために自分も手伝った。

i：洞窟を掘ったあとに了海を討てるだろうかと悩みながらも、了海が死んでしまう前に早く穴を掘りたかった。

j：早く殺したい、でも殺していいのだろうかという思いがわきあがってきた。でも、よく分からないから、まずは穴を掘っている間に考えよう。

k：父の仇とはいえ、僕も一緒に手伝い、村人のためになりたいなあ。
　でも父の仇は忘れられない。しかし、完成させてから了海を討てるか分からないなあ。

l：洞窟の穴掘りを完成するのをただ待っているよりも、手伝った方が早く仇討ちができるから。

m：早く、この年老いた了海の願いをかなえてやりたい。

n：早く洞窟を掘り終えれば、了海の夢と自分の夢が同時に達成できて一石二鳥だから。

o：早く父の仇を討ちたいという気持ちから、みんなで一つの事を成し遂げたいという気持ちへ変化したから。

p：穴が開くのを待っているよりは、手伝ってしまえば了海を早く討てると思った。

q：もっと悪い奴だったら今でもすぐに殺せるのになあ。

r：こんなにみんなのためにがんばっている人がなぜ父を殺せたのだ。

s：父の仇だが、長い年月をかけて洞窟を掘っているのを見て、了海の願いをかなえたいと思うようになった。

t：「怒り」＋「優しさ」⇒？　だからとりあえず手伝う。

u：この了海が本当に殺人をおかしたのだろうかと思った。

v：了海が一生懸命に洞窟を掘っているのを見て、憎んだ気持ちを忘れて同情したから。

w：夜みんなが寝ている間も掘っていて、一人でがんばっている姿に感動したから。

x：了海を見て、自分も人のためになることをやろうと思ったから。

y：命を助けようとした了海に感心して洞窟ができてからにしようと思った。

### ⑹　授業をふりかえって

ねらいの前半である「人の過ちを許すことの難しさと大切さに気付き、広い心で相手を受け入れようとする心情を育てる。」については、実之助の気持ちにそって、父親の仇討ちにはるばる耶馬渓まで来て、そこで仇の了海を討たずに赦すことが簡単にはできないという思いに気付いたことが、上記の中心発問に対する児童の発言（a～l）から分かる。しかしながら、悩んだ末にでも広い心を持って相手を受け入れようとする心情が高まってきていることも、同じ中心発問の児童の発言（m～u）で分かる。

ここで注目されることは、児童の発言が友達の発言を受けて次第に「a～l」が「m～u」のように、時系列とともに「悩み」から「広い心で受け入れる」という心情に変化してきていることである。

さらに、児童の発言は「v～y」のように、広い心で赦すだけでなく、ゆるした相手である了海に対して、崇高さを感じてその命をかがやせて生きる姿を大事にしようと思うように変化してきている。仇だった相手に、尊敬の念や畏敬の念を持ち、真の生命尊重の道徳性を浮き彫りにした場面である。複数のねらいを統合して考えることができたと評価できる児童の発言であった。

※参考６年１組（在籍36名）

相手を討つのは仕方ないという、まだ怒りの気持ちが残っている…９人

早く了海の願いをかなえてあげたいという優しい気持ちがある　…24人

## 2　大単元的な複数時間扱いの道徳授業
（２つのねらいが３時間扱いの授業構想）*2

### ⑴　仮説を検証するための方法その２—大単元の授業構想

「『謙虚さ』が児童に培われ、自分と相手を『赦す』という道徳性を深めていくことで、生命を尊重する真の生き方に気付き、その道徳的価値を追い求めていこうとする教育が実践できる」という仮説を検証するための指導方法の工夫の２つめとして、複数扱いの授業となる大単元の授業構想を立てて、道徳授業を実施した。

#### ①　仮説検証のための工夫（その１）—複数時間扱いのねらい

「ゆるし」とは、単なる失敗をゆるすときの「許し」や何かを認可するときの「許し」ではない。罪や咎（とが）を免ずることである。そこで「寛容」の価値を基盤において「生命尊重」の心を培うために、人間として相手を信じ、愛し、赦すという寛容の心を育てる授業をくり返して学習することが、生命尊重の価値を考える前提となる。この流れで、生命尊重の授業を行うことで、単なる１時間の主題とは異なり、生命を尊重して互いに生命を輝かせて、よりよく生きようとする道徳性を高めることが確実にできると考えた（表５参照）。

自らの生き方にもどって道徳的価値を考える授業を実践するとき、内容項目Ｂ［相互理解、寛容］〔第５学年及び第６学年〕「自分の考えや意見を相手に伝えるとともに、謙虚な心を持ち、広い心で自分と異なる意見や立場を尊重すること」という指導の観点を超えたところにあるような、自らも相手も赦せるよ

表5　複数時間扱いの道徳授業構想

| 時 | 流れ | ＜学習活動＞ | ＜指導上の留意点＞ |
|---|---|---|---|
| 第一次 | 導入 | •アンケート調査結果をふりかえる。 | •何に関わるかで赦せる基準が異なる点を知る。 |
| | 展開 | •『銀のろうそく立て』を読む。 | •ジャンを赦す司教の心情を焦点化する |
| | 終末 | •司教の気持ちを整理する。 | •多様な価値観が含まれることを知る。 |
| 第二次 | 導入 | •多様な価値についてふりかえる。 | •ゆるしに多様な価値観が関わることを確認する。 |
| | 展開 | •『ひとふさのぶどう』を読む。 | •ジムがどんな気持ちで赦したか整理する。 |
| | 終末 | •どんなことで相手を赦したかふりかえる。 | •どのような価値観を基にしたか考えることができるようにする。 |
| 第二次 | 導入 | •ゆるしと他の価値観との関連を確認する。 | •ゆるしと生命尊重の価値の関連性に気付くようにする。 |
| | 展開 | •『命を見つめて』を読む。 | •猿渡瞳さんが司教やジムならどうか。 |
| | 終末 | •命の大切さを感じた時に赦せるか考える。 | •赦す実践ができるよう意欲を高める。 |

うになるために次のようなねらいを設ける。

第１次のねらいは、「社会生活の中心で、謙虚な心を持って他人に接する態度を養うとともに、広い心で自分と異なる意見や立場を尊重し、過ちを許そうとする心情を育てる。」とした。第２次のねらいは、「相手の立場や気持ちを思いやる気持ちを忘れず、自分自身の立場を謙虚に受け止め、あやまちを心から悔いている人を許そうとする心を育てる。」とした。前時から児童の中に継続している「ゆるしに関する課題意識」を大事にして、寛容には多様なとらえ方がある点に注意できるようにする。今回は、ゆるしを請う相手方の気持ちを推し量り、自分ももしかしたら相手と同じことをしたかもしれないからと謙虚な姿勢で、他者との水平の関係性の中でのゆるしについて考えるようにする。第３次のねらいは、「生命には終わりがあり、限りあるものだからこそ、大いなるものにゆるされるあいだ、精一杯に与えられた生命をかがやかせて生きようとする態度を育てる。」として、仮説検証を進める。

なお、第１次・２次は内容項目Ｂ「主として人との関わりに関すること」から「相互理解、寛容」を、第３次は内容項目Ｄ「主として生命や自然、崇高なものとの関わりに関すること」から「生命の尊さ」を対象にした授業である。３週にわたる授業の過程で、児童一人ひとりの課題意識を大事にしようと考え、「赦す」という価値に対して自分なりの思いを継続できるようにした。

② 仮説検証のための工夫（その２）―複数時間扱いの資料について

小学校６年の道徳授業で、「寛容」や「謙虚」の内容項目で広く用いられる幾つかの資料から、副読本からビクトル・ユーゴー作『銀のろうそく立て』、有島武郎作『ひとふさのぶどう』、猿渡瞳さん『命を見つめて』（すべて学研『みんなのどうとく』）を選び提示した。

○１次『銀のろうそく立て』（原文；ビクトル・ユーゴー作『ああ無情』より）

たった一切れのパンを盗んだために、19年間も牢獄に入っていたジャン・バルジャン。彼のすさんだ心は、ミリエル司教の大きな愛によって目覚めます。警察においかけられ、罪人としてのレッテルを張られたばかりに、つらい思いをしてきたジャン・バルジャン。

教会から夜の間に盗み去った銀の食器。しかし、警察に連れてこられたジャンは、ミリエル司教の意外な言葉に心を打たれる。「この銀のろうそく立ても持っていきなさいと言ったのにどうしたんですか」と言われ、ろうそく立てを手渡される時に「よい人間になると、約束をしたんですよ」と誓いをたてることになる。ここで誓った良心に恥じない人間として懸命に生きたジャン・バルジャンのよりよい生き方を考える資料であろう。

○２次『ひとふさのぶどう』（原文；有島武郎作『ひとふさのぶどう』より）

自分と違う物や珍しい物を他人が持っていると、同じ物をほしがる児童がいる。一方で、争いになる前に相手の心を考えて、譲ろうとする寛大な心を持っている児童もいる。このような思いの異なる児童たちに相手の立場に立って深く考えられるようになるために有効な資料である。身近な生活場面の資料を取り入れることで、自分の立場と相手の立場を児童一人ひとりがその心情を想像するために行ったり来たりできるような自由さを与えることができるように、登場人物のぼくとジムの両者の内面を問うような発問を工夫できると考えた。

○３次『命を見つめて』木下美紀作

小児がんで余命が５年と宣告された猿渡瞳さんが、何度も手術をしながらも生きる希望を失わず、自分の運命を恨まず、病気と闘い、皆に生きることのすばらしさのメッセージを送り続けた実話である。なぜ自分だけが病気になるのかというような宿命に対する悔しさや恨みの情を表に出さずに、生きる希望を失わずに、限りある生命だからこそ生き抜いた力のすばらしさを感じ取ることができる資料である。

### ⑵　１次　ゆるしをねらいとした授業の実際

すべてを包み込む司教の愛の深さと、その愛にふれて心をうちふるわせるジャンの心を感じることにより広い心で相手の過ちを許すことの大切さに気付くように指導の工夫をすることで、仮説を検証する。

#### ①　板書計画

ミリエル司教とジャン・バルジャンとの人間関係の中で、盗人の思いと司教の思いの交錯するところを中心場面とした。司教のジャン・バルジャンにかけた言葉（ゆるしの言葉）のわけを考えることで、過ちに対しての赦す思いを考える流れにした。最後には、自分たちにはこうした体験がなかったかどうか、ゆるす側の立場にたって考えるような計画を立てた。なお、多様な価値観に児童が気付くように、司教のゆるした行為の理由については発言を途中で板書して書き加える工夫をして、仮説の検証に迫った（図22参照）。

#### ②　指導の展開

以下のような計画を立てて、仮説の検証を試みた。ポイントは、中心発問の③である。

この発問をすることで、どうして司教がジャン・バルジャンに対して、盗んだ行為を赦すようになったかの理由を考えるようになるからである。

| | 学習活動 | 指導上の留意点 |
|---|---|---|
| 導入 | (1) 事前に実施したアンケートの結果を見て、考える。<br>○どんなときにゆるせるのでしょう。<br>○どんなときにゆるせないのでしょう。<br>・命に関わることや自分に関することについては厳しい。 | ・「ゆるしのアンケート」を事前に実施して、ゆるせる、ゆるせないに○の多かった項目のランキングを用意する。<br>・それとなく「生命」と「ゆるし」の関連性にふれておく。 |
| 展開 | (2) 資料「銀のろうそく立て」を読み、司教とジャンの気持ちの変化を話し合う。<br>①司教とジャンについて話し合ってみたいことを考える。<br>・司教はなぜ銀の燭台も渡したのだろか。<br>・銀の燭台を渡されたジャンはどんな思いがするだろうか。<br>②なぜ、一晩泊めた一方で、銀の皿を盗まれたのに、その犯人を許したのか。<br>・もともとあの銀の皿は貧しい人の物だ。<br>・貧しい思いになれば皆同じ行動に走る。<br>・人間には弱い心があるものだ。<br>③なぜ、ジャンに向かって「この銀の燭台もお忘れですよ」と司教は言ったのか。<br>・これを機会に善良な人になってほしい。<br>・この人を救うには、この方法しかない。<br>・自分で悪かったことに気付いて、立派な人になってほしい。<br>④司教さんがジャンにしたような「ゆるす」ことを今までにしてきただろうか。<br>・悪い人をゆるすようなことはしてない。 | ・司教の気持ちを中心に考えるようにする。ジャンの気持ちも補足的に考えながら、罪を犯した人を許す司教に焦点を当てる。<br>・ジャンがいなくなっ時にお伝いさんに語ったミリエル司教の気持ちを想像できるようにしたい。<br>・ゆるすことによって、その先に司教さんが何を考えているかを想像できるようにしたい。<br>⇒切り替えしの発問<br>「司教さんはジャンにどんな人になってほしいのでしょうか」<br>・素直に、自分にはゆるせないという思いを語らせてよい。 |

| | | |
|---|---|---|
| | ・喧嘩をした相手をゆるしたことはある。<br>・自分にはなかなかできない。 | ・では、なぜこの司教さんにはそれができたのかを深く考えられるようにしたい。 |
| 終末 | (3) 人間にはこうした「ゆるす」という行動ができる人もいるのだということを知り、寛容という価値にあらためて関心を持つ。<br><br>○教師の説話を聴く。 | ・教師の説話<br>「先生がいじめにあった時一人の自分に一緒に帰ろうと声をかけてくれた仲間が、実は馬鹿にしていたH君でした。H君に「ありがとう、許してくれるのか」と尋ねたら笑顔で頷きました。 |

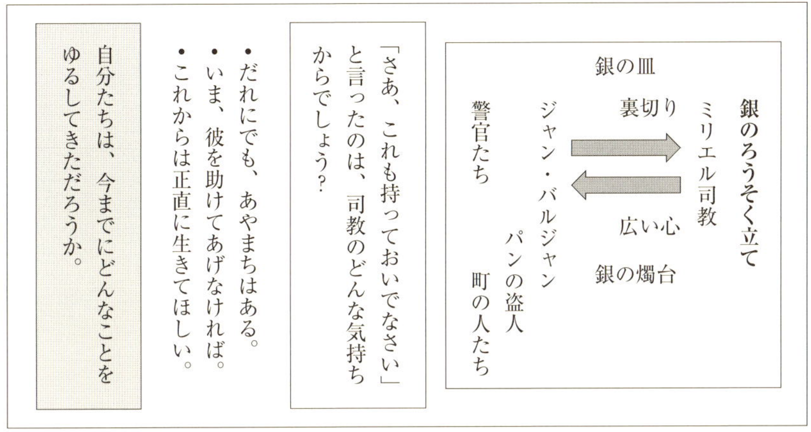


図22 『銀のろうそく立て』の板書計画図

### ③ 本時の児童の発言から（「授業記録」より）

実際に授業を実施したあと、この授業をふりかえった。特に中心的な発問となった部分について、逐語録の形で、教師と児童の発言を整理した。この部分は、司教がジャン・バルジャンに対して、よりよく生きるような願いから盗んだ行為を赦すという行為に出たということを考える場面である。

＊　＊　＊　＊　＊　＊　＊

教師「警官に連れられたジャンを見た時、司教はどんな気持ちだったでしょう。」

a：どういう言い訳をして助けようか。

b：また牢屋に入るのはかわいそうだ。

c：本当は、もうやめなさいと気付かせたい。

d：あの男はまたやってしまったんだなあ。

e：これを機会にいい人になれればいいのだから助けて逃げよう。

f：このままだったら、あの人がまた捕まってしまう。だから助けたい。

g：かわいそうだから、うそを私が言って助けてあげよう。

h：もう19年も刑務所にいたんだ。また入るなんてかわいそうだから助けてあげよう。

i：あんなに警官は疑ってひどいことをするなあ。それは必要ない。また牢屋行きはかわいそうだ。

j：自分が悪いことをやったということを気付かせてあげたいんだがなあ。

k：ジャンは刑務所に入ったことのある人だから、かわいそうだけども疑われやすいなあ。

l：今はこの人を助けてあげるために、銀の食器と銀のろうそく立てはあげよう。

m：彼を救ってあげたいから、思いやりをかけてあげよう。

n：初めはびっくりしたけれども、この人は貧しさに困っていたし、19年間も刑務所に入っていたからまた入るのはかわいそう。

o：なぜまた捕まってしまったんだ。

p：また捕まってしまったら人生がつまらなくなってしまう。

q：何で捕まってしまったんだろう。何かあったかな。

r：貧しい人にあげようと思っていたところだから、これでいいのだ。

s：なんてことだ。貧しい人なのに、こんな悲しそうなことをしてもいいのか。19年間も刑務所に入れられたのに、また何十年も入れられるのは、とても悲しそう。

t：これ以上貧しい生活を送ってほしくない。

u：本当はずっと泊めてあげたいけれどもできないから、銀の食器をあげることとした。

v：ジャンが銀の食器を盗んだことによって、私は今までの自分の贅沢さに気付き、貧しい人に与えようと思ったから。

w：ジャンがこれからも苦労することは分かっている。だがずっと泊めることもできない。この銀の皿ぐらいでいいのならば構わないという寛大な心を持っていた。

x：同じあやまちをくり返させないためには、警察署に行くよりも人の優しさにふれた方がいいと思ったから。

z：私はいま、しなければならない仕事を見つけた。

A：死刑になる命を助けよう。

B：生涯、人を助けることにつくすから、この人も助けよう。

C：ジャンは貧しく誰にも相手にされずにかわいそうだ。

D：このできごとをジャンのために役立てた方がよいと思った。

E：ジャンが自分の間違いに気付いていると思った。

④　授業をふりかえって

司教が盗みを働いたジャンをゆるすその理由が分からないとこの中心発問に対する自分なりの答えは見つからないだろう。6年生になって初めての「寛容」をねらいとする授業であり、発問に対する回答も様々だった。

特に、司教がなぜゆるしたかの理由として、これまでのジャンの生きてきた道をゆるしの対象として考えの基盤にした児童と、ジャンのこれからの生きていくことを考えて許しの対象とした児童がいた。前者の場合は、これまで刑務所に入れられて、ひどい目にあわされてきたから、かわいそうなのでゆるそうとしたという意見が目立った。該当する児童の発言は、b、f、g、h、i、k、n、p、q、s、t、A、Cである。

逆に後者の立場をとる場合には、これからは出所して更生した姿で生きていくのを応援したいという思いからゆるそうとしたという意見が多かった。（e、l、x、D、E）

さらにジャンの過去と未来を判断の基準とせず、司教自身の生き方として自分たちの財産や持ち物は困っている人や貧しい人のために使ってもらうことが、神との契約の中でふさわしいことだという考え方を基盤にした意見も少数だが

あった。（u、w、z、B）

このように物語が、キリスト教の司教とそこに救いを求めに来た盗人の話であるから宗教に関わる部分が出てきてしまうので「ゆるし」意味の解釈には一般的な市民であった場合でも、相手のことを尊重した行動がとれるかどうかに留意する必要がある。

なお、授業後に多様な道徳的価値がからんでいた授業を整理するために、今回の授業で学んだことをキーワードとして、付箋に一つずつ記述させた。そして、この付箋の紙をよく読ませて、それぞれのつながりが分かるように貼り替えさせた。その結果を整理したものが下記に示した図23である。

授業によって、ゆるすことのできる広い心（寛容さ）は、「相手を信じているからゆるせる」という信頼の気持ちとつながっていること、「相手を気の毒でかわいそうだと思うからゆるせる」という思いやり（親切）の気持ちとつながっていること、「相手はきっと将来よくなると思うからゆるせる」という希望や期待の気持ちとつながっていること、さらには「本当のことを話してくれたからゆるせる」という正直や誠実さに感心したという気持ちとつながっていることなどが分かった。相手の言動に対する評価なのか、相手を思う自らの評価なのか混同している部分が一部にあるが、児童の反応はとてもよく、生き生きと多様な価値の整理をしていた。

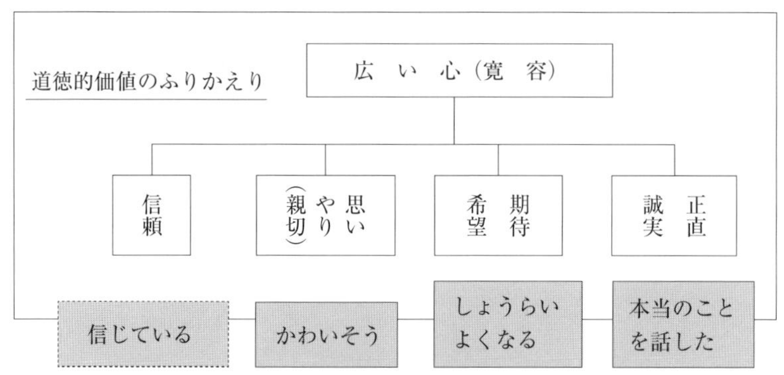


図23　児童による「寛容」と関連する価値の整理

### ⑶　2次　自身の謙虚な心から相手をゆすることを考える心をねらいとした授業の実際

『私たちの道徳』80～81頁には、謙虚に広い心を持つための視点として3つのヒントが与えられている。「①素直な気持ちで向き合って　②相手の立場にたって　③違う意見でも受け止めて」この3つのヒントを、本時の指導案の中にねらいを追求するために話し合う3つの視点として活用する。これにより、謙虚な心から相手をゆるすことを考えるような指導を工夫することで、仮説を検証する。

#### ①　板書計画

最初に珍しい外国製の絵具をほしいという素直な気持ちに向き合う。次に、自分が逆の立場だったらどうだろうという相手側に立った考え方をする。最後に、ちがう意見として教師が優しくぶどうをくれるという行為を受け止める。これにより、多様な見方に気付き、謙虚な心から相手を赦すことを考える工夫をして、仮説の検証に迫った（図24参照）。

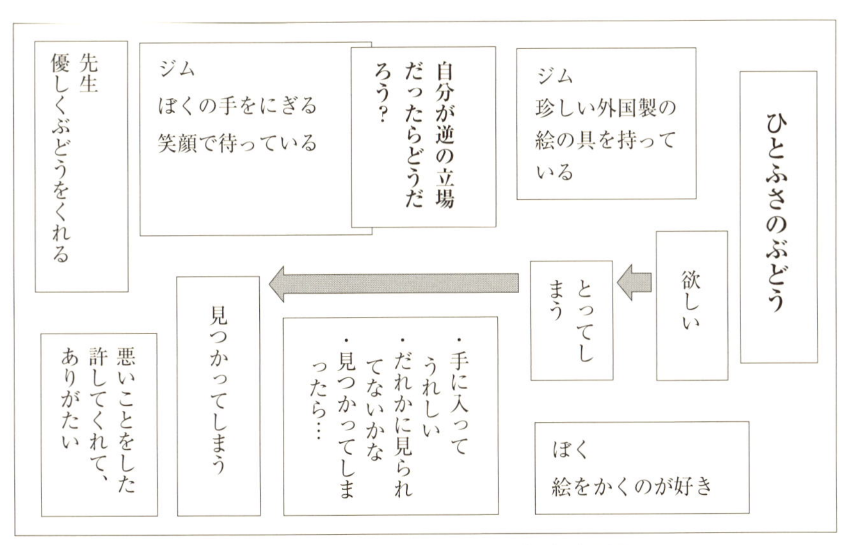


図24 『ひとふさのぶどう』の板書計画図

### ②　指導の展開

以下のような計画を立てて、仮説の検証を試みた。ポイントは、中心発問の③である。

「ジムはどんな気持ちから、ぼくのことをゆるしたのか」を考えることで、ジムは自分が逆の立場だったらやっぱりほしくなると思うような、視点を変えた多様な考え方に気付き、盗んだ行為を赦す理由を考えることをねらいとした。

また自分の経験をふりかえる活動でも、自分がゆるした場合と自分がゆるされた場合の両者を考えることで、立場のちがいから受け止め方がちがうことに気付くことで、寛容という価値の基盤を押さえるような仮説の検証を進めた。

| | 主な学習内容・活動と児童の反応 | 指導上の留意点 |
|---|---|---|
| 導入 | 1　ねらいとする道徳的価値に関する興味付けを行う。 | ・資料への導入も考えられるが、ここではねらいとする道徳的価値に関心を高める導入を行う。 |
| | 人を許せないと思ったことについて、話し合う。 | |
| | ○　どんなことをされたときに相手を許せないと思ったか。<br>・うそをつかれて喧嘩をしたとき。<br>・信じていた人に裏切られたとき。<br>・物をだまって取られたとき。<br>・仲間はずれにされたとき。 | ・日常生活の中で体験していることを発表させる。それを聞くことによって、読み物資料を扱う際に主人公「ぼく」の気持ちを深く読み取らせる糸口にする。<br>・個人名を挙げて、クラスでの問題行動を話し合う時間ではない。 |
| 展開 | 2　資料を読んで話し合う。<br>①先生に注意された後、」ひとふさのぶどうをもらったとき、「ぼく」はどんなことを考えたか。<br>・ジムに悪いことをした。きっと、うらんでいるだろう。<br>・どうして盗んでしまったのだろう。<br>・絵の具がほしいという気持ちに、自分が負けてしまった。<br>・二度とこんなことはしてはいけない。 | ・実際のぶどうを提示する。<br>・「ぼく」の気持ちを考えている児童は、自分自身の体験をふりかえって、似たような場面を思い出し、そのときどんな気持ちだったかという思考過程を踏んでいる点を大事にしたい。<br>・「ぼく」の気持ちの変化をじっくりと考えさせ、各自ノートに書いてから話し合う。 |
| | ②先生に注意された、ひとふさのぶどうをもらったとき、「ぼく」はどんなことを考えたか。 | ・実際のぶどうを提示する。<br>・「ぼく」の気持ちを考えている児童は、自分自身の体験をふりかえって、似たよ |

<table>
<tr><td></td><td>・ジムに悪いことをした。きっと、うらんでいるだろう。<br>・どうして盗んでしまったのだろう。<br>・絵の具がほしいという気持ちに、自分が負けてしまった。<br>・二度とこんなことはしてはいけない。</td><td>うな場面を思い出し、そのときどんな気持ちだったかという思考過程を踏んでいる点を大事にしたい。<br>・「ぼく」の気持ちの変化をじっくりと考えさせ、各自ノートに書いてから話し合う。</td></tr>
<tr><td></td><td>③ジムは、どんな気持ちから「ぼく」をゆるしたのだろうか。<br>・ほしい物があったら、誰でもその気持ちに負けてしまうこともある。<br>・今度からは、そんな弱い気持ちに負けないでほしい。<br>・十分に反省しているからゆるそう。</td><td>・ジムだけでなく、周りにいた友達の思いについても話し合う。<br>・心の弱さとか誘惑に迷う気持ちは誰にでもあることに気付くようにする。</td></tr>
<tr><td></td><td>3　教材（読み物資料）から離れ、自分自身のことをふりかえる。</td><td>・教材から自分自身に関わる話に転換していく際、児童の課題意識が途切れないよう注意する。</td></tr>
<tr><td></td><td colspan="2">人のことを許したり、許してもらったりした経験を話し合う。</td></tr>
<tr><td></td><td>④どんなことで友達を許したり、許してもらったりしたか。<br>＜許した経験＞<br>・大切にしていた人形を妹が壊してしまったが、わざとではなく、心から謝っていたので許した。<br>＜許された経験＞<br>・待ち合わせの時刻に遅れてしまったけれども、真剣に事情を説明して謝ったので、ゆるしてくれた。</td><td>・許された経験、許した経験が児童一人ひとりの心の中に混在している。これを「ジムのように許した経験」や「ぼくのように許された経験」という助言をして、展開前段の学習活動を活かすように努める。<br>・個人の経験談を発表したくない児童もいることを配慮する。<br>・小グループで、互に発表し合う形式をとってもよい。</td></tr>
<tr><td>終末</td><td>4　本時のまとめとして、ねらいに関わる教師の説話を聞いて、今後の実践への意欲を高める。</td><td>・担任の経験談は児童が集中して傾聴する場面である。ポイントをしぼって語りたい。</td></tr>
<tr><td></td><td colspan="2">担任から、相手の立場や気持ちを考えて許そうとした話を聞く。</td></tr>
<tr><td></td><td>○　相手の立場や気持ちを考えて、本当に怒っていたけれども、許そうと決めたときの思いを話します。</td><td>・担任がふさわしい経験を想起できない場合もある。日ごろからねらいにそった新聞記事や知人の話を蓄えておく。<br>・本時のノートをふりかえり、ねらいに対する自己評価をする。</td></tr>
</table>

### ③　本時の児童の発言から（「授業記録」より）

実際に授業を実施したあと、この授業をふりかえった。特に中心的な発問③について、逐語録の形で、教師と児童の発言を整理した。この部分は、ジムがなぜゆるしたかを考え、そこには単なる怒りから変わって、相手の立場に立って考えたり、よりよく生きようとする場合には自分から赦すことが大切だということに気付いたりしていた。本研究の仮説を検証するために追究した場面である。

＊　＊　＊　＊　＊　＊　＊

教師「ジムはどうしてぼくをゆるしたのでしょうか」

a：どなって怒ったらぼくがかわいそうだし、ゆるせばもうしないと思ったから。

b：ちまちまと文句を言ってもしかたない。これからは仲良くしたいから。

c：ぼくと友だちになりたいから。

d：昨日は言い過ぎたと思ったから。また自分はあまり気にしていないから。

e：ぼくが反省をしたのならば、もうその罪をとがめる必要はないだろう、励ましてあげようと思ったから。

f：これからずっと仲が悪いのはとても嫌だし、これからは仲直りをして楽しく学校生活を送りたかったから。

g：心がとても優しくて、仲間に思いやりがあるから。

h：昨日先生から話があって考えなおしたから。

i：もしかしたら自分がやってしまうこともある可能性があるから。

j：だれでもそういうことはしてしまうかもしれない。だからゆるしてあげよう。

k：先生にとても怒られたのではないかと心配になって、なぐさめてあげようと思った。

l：ぼくの行動も分かるなと思ったから。

m：もう、すでに返してもらったから。

n：自分もぼくもすっきりして、また楽しい学校生活を送りたいから。

o：先生に十分に注意されて、もう、反省していると思ったから。

p：昨日のことはすっかり忘れて、水に流そうと思ったから。

q：自分も昨日は言い過ぎたと思って、自分のことを反省したから。

r：それによって、困ったことがなかったから。心が広いから。

s：ぼくが先生との約束を守って、次の日に学校に来たから。

t：ぼくのことを励ましたくなったから。

u：ぼくがこのことがきっかけで、いじめにあったら大変だから。

v：人はだれだって過ちを犯してしまうものだし、許してあげよう。

w：ずるずる引きずるよりも、今度はぼくに絵具を貸してあげればいいんだ。

x：次の日に勇気を出して学校に来たんだからもう許そう。

y：それ以上ぼくを責めたら、立ち直れなくなる。

z：素直に盗んだと認めたから。

A：自分も好きな物やほしい物を見たら、とってしまっていたかもしれないと思ったから。

B：今後は友だちになれば、絵具の貸し借りもできるし、いいことが待っていると思う。

C：ぼくが泣いていたので、反省したのだと思った。

### ④　授業をふりかえって

1次の『銀のろうそく立て』がどちらかというと西洋の宗教に関連したストーリーであり、司教がゆるす行為はジャンのためだけでなく、自分自身の神との契約の中から困っている人を救う行為として考えられる場面でもあった。2次は、話の場面はインターナショナルスクールの小学校ではあるが、学習した児童たちは身近な学級で起きる出来事として自分自身に近づけて考えることができた。とりわけ、絵具を盗まれたジムがぼくをゆるすわけを考えた場合に出てきた意見は、第6章で明らかにしたように、日本人の「寛容」の基本的考え方である、自分と相手とがもしかしたら替わることもありうるとか、もしも自分だったらどうするだろうという人と人の水平的な考え方に基づいている。

そのため中心発問で「ジムはどうしてぼくをゆるしたのでしょうか」と尋ね

たところ、発言は全部で29人あったが、児童iに代表されるように「もしかしたら自分がやってしまうこともある可能性があるから。」と言ったように、ジムは自分ももしかしたらほしいものを取ってしまうかもしれないからゆるすという考え方の児童が数名いた。（j、v、A）

また、ゆるす理由の中で、これからも将来一緒のクラスメートとして仲良く生きていきたいからという前向きの発想で、この複数時間扱いの道徳授業の大きなねらいであるところの新たな生命尊重の価値としての、命を輝かせてよりよく生きていこうとする価値にふれるような意見もあった。例えば、児童fは「これからずっと仲が悪いのはとても嫌だし、これからは仲直りをして楽しく学校生活を送りたいから」としている。（他にb、e、n、p、u、w、B）

1次では、司教の行為について単なる思いやりからでた行為と考えた児童たちも、2次では身近な生活に関わることで、自分がもし主人公の立場だったらどうするだろうという発想で、道徳授業に臨む様子が目立った。これにより、「寛容」の価値に対する一人ひとりの児童の価値観が高まり、クラスの児童の中の発言で「相手がこれからの将来よりよく生きていくためには、自分自身のゆるしが必要になってくる」と気付いた部分が、生命尊重への自覚につながっていくと考えられる。

#### ⑷　3次　ゆるしと生命尊重の価値の関連性に気付くことをねらいとした授業の実際

生命尊重はそのかけがえのない生命をどのようにして生きていくかの問題である。そのため児童一人ひとりが、自分の課題として限りある生命をどう生きていくかを考えられるようにしたい。しかしその際に、苦難やうまくいかないこともある。自分ではがんばっているつもりでも、不条理にも不幸がやってくることもある。こういうときに、その運命をしっかりと受け入れる態度ができ、そのうえで精一杯生きようとする謙虚な態度に気付けるようにしていきたい。これこそが、寛容の心を基盤とした生命尊重を重視する教育へと考える。

そこで、主人公猿渡瞳さんの生き方で、児童が感動した場面を挙げてもらう。その場面ごとにグループで集まって、なぜ感動したかを話し合うようにする。

話し合いの中で、自分の運命を受け入れることは精一杯自分の限りある生命を輝かせること、それはつまり命を大切にすることなのだというキーワード、キーセンテンスが登場したところで、一度話し合いをストップする。全体でその話し合いの様子を共有する。そして、自分のグループでも同じようなポイントがでてきたかどうか確認して、よりよく生きるためには、限りある生命を生き生きと輝かせる点に気付くようにする。

① 板書の計画

病気になってしまった自分に対して、その状況を受け入れて、運命を恨まない態度。これが主人公の中に自分自身への寛容の態度として生まれたことをまず確認する。そこから、自分自身の生き方として、よりよく生きるためには、限りある生命を精一杯生きることだという点に気付くような指導の工夫を行うことで、寛容を基盤とした生命尊重の教育という仮説を追究できると考えた（図25参照）。

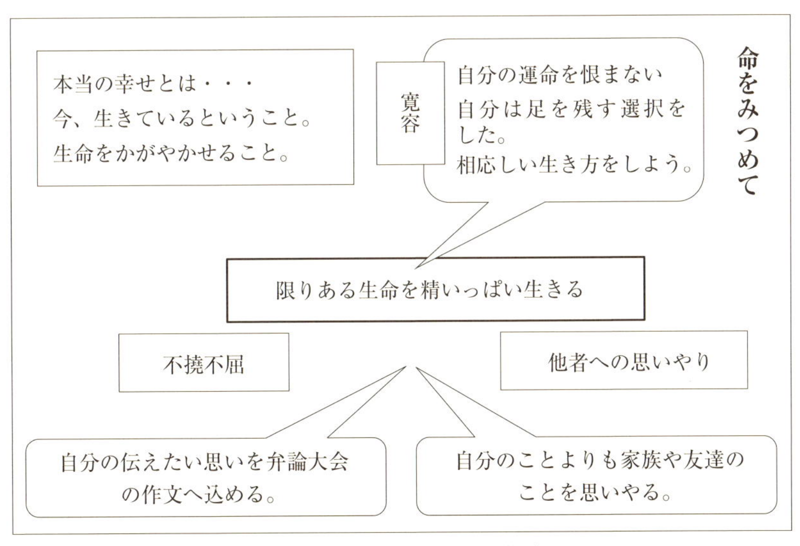


図 25 『命をみつめて』の板書計画図

## ②　指導の展開

<table>
<tr><th></th><th>学習活動</th><th>指導上の留意点</th></tr>
<tr><td>導入</td><td>(1)　ゆるしに関する２つの資料から学んだことをふりかえる。<br>○ゆるしをテーマに学んで分かったことは？<br>・自分も相手も精一杯生きる中で許せる。<br>・相手を許すことは自分を許すこと。<br>・ゆるすには自らに謙虚な心が求められる。</td><td>・２つの資料の登場人物の生き方に焦点を当ててゆるしを考える。<br>①銀のろうそく立て<br>ジャンとミリエル司教の生き方<br>②ひとふさのぶどう<br>ぼくとジムの生き方</td></tr>
<tr><td rowspan="3">展開</td><td>(2)　資料「命をみつめて」を読み、主人公の猿渡瞳さんの生き方を通して、寛容を基盤とした生命を尊ぶ心情について考える。<br>①　資料を読んで、猿渡瞳さんの生き方で感動した場面はどこでしょうか。また、それはどうしてでしょうか。</td><td>・主人公の猿渡瞳さんの年齢が自分たちとほぼ同年齢で、同じようなことに興味をもつ世代だということに気付くようにする。</td></tr>
<tr><td colspan="2">【闘病している場面】なぜか…何度も手術をした。足を切らずに自分の生き方を大事にした。あきらめなかったから。自分で治療方法を選んだから、ほか。<br>【家族へのやさしさの場面】なぜか…自分が闘病しているのに、相手のことを気遣うから。家族を何よりも大切にしているから。母親の大きな愛情、ほか。<br>【メッセージを発表する場面】なぜか…つらいとか苦しいとか不満を口にせず限りある命の大切さを訴え、当たり前に生きることの大切さを気付かせた。</td></tr>
<tr><td>②　猿渡瞳さんが言う「本当の幸せ」とは、どういうことだと思いますか。<br>「本当の幸せ」⇒「今、生きているということ」⇒「今の生命を輝かせて、精一杯に生きること」<br>※日本生命財団のビデオ映像を見る。<br>猿渡瞳さんの弁論大会の様子</td><td>・小集団グループで上記の場面に感動した理由を話したあと、グループごとの発表をする。<br>・「本当の幸せ」の意味を話し合うことで、生き方と生命を尊ぶことのつながりを考える。<br>・猿渡さんの人生をふりかえるねらいをもって映像を見る。</td></tr>
<tr><td>終末</td><td>(3)　もしも猿渡さんが、ミリエル司教だったらジャン・バルジャンをゆるすかどうか、話し合う。</td><td>・複数時間扱いの道徳授業のまとめとして課題意識を整理するためにも、命の大切さを訴えた人と寛容さの象徴的な人を重ねる。</td></tr>
</table>

終末の段階で、本資料で生命を大切にする生き方は、限りある生命をかがやかせて精一杯生きることと気付いた児童に対して、これまでの3時間の学習のまとめとなるような大きな課題を提示する。つまり、「寛容の象徴的な人物であった1次のミリエル司教の立場に、限りある生命を精一杯生きている猿渡さんがなったとしたら、ジャン・バルジャンに銀の燭台を渡すときに何というかという場面を想定した。猿渡さんの口からジャン・バルジャンにかける声が、寛容を基盤とした生命を尊重した生き方のモデルとなる人の心底からの訴えだと考える指導を実施し、最終的に授業における検証を行い、本論の検証のまとめとした。

### ③ 本時の児童の発言から（「授業記録」より）

実際に授業を実施したあと、この授業をふりかえった。3時間扱いのまとめの授業であるために、教室の発問3つとそれに対する児童の反応を逐語録の形で整理した。

猿渡さんが限りある生命を輝かせようとする場面の心情を考える場面と、猿渡さんが自分に納得して今の自分を受け入れ、謙虚な気持ちでこれからの生き方を考える場面。最後には、3時間扱いのまとめとして1次で学んだミリエル司教とジャン・バルジャンの登場人物とクロスさせて、限りある生命である猿渡さんが司教になって、ジャンに声をかける言葉を想像し、自分自身の考えている「寛容を基盤とした生命尊重の思い」を吐露させる。これが本研究「寛容を基盤とした生命尊重の教育」を検証するために追究した場面である。

＊　＊　＊　＊　＊　＊　＊

教師「なぜ瞳さんは弁論大会で命の大切さを話したいと考えたのでしょうか？」

a：自分ががんになって、もう死にそうで、その思いを伝えたかったから。

b：近くの人が病院で亡くなって、その命の大切さを伝えたかったから。

c：命は自分で断つものではないと伝えるため。

d：世界には今も病気の人がいる。その人にあきらめてほしくないために。

e：自分ががんという恐ろしい病気からのがれられない分、歌手になりたいという夢もかなえられないかもしれないので、健全である人たちには夢をかなえて無駄にいのちをしてほしくないから。

f：自分ががんという大きな病気で、あと少ししか生きていられないから、みんなには命を大切にしてほしいということを伝えたかったから

g：もっと多くの人に命の大切さを言いたかったから。

h：口では言い表せないほど、命の大切さを知ったから。

i：入院して命が最も大切だと思ったから。

j：病人に自分がなってみて、命の大切さに気付いたから。

k：半年で死ぬと言われたり、15人の死を見たりしたから。

l：自分の体験から、人よりも命の大切さを知っているから。

m：命を粗末にして自殺してほしくないから。

n：自分は昔はふつうの人間だったのに、病人になって色々なことを感じたから。

o：命の尊さを病院で痛感したから。

p：自分の命が大変で隣のベッドで人が亡くなってゆくのを目の当たりにしたから。

q：自分が生きてきた中で一番自分自身の心や体で体験したことだったから。

＊　＊　＊　＊　＊　＊　＊

教師「瞳さんはどんなことを感じながら発表したでしょうか？」

r：わたしが感じていたあの病院でのつらさを少しでも多くの人に知ってもらいたい。

s：病気になっても、希望を持ってほしい。

t：生きていることが本当の幸せなんだ。

u：これを聞いて、一人でも多く、今生きていることを大切にしてほしい。

v：がんになる人が少なくなってほしい。

w：全力で発表して、分かってもらおう。

x：病気になっても希望を持ってほしい。

y：みんなに共感してもらう。

z：自分のつらい気持ちを分かってほしい。

A：残りの人生を大切にしてほしい。

B：今までので苦しさやつらさをこの弁論大会にのせてやると思いながら発表した。

C：つらいことがあってもくじけずに負けないような気持ちでいてほしい。

D：私が経験した辛い出来事をみんなに知ってもらいたい。

E：生きていることをふつうに思ってほしくない。

F：たくさんの人に生きていることを大切にしてほしい。

G：もし病気になっても、希望を持ってほしい。

＊　＊　＊　＊　＊　＊　＊

教師「もしも猿渡瞳さんが、ミリエル司教だったらジャン・バルジャンをゆるすでしょうか。それはどうしてですか。」

a：絶対にゆるさないと思う。だって、物を盗んで生きている人だから、もっと命を大切にしなさいという。

b：ぼくも猿渡さんが司教さんだったら怒ると思う。ジャン・バルジャンみたいな人を見て、きっともっとまじめに生きなさいと叫ぶと思う。

c：ぼくもミリエル司教のようにはジャン・バルジャンをゆるすことはないと思います。ミリエル司教は自分自身の命に関しては何の心配もないけれど、猿渡さんは必死だからです。

d：猿渡さんは、必死だからこそ、自分がうったえる人にもちゃんと命を大切にいきてほしいのだと思います。

e：わたしは、猿渡さんは、猿渡さんだからこそ、きっと少し考えてからゆるすと思います。なぜかというと、司教さんのように思いやりがあるからです。

f：猿渡さんが司教さんだとすると、みんなに命を輝かせて生きていってほしいんだから、怒って警察に「この人は銀の食器を盗んだ人です」と言って捕まえてもらっても、牢屋に入ってしまって、命を輝かせて生きていけないから、やっぱり怒らないと思う。

g：司教さんになったとしたら、猿渡さんがまず伝えたいことは、弁論大会で言っていることだと思います。「本当のしあわせとは、今生きているということ」だよ。だから、命を大切にしなさいと言うと思う。命を大切にしなさいと言うということは、ゆるさなかったらきっと命を大切にできないかもしれないから、多分ゆるすと思う。

h：司教さんになったら、猿渡さん自身も悩むと思う。これまでのジャン・バルジャンのやったことだけを考えたら、ゆるせないと思う。いろいろな人に迷惑をかけているから。でも、これからのジャン・バルジャンのことを考えるとゆるすかもしれない。

i：これからのジャン・バルジャンには、よくなって頑張っていい人に生まれかわってほしいから、猿渡さんは怒らないと思う。

j：ゆるさないかもしれないけれども、将来いい人になってほしいと願ってそれに約束してくれたらゆるすと思う。

k：銀のろうそく立てを司教さんがジャンに渡すときに、「これからは正直な人間になるためにこの食器を役立たせると約束したんですよ」と言っていた。だから、いい人になるという約束をしたんだから、きっと猿渡さんもそれを渡すときにゆるすと思う。

l：司教さんは、お手伝いのマグロアールさんに言っていた、「あの食器はわたしたちのものだったのかなあ。貧しい人たちのものだったのではないか」。だから盗まれても、ジャンのためになるならいいと思ってゆるした。猿渡さんは、命は一人ひとりにあってそれを輝かせて生きていってほしいと願っているから、たとえ盗まれた物があっても、これからジャンはきっと命を輝かせて生きていくと思ってゆるすと思う。

m：ミリエル司教は、神様と相談してゆるしてもよいと思った。猿渡さんは、生命の大切さを考えて、ジャンの生命のことを考えて、ゆるしてもよいと思う。それは、ジャンがいのちを輝かせた生き方をきっとするから、ゆるそうと考えると思う。

### ④　授業をふりかえって

大単元として３回目の授業である。これまで「寛容」の価値について深めてきた道徳性を活かして、今回の「生命尊重」の授業では、単なる「命を大切にしようとする心情や判断力を高める」のではなく、自他ともによりよく生きる視点から生命を尊重するという心情や判断力が高められるかである。

そこで工夫した指導方法が、発問である。これまでの「寛容」の学習で利用した複数の読み物資料に登場した人物をクロスさせて考えられるようにした。ジャン・バルジャンはミリエル司教からゆるしを受けたが、もしもキリスト教の司教ではなく、自らの生命を輝かせようと命ある限り生きた猿渡瞳さんならば、どのようにジャンと接するだろうか。そもそも、猿渡さんならミリエル司教のようにゆるすことができるのかどうか。こうした発問を工夫した。

児童の反応は、13人が挙手をしてクラス全体の前で発言したが、その前半と後半では大きな流れが変化していた。前半で多くの意見（ａ～ｄ）まではどちらかと言うと、一生懸命生きて亡くなった猿渡さんは自堕落なジャンをゆるさないという主張だった。ところが、「ｅの児童」の発言で流れが変わった。「わたしは、猿渡さんは、猿渡さんだからこそ、きっと少し考えてからゆるすと思います。なぜかというと、司教さんのように思いやりがあるからです。」

猿渡さんならゆるさないという流れが、猿渡さんなら許すという方向に変化したのである。「ｅの児童」としては、「きっと少し考えてから」という言葉に、猿渡さんも自堕落なジャンの生き方を肯定するようになってしまうので思い悩むが、相手（ジャン）に対する思いやりが司教さんのようにあるからゆるすという結論でまとめている。

これをきっかけに、クラスの意見は大きく、ジャンを許す方向に変化する。

ｆの児童は、ジャンに命を輝かせて生きてほしいからと言い、ｇの児童は、ジャンに命を大切にしてほしいからと言う。ｈの児童はこれからのジャンを考えるからと言い、ｉやｊ、ｋの児童は、いい人になってほしいからゆるすと言った。

最後のｌやｍの意見は、これら児童の意見を聞いて、まとめるような形である。「命を輝かせ生きていってほしい」、それが本当の生命尊重につながると考えて、寛容な気持ちを表したと考えられる。

第１次の授業の終末には、司教の複雑な気持ちを理解するところまでの段階だった児童が多かった。しかし、第３次の授業の終末になると、相手をゆるすかどうかは、ただ相手の行為にのみ目を向けるのではなく、相手を広く理解して相手の気持ちや様子が見えてきた。つまり相手の生き方を考えて、現在の行動をゆるせるかどうかという視点で判断している児童が出てきた。

まさに寛容を基盤としてあらたな生命尊重の価値に気付いた発言であったと言えよう。

### 3　授業による仮説検証の結果のまとめ

今回は、授業を通して、児童の変容を確認することで「寛容を基盤においた生命尊重の教育」を検証してきた。その検証方法は、１時間扱いの道徳授業のなかで仮説を追究するものと、３時間扱いの道徳授業のなかで仮説を検証するものの２つとした。

１時間か複数時間かという大きな違いはないが、１時間で「寛容」を「生命尊重」の道徳的価値にからめて考えていけるような読み物資料が現在ではほとんど見つからない状況にある。その中では、菊池寛の原作『恩讐の彼方に』をベースに短くまとめた「青の洞門」は秀逸の作品である。

この資料を用いることで、生命を尊重する生き方をする基盤には、自分も相手も赦すという寛容の心があるからこそ、父を殺された若侍が長年追い求めてきた仇討ちをやめて、年老いた了海の手をとって、ともに洞門の完成に涙できたという点を学習できる。寛容の気持ちが生まれたからこそ、若侍の実之助は今後の人生をよりよく生きることができるのである。

複数時間の指導では、このような秀逸な読み物資料がない場合でも、いくつかの読み物資料を工夫して扱うことで可能であることも検証できた。つまり、寛容の心を耕したうえで、３次の道徳授業では生命尊重の内容が中心の資料を扱っても、児童の心には１次、２次で培われてきた「寛容」の学習の成果が積み上げられてきているので、３次では単なる生命尊重の考え方ではなく、自分も相手もゆるして、前向きによりよく生きようとすることが生命尊重において大事なことだと気付くことができる。

これまで道徳授業では、「特別の教科　道徳」における教材にあたる読み物資料がどういうものかで授業が左右されることが多かった。しかし複数時間扱いで大主題構想の授業を組むという発想で指導する場合には違いがある。読み物資料が大切なことに違いはないが、Ａの読み物とＢの読み物を組み合わせて、そこから大主題構想のねらいになる道徳的価値に迫ることができることを検証した。しかも、今回のように３次「命をみつめて」で限られた生命をよりよく生きようとする登場人物の猿渡さんを、１次の「銀のろうそく立て」でミリエル司教の立場に立たせる発想で、登場人物をクロスオーバーさせることで、「『謙虚さ』が児童に培われ、自分と相手を『ゆるす』という道徳性を深めていくことで、生命を尊重する真の生き方に気付き、それを深く追い求めていこうとすることができる」という仮説に迫ることができた。

## 第３節　「寛容」と「生命尊重」の道徳的価値に関する児童の意識調査

### １　「寛容」に関する意識調査

さて、この研究の前提として２年間（2009〜10）にわたり、当時の勤務校６年生の児童215名にアンケート[*3]を実施した（アンケートの内容は、図26参照）。アンケートは、検証授業を行う前の段階として４月に実施した。また検証授業を終了した後の段階として、７月に実施した。アンケートのねらいは、「ゆるす」という寛容さと「命を大切にする」という生命尊重の道徳的価値のあいだに関連性があることを確かめることである。なお、児童に対するアンケートでは、あえて「赦す」という言葉を用いなかった。「ゆるす」と示し、その言葉の意味は児童一人ひとりの感じ方の違いを大事にした。

次の質問に答えてください。　　　　　　　6年　　組　氏名（　　　　　　　）

**質問1　次の場合、自分の中で「ゆるせる」と思うのはどれですか。「ゆるせる」と思うものすべてに○をつけてください。**

①（　　）給食を食べていて、自分で失敗してミートソースをワイシャツやブラウスにこぼした。

②（　　）宿題をやろうと思ったら、学校に宿題の問題集を忘れてしまった。

③（　　）友だちと話をしていたら、ふざけて押されてしまい、ころんだ。

④（　　）ノートにていねいに書こうとしたら隣の席の人が机をゆらして、自分の字がうまく書けなかった。

⑤（　　）自分が大切に育てていたチューリップの球根の芽が、だれかにぬかれていた。

⑥（　　）自分の作品の絵に、小さいけれども落書きをされていた。

⑦（　　）ペットと散歩中に、うしろから車にクラクションを鳴らされた。

⑧（　　）自分の大切な人形をあやまって落としてこわした。

⑨（　　）自分の大切にしている本を貸したら、友だちがなくしてしまった。

⑩（　　）自分の家族を事故で亡くした。

**質問2　次の質問に答えてください。**

①　いのちは大切なものだと思いますか。

YES（　）　NO（　）　分からない（　）

②　①で YES と答えた人にたずねます。　　どうしてそう思いますか。

**図26 「ゆるす」という寛容さと生命尊重に関するアンケート（2009-2010）**

次に、結果の中から特に注目したい点は以下のことである。（図27、図29参照）

自分の家族を事故で亡くしたという非常に悲しい場面を想像してなのか、ゆるせないとした項目の合計が300以上に及ぶ。ところが、前掲の①の自分の家族を事故で亡くしても「許せる」として○をつけた者が13人いる。これはどういうことなのかを確かめる必要があると考えた。そして、この13人にはアンケート後に直接面接をして確認した。

「なぜ家族を亡くしてもゆるせるのか」と、あらためて尋ねると13名のすべてが、「家族を亡くした事故は人災ではなく、地震や津波のような天災を想定していた」ということが確認できた。

当然に小学校高学年の児童には生命を大切にする気持ちがある程度育っている。ところが、この大切な生命を天災という不条理にも失ってしまうことが

〔質問１〕　次の場合、自分の中で「ゆるせる」と思うものはどれですか。
　「ゆるせる」と思うものすべてに○をつけなさい。

　この質問に対して、「ゆるせると思わない」（○のつかなかった選択肢）ものは、最下位から次の通りである。

| | | |
|---|---|---|
| 1位 | 自分の家族を事故で亡くした。 | 13人（6％） |
| 2位 | 自分が大切に育てていたチューリップの球根の芽が、だれかにぬかれていた。 | 68人（32％） |
| 3位 | 自分の大切にしている本を貸したら、友だちがなくしてしまった。 | 79人（37％） |
| 4位 | 自分の作品の絵に、小さいけれども落書きがされていた。 | 90人（42％） |
| 5位 | 自分の大切な人形をあやまって落としてこわした。 | 127人（58％） |

図27　「ゆるせると思えない項目」１～５位

〔質問１〕　次の場合、自分の中で「ゆるせる」と思うものはどれですか。
　「ゆるせる」と思うものすべてに○をつけなさい。

　この質問に対して、「ゆるせると思う」ものに○をつけた上位５つは次のとおりである。

| | | |
|---|---|---|
| 1位 | 給食のミートソースをワイシャツにこぼした。 | 176人（82％） |
| 2位 | 友だちと話をしていたら、ふざけて押されてしまいころんだ。 | 161人（75％） |
| 3位 | ノートを丁寧に書こうとしたら、隣の人が机をゆらしうまく書けなかった。 | 159人（74％） |
| 4位 | ペットと散歩中にうしろからクラクションを鳴らされた。 | 154人（72％） |
| 5位 | 宿題をやろうと思ったら学校に問題集を忘れてしまった。 | 131人（61％） |

図28　「ゆるせると思える項目」上位１～５位

「赦せない」としている。生命に関わることが、児童の判断基準になっていると考えられるのは、上記の４つの選択肢のうち①と②。③～⑤は自分の心をこめたものである。②は育てているチューリップ。③は、大切にしている本。④は、自分が描きあげた絵画。

　これはどれも同じようだが、②をゆるせない人が多いのは、チューリップという美しい花を咲かせようと生きている植物だからだととらえられる。

　この意識調査の結果から、次のようなことが考察できる。

　第一に、ゆるせる数の最も少ない項目は、とびぬけて家族の生命に関する①である。また次にゆるせる数の少ないものは、「生命のある植物をぬいてしまう」という項目の②である。10の項目のうち、生命が喪失する項目には、この２つのみが該当する。ゆえに、「ゆるせない」ものは、命に関わることが多い。児童は、自分の大切なものを命に関わる度合いによってゆるせるかどうかの基準にして判断しているようである。

次に、自分のあやまちはゆるせるが、他者によって被害が自らに及ぶ場合はゆるせないことが多いようである。自分自身の問題なのか、他者との関わりのなかで起こった問題なのかの違いで、「ゆるせる」基準が異なることが明らかになってきた。

### 2 「生命尊重」に関する意識調査

２つの道徳的価値のうち、アンケートの後半は「生命尊重」の価値について、記述式の回答を含めて調査をした。結果は次のとおりである。(図29参照)

〔設問２〕 いのちは大切なものだと思いますか。

YES 207人　NO ７人　分からない １人

| | |
|---|---|
| • 言葉では表せないほど大切である | • 命がないと生きていけないから |
| • 人に一つしかないし、なくなったら人生が終わる | • 命は一つしかなく、失ったらもリセットがきかない |
| • 一つしかないから | • ないと生きられない |
| • 二度とかえってこないから | • 命がないと終わる |
| • 一人ひとつだから | • 死んだら終わり |
| • 人は死ぬようにできている | • 世界で一つしかないから |
| • 生きている間は思いきり生きた方がよいから | |

図 29 「生命尊重」に関する回答

なお、記述式の回答については、主な代表的な回答のみを紹介する。

もちろん、YES と答えた207人のなかに、設問１で自分の家族を亡くしたことをゆるせないとする202人は、すべてこの207名に含まれている。注目すべき点は、家族が事故にあって亡くなったことを「ゆるせる」とした13人である(図30参照)。それは、なぜなのか。

ところが彼ら13人に共通のことが、設問２で分かった。それは13人とも「い

| 「ゆるす」という寛容さと生命尊重に関するアンケート（2009-2010）<br>合計215人 | | いのちは大切なものだと思うか | |
|---|---|---|---|
| | | YES | NO |
| 自分の家族を事故で亡くした | ゆるせない | 207人 | 7人 |
| | ゆるせる | 13人 | 0人 |

図30 「ゆるす」と「生命尊重」のクロス集計結果

のちは大切なもの」に対して「YES」と回答している。13人が命を大切と考える理由は上記のとおりである。個々に13人に調査後に会って尋ねてみた。すると、もしも家族を事故で亡くしても、自分だけ生き残ってしまう。ゆるせるとかゆるせないよりも、一生懸命生きていかなくてはと思うからと答えている児童が多い。つまり、事故の加害者ではなくて自分自身が今後どのように生きていくかに目を向けている。命の大切さに対して軽く見ているから、家族の命がなくなってもゆるせるとしたという論理にはあてはまらない。

### 3 意識調査と授業の仮説検証との関連

2009年および2010年の４月に意識調査をした児童は、当時の６年生で、道徳授業でこれまで述べてきた仮説検証の授業を実施していない児童である。彼らに対して予備知識も何の前提もない中で実施した調査だった。調査のねらいは、「ゆるす」という寛容さと「命を大切にする」という生命尊重の道徳的価値のあいだに、児童にとっては関連性があるかどうかを確かめることだった。

調査結果の考察として特徴的なことは以下の点である。

- 児童の「ゆるせない」ものは、命に関わることが多いこと。
- 児童は、ゆるせるかどうかの判断基準として、自他の命に関わる度合いによっている。
- 自分のあやまちはゆるせるが、他者によって被害が自らに及ぶことはゆるせないことが多い。自身の問題なのか他者との関連で起こった問題なのかで「ゆるせる」判断が異なる。

ここから、「寛容」を基盤とした生命尊重の道徳授業を実施する場合に、上記の調査結果が参考となり、「寛容」と「生命尊重」の関係性があることが明らかになった。

また、自分のことなのか、もしくは他者のことなのかで、判断基準が全くことなる点については、「寛容」についてその「赦すかどうか」の判断基準に、他者をゆるせる自分がいるかどうかが問題になってくることが明らかになった。

この２点を６年生の児童の研究に関わる大前提としてとらえ、授業によって児童の寛容を基盤とした生命尊重の価値観が高まっていくことを検証するために、その方法となる道徳授業を計画・立案、実施、見直しした。なお、これらの児童のうち、２年目の108名の６年生については、４月の調査後に、仮説検証のための道徳授業を終えたあとの７月にも同じアンケート用紙による調査を実施して、比較検討を加えている。これについては、第４節で報告する。

## 第４節　検証授業後の児童の変容

こうした複数時間扱いの道徳授業では、数回の授業を実施する前（４月）と、実施後（７月）に同じアンケート調査を行い、彼らの道徳的実践力の高まりが見られたかどうかを児童と教師の評価の一つの目安としている。以下に授業実践後の調査結果を掲載する。

2010年度６年生108名（09年と10年のうち２年目の108名）については、一連の授業後に再度アンケート[*4]を実施した。

設問は複数時間扱いの道徳授業の前に実施したものと同じである。

〔質問１〕　次の場合、自分の中で「ゆるせる」と思うものはどれですか。
「ゆるせる」と思うものすべてに○をつけなさい。

「ゆるせると思う」に○をつけた下位および上位の各５つは、図31、図32のとおりである。

（下位１～５位）

１位　自分の家族を事故で亡くした。　６人（３％）

２位　自分が大切に育てていたチューリップの球根の芽が、だれかににぬかれていた。　38人（17％）

３位　自分の大切にしている本を貸したら、友だちがなくしてしまった。　58人（27％）

４位　自分の作品の絵に、小さいけれども落書きがされていた。　64人（30％）

５位　ペットと散歩中に、うしろから車にクラクションを鳴らされた。　79人（35％）

図31　授業後の「ゆるせると思うかどうか」に関する回答

（上位１～５位）

１位　給食のミートソースをワイシャツにこぼした。　96人（45％）

２位　ノートを丁寧に書こうとしたら隣の人が机をゆらしうまく書けなかった。　93人（43％）

３位　友だちと話をしていたら、ふざけて押されてしまいころんだ。　87人（41％）

４位　宿題をやろうと思ったら学校に問題集を忘れてしまった。　87人（41％）

５位　自分の大切な人形をあやまって落としてこわした。　84人（39％）

図32　授業後の「ゆるせると思うかどうか」に関する回答

「生命尊重」に関する価値についての設問とその回答は、「いのちは大切なものだと思いますか」との問いに、YES　103人、NO　０人 という結果だった。

次に、複数時間扱いの道徳授業を実施する前と後との回答結果を比較してみた。その結果は以下の図33、図34のとおりである。

（下位１～５位）

１位　自分の家族を事故で亡くした。　４人⇒６人（４％⇒６％）

２位　自分が大切に育てていたチューリップの球根の芽が、だれかにぬかれていた。　735人⇒38人（32％⇒35％）

３位　自分の大切にしている本を貸したら、友だちがなくしてしまった。　48人⇒58人（44％⇒54％）

４位　自分の作品の絵に、小さいけれども落書きがされていた。　48人⇒64人（44％⇒59％）

５位　ペットと散歩中に、うしろから車にクラクションを鳴らされた。　78人⇒79人（72％⇒73％）

図33　授業の前後での「ゆるせると思うかどうか」に関する回答　下位１～５位

（上位１～５位）

| 順位 | 内容 | 人数（割合） |
|---|---|---|
| １位 | 給食のミートソースをワイシャツにこぼした。 | 91人⇒96人<br>（84％⇒89％） |
| ２位 | ノートを丁寧に書こうとしたら隣の人が机をゆらしうまく書けなかった。 | 81人⇒93人<br>（75％⇒86％） |
| ３位 | 友だちと話をしていたら、ふざけて押されてしまいころんだ。 | 82人⇒87人<br>（76％⇒81％） |
| ４位 | 宿題をやろうと思ったら学校に問題集を忘れてしまった。 | 71人⇒87人<br>（66％⇒81％） |
| ５位 | 自分の大切な人形をあやまって落としてこわした。 | 67人⇒84人<br>（62％⇒78％） |

図34　授業の前後での「ゆるせると思うかどうか」に関する回答　上位１～５位

授業を実践して、児童の「ゆるせる」対象に順位の大きな違いは見られなかった。

また「ゆるせない」対象にも順位について大きな違いは見られなかった。生命に関わる対象をなくした場合や自らの過失ではなく相手から被害を受けた場合に「ゆるせない」と回答する者が多い傾向があった。しかしすべてのアンケート項目で、ゆるせるという児童が増加している。これは10項目のすべてにおいてそうだった。

生命は大切なものかどうかについては、どの子も当然のように「YES」に回答した。生命に対する教育を直接的にしなくても、今回の授業実践のように視点３の「生命尊重」の点について道徳的心情が深まっていることが理解できた。

2010年度６年生の卒業時の卒業文集を見ると、以下のようなタイトルとその内容から、一人ひとりの児童の道徳性が６年生の１学期（６月下旬）に実施した一連の検証授業のあともしっかりと培われており、「相互理解・寛容」や「生命尊重」の内容項目に関する道徳性のねらいが達成できていることが検証できた。

**「心の成長」**　（６年１組女児）

私は、小学校でとても大切なことを学んだ。それは、「心の成長」だ。

小学校低学年で学習した「はしのうえのおおかみ」を読んで、小さいころの私は、くまさんはえらいなあとしか思っていなかった。最近、本の整理をしていた私は、ふと「みんなのどうとく」（1ねん）の副読本を読み返した。すると、おおかみはわるいやつだと思ったのはもちろん、なんだか弱い者にいばっているおおかみに似ている自分がいるとか、くまさんのような大きな者に対してだけ威張れないおおかみのような自分がいる、など、1年生のときには思わなかったことも考えられるようになっていた。

時間の経過とともに背は伸びるし、体重も増える。これから先もまだ成長する。でも、それと同時に、「心」も成長していく。ただ、心は自然には伸びないし、増えない。では、心はどう成長していくのだろう。

心は、感動や喜び、悲しみや悔しさを経験することで成長していくのだと私は思う。楽しさや喜びは、もっとやりたい、したいなどのやる気を高めてくれる。また、悲しみやにくしみやくやしさは、ゆるせるかどうかのように次にどういう風につなげていくかを考えて、次に生かす。初等部6年間の経験を生かし、これからも心を成長させていきたい。

**「何より強いもの」**　（6年2組男児）

ぼくは、この初等部6年間で何より強いものを見つけた。それは、力でもなく、おどしでもなく、「つながり」である。

ぼくは、今までつながりとは？と聞かれたら、きっと「喜びを2倍にし、悲しみを分け合う存在」と答えていただろう。でも、今ならこう答える。「出会えたこと」。

目線が合っただけでも、今ならつながりと感じる。それは、学校生活でより深く感じた。

同じ学校に来たこと、同じクラスになったこと、友だちになれたこと、いっしょに生きてきたこと。これは、つながりであり、かけがえのないものである。毎日の学校生活がこんなに楽しいのは、みんながいるから、つながりがあるから。何でもない校舎がここまで素晴らしい場所になるのだから、こんなにも強い味方はいないだろう。強く、たくましい、つながりという味方が…。

ぼくは、これからたくさんの人とであい、つながりを持っていくだろう。また、別れもある。手を取り合うこともあれば、ぶつかることもある。いろいろな壁がぼくにはたちはだかるだろう。でも、ぼくは、夢も希望も決してあきらめない。お互いにゆるしあい、わかりあえるように自分から歩んでいく。人と人とのつながりは、何より強いものだから。

(2011年3月早稲田実業学校初等部卒業文集より)

## 第5節　授業実践による検証のまとめと新たな授業構想

### 1　授業の実践による児童の変容を評価する

日本では、これまでの学習指導要領に基づいて見てみると、内容項目視点2(改正後は視点B)に小学校では「2-(4)謙虚な心を持ち、広い心で自分と異なる意見や立場を大切にする」という項目がある。解説には、「寛大な心を持って他人の過ちを許すことができるのも、自分も過ちを犯すことがあるからと自覚しているからであり(後略)」とある。

つまり、自らと他の人との関わりに関する視点2の範囲において、自分と他者との人間関係の中で、他者も自らと同じ人間だから過ちを犯すこともある。翻って見れば、相手の立場が自分であっても同じような過ちを犯したかもしれないといった論理から、自分に対して謙虚であるからこそ他人に対して寛容になれるとまとめている。

たしかに1次の授業では多様な道徳的価値がからんでいた授業を整理するために、児童に今回の授業で学んだことをキーワードに整理した。結果を表した前掲の図23を見ても、登場する徳目は、思いやり、信頼、期待、希望、正直、誠実の通りである。たしかに内容項目の視点1や視点2に関連するものばかりである。

ところが、検証授業および授業前後のアンケート調査をすると、寛容さについての道徳的価値観の高まりが見られるのと同時に、対象となった児童はみな生命に対する思いを強くしている。当然ながら「いのちは大切なものだと思いますか」ではすべてがYESに○をつけるようになった。また、複数扱いの授業では児童Cが「きっと最初はジャン・バルジャンに命があるから何でもできるので、最初に二度と泥棒はしないように注意して、元気で生きていきなさいと言ってゆるすと思う」というような「赦す」という言葉の根底には、生命に対する児童なりの畏敬心の表れを見取ることができる。「あなた自身のいのちを大切に生きてほしい。そして二度と過ちはしないようにしてほしい。」赦すという一方で、自他の生命を大切に生きていきなさいという願いが感じられる。これは他者と自分との人間関係の中での「赦す」ではない。例えて言うならば、「天から与えられたかけがえのない生命」との間に発生した生命に対する畏敬心と寛容の関係性の問題である。

Abraham Harold Maslow（アブラハム・マズロー，1964）*5の言う、自己超越したときに多くのヒトの心に宿るような至高体験による覚醒に近い部分があるのではないだろうか。今後、こうした生命に対する畏敬の心と至高体験についても追究していく必要がある。

筆者はここでの「ゆるす」という言葉の意味が、広い心で相手の過ちを許すといった人間同士の課題から、宗教的情操的な意味合いを含んだ畏れ敬うものと人間との課題へと変化していると考える。いわゆる「寛容」は、対象に対して大目にみるとか寛大に取り扱う、容認するなど他者との関係性のなかでのこ

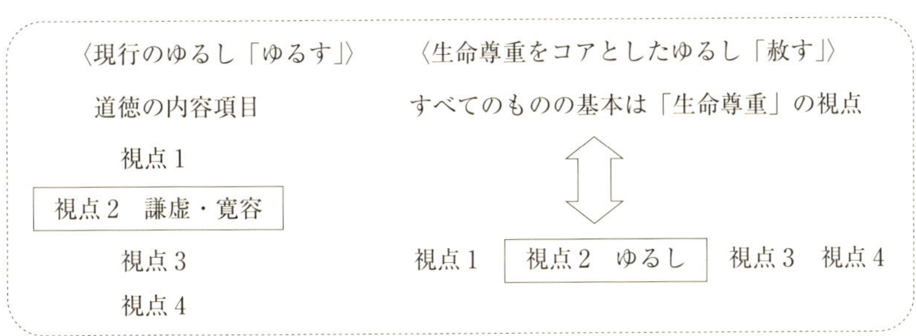

図35　これまでの内容項目と生命尊重を基盤にした内容項目

とを示す。しかし畏れ敬うものとの間では、対象が人そのものである。「どうかお許しを“Pray forgive me!”」といった神と自らの間の契約関係におけるゆるしとも受け止められる。つまり「ゆるす」のではなく「赦す」のである(図35参照)。

## 2　新たな授業構想へ

生命尊重の視点を日本人の道徳観の基盤においた内容項目の再編を考えるならば「ゆるし」に関して児童が「寛容」よりも別の視点から高い道徳的価値に児童が気付いたかどうか評価する工夫をさらにしていきたいと考える。また、生命尊重の視点をなぜ日本人の道徳観の基盤にすえるかの基礎的な研究部分も全く不十分である。日本には宗教がないといわれるが、信教の自由を憲法でうたう日本においてどれだけの人々のなかに宗教的情操が宿っていて、これが日本人の現在の道徳観と関連しているかを調べることが、寛容を基盤においた生命尊重の教育へとつながると考える。

学校現場では、積極的に現行の視点3の内容項目とその他の項目との間で、複数時間扱いの授業を試みていきたい。その際に道徳授業のねらいをどこに置くかがポイントとなろう。「生命尊重と国際理解」「生命尊重と節度節制」「生命尊重と礼儀」など、生命尊重の視点から他の項目を見直してみることで、あらたな日本人としての忘れられていた価値観やこれからの社会で尊ばなくてはならない価値観などが発見できると考える。

このように生命を尊重する心が深まることと、感謝の念や謙虚さ、あるいは人間の力を超えたものへの畏敬の念をはぐくむことの間に関係性がある点を指摘している(図36参照)。

図36では、生命を尊重する心が深まると感謝の念や謙虚さが育ったり、人間の力を超えたものへの畏敬の念の高まりにつながったりするということを示している。

これを価値の流れで考えてみるならば、「生命に対して尊重する心が深まる」⇒「自他の生命が生かされている」⇒「自分は大いなるものから生かされてい

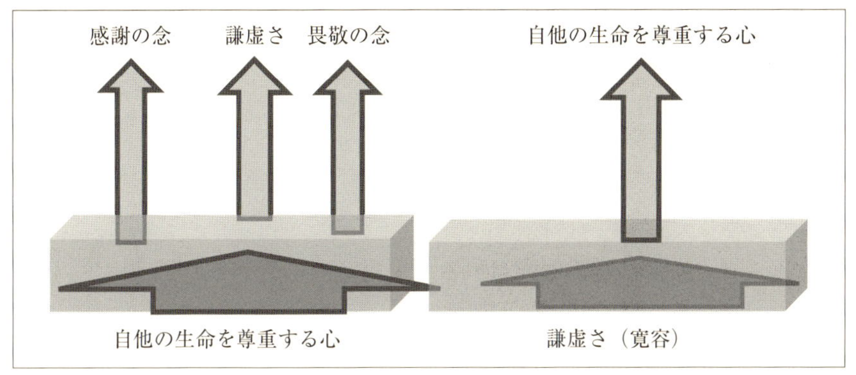


図36 「自他の生命を尊重する心」と「謙虚さ（寛容）」との関係性

る」⇒「自分が生かされていることに感謝する」⇒「自分が大いなるものの前では謙虚になる」⇒「自分は人間として成長途中であり、至らなさを持っていることを考える」⇒「至らない自分は謙虚になり、他人の犯した過ちを許す」⇒「常に相手から学ぼうとする謙虚な態度でのぞむ」と考える。

その一方で、寛容さや広い心などのもととなる謙虚さが育つと、自他の生命を尊重する心も培われることを示している。

これを価値の流れで考えてみるならば、「寛大な心を持って他人の過ちを許すことができる」⇒「自分も過ちを犯すことがあるからと自覚している」⇒「自分に対して謙虚だからこそ、相手に寛容になれる」⇒「互いの見方や考え方の違いがあることに気付く」⇒「相手の意見を素直に聞き、相手の立場に立って考える態度でのぞむ」⇒「自分と異なる意見や立場、相手の過ちなどに対して、広い心で受け止め、対処できる」⇒「相手も自分と同じ生命を持った人として、精一杯に生きていると気付く」⇒「生命を持った人間同士、互いの生命を尊重して生きる」。

以上のように、生命尊重の心と謙虚な心の関係は、互いに正の方向性を持つと推察される。そこで次の章では、この研究のまとめとして、2つの価値（「寛容」と「生命尊重」）が相互に作用しスパイラルな高まりを見せる総合単元的学習を中心としたカリキュラム構想を提案する。

＊1　2010年　2月23日（火）2校時　9：45～10：30　6年1組　道徳授業実施。
3校時　10：45～11：30　6年3組　道徳授業実施。
4校時　11：35～12：20　6年2組　道徳授業実施。

＊2　2010年　4月15日（木）2校時　6年2組道徳授業実施（その1）
3校時　6年1組道徳授業実施（その1）
4校時　6年3組道徳授業実施（その1）
4月22日（木）2校時　6年2組道徳授業実施（その2）
3校時　6年1組道徳授業実施（その2）
4校時　6年3組道徳授業実施（その2）
5月13日（木）2校時　6年2組道徳授業実施（その3）
3校時　6年1組道徳授業実施（その3）
4校時　6年3組道徳授業実施（その3）

＊3　アンケート実施対象者および実施日時
2009年度早稲田実業学校初等部6年生　107名（2009年4月20日）
2010年度早稲田実業学校初等部6年生　108名（2010年4月15日および7月8日）

＊4　2010年度の6年生105名については、1学期の道徳で複数時間扱いの道徳授業を計画した。そのために、2010年4月15日と7月8日のアンケート実施の間の3か月の中で、3回連続の複数時間扱いの道徳授業を実施した。

＊5　Maslow, A, H. *Toward a Psychology of Being,* Van Nostrand, New York, 1962, pp. 5.
マズロー（1964）上田吉一訳『完全なる人間』誠信書房、21頁。

# 第8章　「寛容」と「生命尊重」を課題意識とした総合単元的道徳学習の提案

第7章では、「寛容」を基盤とした道徳授業の中では、生命を尊重する心も育っていくという仮説を立てた。そして、1時間の中に複数のねらいを設けた授業や複数時間の道徳授業をつなげて児童の道徳性が高まるような主題を構想し、授業を実践し検証を行った。その中で明らかにしたことは、生命を尊重する心が深まると感謝の念や謙虚さ*1といった道徳的価値観が育っていく一方で、寛容な心のもととなる謙虚さが育つと自他の生命を尊重する心も培われていく点である。ここから、生命尊重の心と謙虚な心の関係は、互いに正の関係性を持つと推察される。

この関係性を確認できたことで、児童の課題意識の対象となる「寛容」と「生命尊重」の価値を教育課程の中に組み込んだ新しい総合単元的道徳学習を提案してみたい。この道徳教育の教育課程は、生命尊重の教育を核としたモデルとなるものであり、これを提案して、本研究のまとめとしたいと考える。

## 第1節　新たな生命尊重教育のモデルとなる「寛容」と「生命尊重」の総合単元的道徳学習

道徳の時間が領域であった時代から総合単元的道徳学習は、特色のある道徳学習の理論として「モラルジレンマ学習の理論」や「価値の明確化による道徳授業」（A型のグループエンカウンターとB型の問題解決学習）などとともに、戦後の道徳教育における大きな柱になってきた。押谷由夫*2（1994）が総合単元的な道徳学習を提唱してきてから、数多くの実践が全国各地で生まれてきた。その多くの実践と比較して、今回の研究で構想してきた計画はどういう点が特徴的なのだろうか。「寛容」を基盤とした生命尊重の教育を追究してきた結果として、今回の総合単元的道徳学習を明らかにしていく。

## 1　子どもを主体とする子どもの側に立ったダイナミックな道徳学習

「総合単元的な道徳学習」を研究開発し、そして提唱してきた押谷[*3]は、総合単元的な道徳学習を構想する視点として大きく３つの柱をあげている。

⑴　道徳の時間の指導を中心に位置付ける。

⑵　学校目標、学級目標あるいは基本的な生活習慣の指導などに絞ってまずは取り組むこと。

⑶　子どもの道徳学習の場を全体的に押さえて多様に構想する（図37参照）

⑴については、当時道徳の時間の実施率が低迷していて、基本的に道徳の時間をしっかりとやるところからスタートしようとした意図が感じられる。

⑵については、難しく目標を立てたり大主題構想を計画したりするよりも、まずは実践してみてそこから分かったことを加えたり、削除したりして、より良い計画になるように取り組むというメッセージが込められていると考えられ

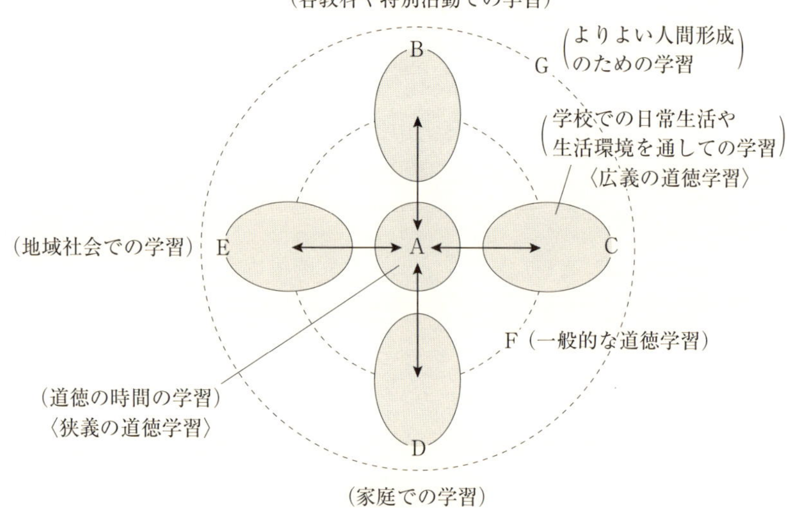


図 37　総合単元的道徳学習のイメージ図（押谷，1993）

る。

⑶についてが、この総合単元的な道徳学習を子どもの側に立ったダイナミックな構想のポイントとなろう。つまり道徳の時間（現在の「特別の教科　道徳」）が中心に置かれ、一方で多角的な道徳教育が実践されてそれぞれが連関の流れを持っているという状態である。

## 2　本論での総合単元的な道徳学習の構想

筆者は、これまでの先行研究を土台として、「寛容」と「生命尊重」の内容項目を関連させながら児童の課題意識において常に両方の価値がからんでいる状態を計画する。

さらに、あくまでも教師主導ではなく児童の日々の学校生活の中で何気ない活動でもそれが無意識的でも意識的であっても、学習できる環境になっている状態をめざしている。

### ⑴　カリキュラムマネジメントの視点にたった「特別の教科 道徳」の授業実践の必要性

本章では「寛容」と「生命尊重」を児童の課題意識とした総合単元的道徳学習を、本研究の主題である「寛容を基盤とした生命尊重の教育の研究」のためにその追究の方法として提案したいと考える。

「特別の教科」になったからこそ、カリキュラムマネジメントの視点に立った「特別の教科　道徳」の授業実践が求められる。これまでも、各学校では道徳教育に関して言えば、道徳の年間指導計画[*4]や全体計画の作成が義務付けられていた。また学級における指導計画も作成することがのぞましいとされてきた。さらに他教科との関連表（別様）も設けた。「特別の教科 道徳」だけの年間指導計画で、その教科だけの目標を達成するようなことがあれば、それは道徳教育全体の目標が達成できないこととなる。道徳教育全体の目標を考えたうえで、週1時間ごとの授業を実践することが大切である。まさに、「特別の教科 道徳」の授業が道徳教育の扇の要となるのである。

### ⑵ 「寛容」を基盤としたスパイラル的な「生命尊重」の教育の高まり

中心的課題となる「寛容」の価値を基盤において「生命尊重」の心を培う教育については、次の図38がそのイメージを端的に表している。

人間として相手を信じ、愛し、赦すという寛容の心を育てる授業を、生命尊重の価値を考える前提としてくり返し学習する。そのことで単に生命尊重の道徳授業を実施した時に比較して、生命を尊重して互いに、生命を輝かせてよりよく生きようとする道徳性を高めることが確実にできる点が本研究の中心課題である。ポイントとしては、相手をゆるすという心の広がりには、自らが謙虚であり、相手を信頼し、そこに人間愛の心を広げていくことである。そのため、人間愛の心が自他の生命を尊重することにつながっていき、さらに相手に寛容になれるスパイラルな構造を形づくっていると考える。最終的には教育課程において、「特別の教科 道徳」が単なる教科化ではなく特別の教科としての道徳の意味を考えて、総合単元的道徳学習として扇の要の部分に道徳授業があると考える。そして、「寛容を基盤とする生命尊重」の価値を各教科における道徳教育と、それを補充・深化・統合するような道徳授業が、相互に児童の道徳性

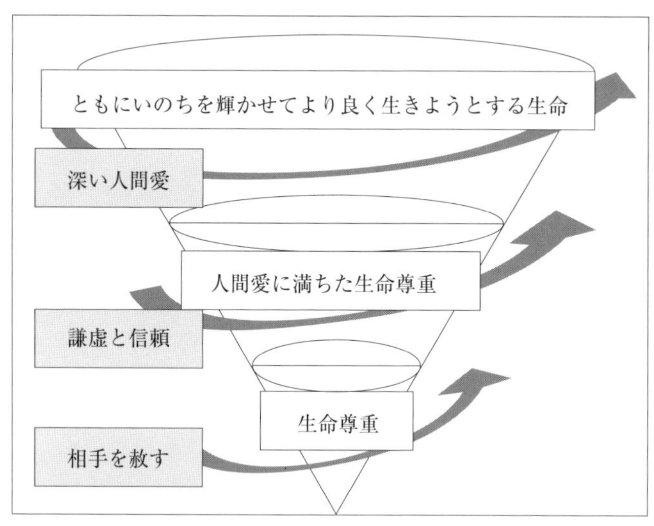


図 38 寛容を基盤としたスパイラル的な生命尊重の高まり

を高めていくように響き合う、そんな新しい生命尊重の道徳学習をデザインし、広く提案を行う。

### ⑶ 具体的な「寛容」を基盤とした「生命尊重」の総合単元的道徳学習

#### ① 前提となる学級での人間関係

日本的な道徳的寛容は、前述したように人と人との関係を水平に見るところから始まる。学級の児童が、友だちと自分の関係の中で安定した人間関係があって、初めてこの寛容を基盤する生命尊重の教育が成立する。そこで、学級経営において、友だちとの人間関係があたたかで、安定したものとなることを総合的単元学習の大前提とした。

#### ② 総合的学習の時間と道徳授業との年間指導計画での位置付けの確認

今回は、総合的な学習の時間に「稲作」をメインの活動とする。苗を植えて、田の草取りを行い、稲を収穫するという３回の校外での活動を中心にした。この活動が年間予定のどこに位置付くかを確認し、それに沿って道徳の年間指導計画を見直した。特に「稲作」の３回の活動のあとに、「寛容」を基盤とした生命尊重に関する道徳授業が来るように工夫した。

また、他教科も「稲作」の活動に関連するところに年間指導計画を見直した。理科は、イネの発芽について４月の段階に学習するようにし、社会科は５月に農家のくらし、家庭科は１学期と２学期に安全な食品と栄養素について考え、体育科は２学期に保健の授業で、わたしたちのからだについて学ぶようにした。

#### ③ 「寛容」を基盤とした生命尊重の道徳授業の位置付け

道徳授業は、こうした体験活動（「稲作」）やイネを代表とする植物についての学習や農家の人々の暮らし、それを食べて生きているわたしたちの安全で健康な暮らしを総合的に考えられるようにするために、意図的に総合的な学習の時間と各教科の学習が終了した時期（９月、12月、２月、３月）に生命尊重の道徳授業を位置付けた。

#### ④ 「寛容」を基盤とする生命を考える授業にするために

第一段階として、学級の重点目標として生命尊重の内容項目を指導するなら年間に３～４回程度実施するよう計画した。

第二段階として、生命尊重を総合単元的道徳学習の中心とすえる場合には、上記の③の段階まで計画した。

第三段階として、「寛容」を基盤とするというためには、農家の人との人間関係を大事にして手紙のやり取りや農家の人々の苦労を知ることが大事になってくる。自他の生命を考え、共により良く生きる生き方を、生命尊重の道授業で、具体的な農家の人の姿をふりかえり、手紙のやり取りなどを通して、一緒にみんなが生き生きと活動しているという手ごたえを感じながら、継続的に生命尊重の学習をしていくことが大事であると考えた（p. 143 表5参照）。

### ⑷　総合単元的道徳学習の実施に向けた計画づくり

新たな道徳教育の着想として、誰しもが「寛容」を基盤とした生命尊重の教育に取り組むことができるために、総合単元的道徳学習の方法を借りたプランを以下に示す。そして、第2節では、このプランをもとに学校現場において児童と共に総合単元的道徳学習を「稲作体験」をコアとして進めた実践例を報告する。

#### ①　生命尊重に関するテーマ学習を1年間の総合的な学習の時間のテーマとする

この生命に関する学習を、児童自らが体験して学ぶことが大きな総合単元的道徳学習のポイントとなる。児童が汗をかいたり、悩んだり、友だちと話し合ったり、専門家の方にインタビューしたりと具体的な活動が、生命尊重の心を育てる学習内容を計画する。

#### ②　2つの価値の相乗効果を他教科における道徳教育で活かす

寛容という道徳的価値と生命尊重という道徳的価値が、同一の方向性に高まって相乗効果があることを明らかにした点を活かす。5年生の年間指導計画を見つめて、すべての教科・領域で、生命に関る学習を洗い出す。これを総合単元的道徳学習のカリキュラムとして、「特別の教科　道徳」における内容項目「生命尊重」の授業と関連づける。

また、「生命尊重」の中心的道徳授業に向けて、「寛容」の内容項目を学習する「特別の教科　道徳」をどこに配列するかを見直す（図39の総合単元的道徳学習の計画を参照)。

### ③　１時間に複数のねらいを設けた道徳授業で実施する場合

道徳授業の実施時期は、総合的な学習の時間で生命尊重に関る体験的な学習が終了したあとに行う。つまり、総合的な学習の時間で実施してきた体験を、道徳授業の中でふりかえることができるようにするためである。

また、この道徳授業の前までには、「生命尊重」および「寛容」に関するねらいの道徳授業は、年間指導計画に基づいて必ず実施しておくことが必要である。２つの学習を経験していて初めて「１時間に複数のねらいを設けた道徳授業」によって、「寛容」を基盤とした生命尊重の教育の中心となる「特別の教科　道徳」の本時を実施できるからである。

### ④　大単元的な複数時間扱いの道徳授業で実施する場合

道徳授業の実施時期は、総合的な学習の時間での活動と各教科・領域で位置付けられた根間指導計画をよく眺めて、これらの学習で学んできた体験、知識、技術等を「特別の教科　道徳」の時間に十分にふりかえり、判断の基とするような学習の積み上げが活用できる配置にする。年間を通して複数時間扱いで行う場合に、まずは「寛容」の学習を中心に２回ほど道徳授業を進めていく。総合的な学習の時間を中心とした体験学習が終了する時期を確認して、３回目の道徳授業を計画する。この大単元的な道徳授業は、最終回を「生命尊重」を中心にした授業とする。ただし、そこに至るまでの総合的な学習の時間の体験的な学習や、各教科・領域の生命尊重に関する知識・技能等が活かされることになる。そして、最も大切なことは、この授業に至るまでに「寛容」を基盤とした生命尊重に関する道徳授業を実施していることで道徳的知識理解が深まり、道徳的判断力が高まり、道徳的心情が豊かになっている。この段階で、複数時間扱いの道徳授業の最終回を実施する。これにより、児童の「寛容」を基盤とした生命尊重に関する道徳的価値観は飛躍的に高まる。児童一人ひとりが、前向きに自分のこれからの人生を見つめ、よりよく生きようとする新しい生命尊重の実践意欲と態度を培うことになる(表６および図39参照)。

表６ 「寛容」を基盤においた「生命尊重」の総合単元的道徳学習の立案計画

| | 総合単元的道徳学習の立案 | 配慮する事項 |
|---|---|---|
| 第１段階 | 総合的な学習の時間の立案 | 生命尊重に関する複数回の体験学習 |
| 第２段階 | 各教科・領域の立案 | 生命尊重に関する学習の関連づけ |
| 第３段階① | １時間に複数のねらいを設けた道徳授業立案 | １の体験や２の知識・技能を利かす時期 |
| 第３段階② | 大単元的な複数時間扱いの道徳授業立案 | １や２の学習をスモールステップで確認 |

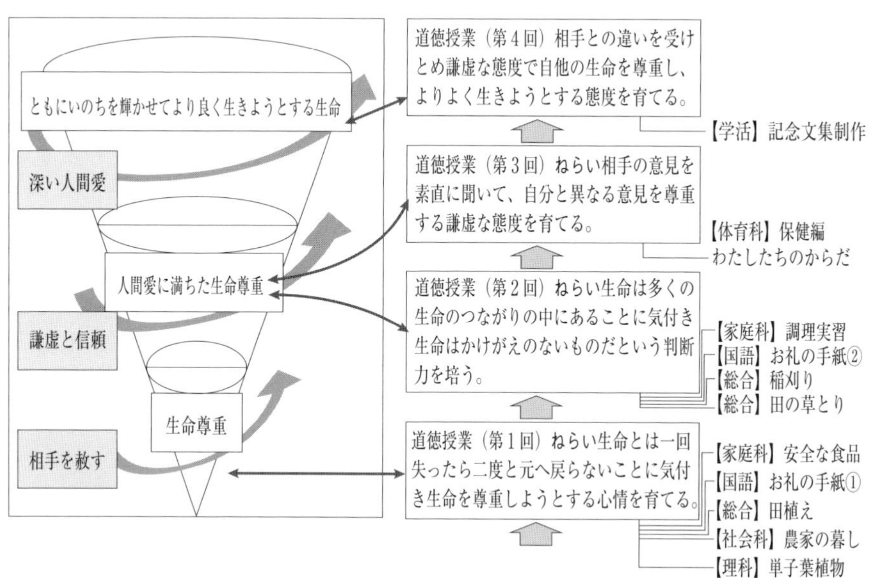


図 39 「寛容」を基盤においたスパイラルな生命尊重の高まりと総合単元的道徳学習の計画

## 第２節　総合単元的道徳学習の実際

### １　コアとなる道徳授業の実際

本研究では、学校現場において、第５学年の１クラスを借りて継続的に道徳授業を指導していった。その授業は、総合単元的に他教科との結びつきを強め、テーマを「寛容を基盤とした生命尊重の心を育てる総合単元的道徳学習」として学年の担任教師にも協力を得ながら、研究を進めていった。以下に、簡単にそれぞれの道徳授業についてふりかえる。

＜道徳授業第１回　９月10日（木）２校時＞

| | |
|---|---|
| ねらい | 「生命とは一回失ったら二度と元へ戻らないことに気付き、生命を尊重しようとする心情を育てる」 |
| 資料 | 「母とながめた一番星」（学研『みんなのどうとく』５年） |
| 中心発問 | 「自分のいのちに対して何かメッセージを送るとしたら何と言いますか？」 |
| 体験活動 | 総合的な学習の時間において「稲作体験」第１回の田植えを６月中旬に実施している。また、夏休み期間には希望者とその保護者が、田植えをした水田で、田の草取りの活動を実施している。 |

＜道徳授業第２回　11月26日（木）２校時＞

| | |
|---|---|
| ねらい | 「生命とは多くの生命のつながりの中にあることに気付き、生命をかけがえのないと考える判断力を育てる」 |
| 資料 | 「その思いを受けついで―いただきますを考える」 |
| 中心発問 | 「主人公のぼくは、おじいちゃんののし袋を見てどんな決意を胸にしたでしょうか？」 |
| 体験活動 | 総合的な学習の時間において「稲作体験」第３回の稲刈りを10月上旬に実施している。また、家庭科の学習で「安全な食品と栄養素」の学習で、収穫したコメについての栄養に関する学習を行い、その後調理実習で炊飯について学んでいる。 |

<道徳授業第３回　２月25日（木）２校時>

ねらい　「相手の意見を素直に聞いて、自分と異なる意見を尊重する謙虚な態度を育てる」

資料　「銀のろうそく立て（『レ・ミゼラブル』から）」（学研『みんなのどうとく』５年）

中心発問　「司教さんはどんな気持ちでジャン・バルジャンをゆるしたのでしょうか？」

体験活動　総合的な学習の時間において「稲作体験」でお世話になった農家の方に、これまでのお礼と感謝の気持ちをまとめた手紙を文集として、２学期末の12月に作製して送っている。

<道徳授業第４回　３月10日（木）２校時>

ねらい　「相手との違いを広く受けとめ、謙虚な態度で、自他の生命を尊重して、よりよく生きようとする態度を育てる」

資料　「青の洞門」（学研道徳ビデオより）

中心発問　「実之助は、親の仇である了海のいのちをとらず、なぜ手をともにとりあったのでしょう？」

体験活動　１年間をふりかえり、心に残ったことを５年生最後の授業参観・保護者会で一人ひとりの児童が発表する機会を持った。これは総合的な学習の時間のまとめの活動でもある。ここで、一人ひとりの児童が農家の方々への感謝の気持ちに加えて、稲作という稲の生命に対する思いやそれを食べて生きている人間の生命に対して思いを深める活動を行った。

## 2　総合単元的道徳学習のまとめとなる第４回の道徳科の授業について

<総合単元的道徳学習の第４回道徳科授業>

日直：これから道徳の授業を始めます。（礼、お願いします）

教師：今日は、いのちを考えるシリーズの４回目です。最後の授業になります。

これまで３回をふりかえると、１回目は生命とは一度なくしたら二度と元に戻らないことを、あなた方の親御さんからの手紙を読んで考えました。
2回目は「いただきますを考える」ということで、なぜみんなは「いただきます」「ごちそうさま」を言うのか考えました。すると、「稲作体験学習」の作文からお米のいのち、稲のいのちを食べるから「いただきます」という意見がでて、お米だけでなく牛や豚の肉だったり、お魚だったりと動物のいのちを「いただきます」ということにもなるとみんながの考えがまとまりましたね。
3回目は「銀のろうそく立て」の話を読みました。ジャン・バルジャンという刑務所から出てきたばかりの男に銀の食器をぬすまれたのに、教会の司教さんはこれも持っていくのではなかったですかと銀のろうそく立てを渡してくれた。耳元でもう誠実に生きていくと約束したのですよとジャン・バルジャンは言われた。そういう話です。どんな時にあなたは、ゆるしますかということについて話しました。事故で家族を亡くした人は事故を起こした人をゆるせるかどうかで話が盛り上がりました。今日は、まとめの4回目です。

教師：これまで考えたことを活かして今日の授業にのぞんでください。
最初にDVDの教材をみんなに視聴してもらいます。タイトルは、『青の洞門』と言います。菊池寛という人が書いた小説『恩讐の彼方に』からの作品です。出てくる登場人物は、了海というお坊さんと実之助というお侍さんです。(板書)

DVD 教材　『青の洞門』　(14分間)

教師：ではこれからみなさんに幾つか尋ねてみます。その問いに答えてみましょう。
まず、一つ目、了海が鎖渡しを通るとき、自分が主人を殺してしまったことを思い出した。岩山を前に了海はこの岩をくりぬいて村人から死人がでるのを無くそうと決意する場面。

【DVD 発問①】了海はどんな思いから「道を作ろう」と考えたのでしょう？
どうですか、だれか発表してください。

C１：何百人、何千人の人のいのちを守るために。（T：鎖渡しで死んでるからね…）

C２：死人というか、もう死ぬ人がでないようにするために道を作ろうと思った。

C３：了海は、ご主人さまを殺してしまったつぐないのために道を作ろうとした。

T　：ほかはいいですか。はい、みんなの意見も３人の人に近いでしょうか。

T　：もうこれ以上死人がでないようにするために作ったと思う人は挙手して。（８人）
ご主人さまを殺してしまったつぐないのために作ったと思う人は挙手して。（28人）

【DVD 発問②】実之助はどんな気持ちで了海を切ろうとしたのでしょう？
（発問の画面を児童が見ている間に、いまの児童の発言を板書した）

C４：３歳の時にお父さんを殺した了海に対して、仇をとろうと思った。

T　：他にどうでしょうか。（児童はみなうなずいている）皆だいたい同じ意見ですか。

T　：はい、そうですか。いま、仇討ちをしようと思って、いま了海を殺そうとしています。

【DVD 発問③】実之助はどんな気持ちで洞窟掘りを手伝ったのでしょう？
（発問の画面を児童が見ている間に、いまの児童の発言を板書した）

T　：だって、普通ねえ、殺されたお父さんの子どもでしょう、実之助は。
（黒板を示して）こちらは（了海を指して）、殺人をした犯人ですよ。
かたや、仇討ちをしようとした、こちらはつぐないをしようとしている。

そんな２人が目の前にいて、２人で洞窟を掘ってしまったって、ありますか？

どんな気持ちで洞窟掘りを手伝ったのでしょう？

Ｃ５：早く仇を討ちたかったから。

Ｔ　：もういま討ってしまえばいいのではない？

Ｃ６：(数名の子) 洞窟を開通させないと、村人が困ると言っていた。

Ｃ７：石工たちがお願して、言ったから。

Ｔ　：ということは、少し許したのかな。(うん)

少し待ってあげたわけかな。(うん) 待ってあげたのだねえ。

Ｃ８：別の意見だけど (いいですよ)、どんな気持ちで洞窟掘りを手伝ったかというと、了海という年寄が一人でがんばっていたのを見て、心をうたれて手伝ってあげた。

Ｔ　：みんなが寝ていても一人で洞窟掘りをしているのを見てしまって、心を打たれた。

そうですか。ほかには？ (特に挙手なし) みんないまの意見に近いのかな。

Ｔ　：では聞いてみましょう。ちょっと待ってあげてもいいと思って、早く終わらせるために手伝ったと思う人は？ (５名)

Ｔ　：ではＣ８さんのように夜中でも一人でがんばっている了海に感動して手伝ったと思う人は？ (15名)

Ｃ　：どちらもです、まざってます、等々。

【DVD 発問④】洞窟が完成したとき、了海はどんな気持ちだったのでしょう。
それに対して実之助はどう思ったのでしょう。
(発問の画面を児童が見ている間に、いまの児童の発言を板書した)

Ｔ　：まず、了海の気持ちを聞きましょう。洞窟のトンネルが完成しました…

Ｃ９：村人のためにできて、うれしくて感動したのだと思います。

Ｔ　：なんで感動したかというと、村人のために、道を作ることができてうれしくて、感動したんだと思うと言ってくれました。ほかには？

C10：了海は、実之助がやりたいことをこれでやらせてあげることができるからほっとしていると思います。

T　：実之助が洞窟を掘るために待ってあげていた。実之助のやりたいことは、仇をとること。その仇討ちは、了海その人を殺すことだったのだね。それを実行するときがようやくきたのだ。だから、もういいよ。そういう気持ちなのでだって。

よく考えましたねえ。ほかにはどうですか。いいですか。

T　：それでは、逆に実之助。ついに来ました、仇をとるときが、この時、実之助はどう思ったんですか？

C11：ただたんに殺せばいいやと思ったのだけれども、村人のために洞窟掘りをがんばっている了海を見ていて、了海が完成させて感動しているのを見て、それに対して実之助も感動した。

T　：村人のことを見て洞窟を完成させて感動した了海を見て、実之助も感動した。

C12：人生をかけて300メートルの洞窟を掘った了海を見て、父を殺されたけれども了海の優しさが分かって、謝罪の気持ちが分かったから、ゆるした。

T　：了海の村人に対する優しさを見たら、もうお父さんへの仇討ちをしなくてもいいと思ったそうです。

T　：さあ、前を向いてください。みんなはそういう意見でよろしいですか。（うなずく）

T　：了海は何と言っていたかというと、「さあ御切りなさい」「もう洞窟は完成したよ」こういう話なんだね。（黒板に表した関係図を示して）

T　：最後はお父さんを殺されてしまった実之助は、村人のためにがんばっていた了海をゆるしてあげるという話でした。（さらに黒板に書き加えながら）

T　：この殺す、殺さないという話になると、先週の君たちのごはんを食べるときの、お米のいのちを食べてしまう、牛肉や豚肉など動物のいのちを食べてしまう、そういう５年生のみなさんとそれを食べられてしまっている稲作のイネ、それから牛、豚、鳥、野菜、こういう食べられているものがしゃべることができたらどうでしょうか。

T　：５年生のみなさんは、稲や牛、豚、鳥、野菜のいのちを食べています。稲や牛、豚、鳥、野菜は、もししゃべることができたらなんというでしょうか。その場で隣の人に、５年生の食べる人だと思って、つぶやいてみてください。

C　：ぎゃあ、やめてくれ。いたい、いたい。助けてくれー。

C13：ぼくは肉牛だから別にいいよ。(他には)

C14：食べないでくれー。

C15：牛とか豚は食べられるために生きてきたのだから、食べてあげることが大事なので、食べられるときはそれでいいと思っている。

T　：それはあなた方が、社会科の５年生で勉強してきたからじゃあないかな。もしも、子豚として生まれてきた豚が、子牛として生まれてきた牛が、社会科を学ばなくて生きている牛や豚は、どんな気持ちなのだろうか？

C16：でも、人間が死んじゃったら、畜産で豚だって生まれてこない。だから豚が考えるということは、人間がいなければできないから、やっぱり食べてくださいという思いだと思う。

T　：さあ、ここはみんなどっちの考え方かな。「食べないで」それとも「別にいいんじゃない」どちらかな。

C　：(つぶやきがふえる)(友だちどうしで相談する)

T　：じゃあ聞いてみよう。「食べないでー！」と叫んでいると思う人？

C　：挙手（８名程度)

T　：「別にいいのではないか、食べられても」と言う人は挙手してください。

C　：挙手（18名程度)

C　：(つぶやき　野生のブタか、飼育されたブタかによると思うなあ)

T　：分かりました。意見の分かれるところですね。それではですね、(黒板を指して）逆にそのいのちを食べている５年生。５年生のみなさんは、どういう思いで食べていますか。この前、話していたねえ。

C　：おいしい、おいしい。ありがとう。（それから）ごめんなさい。しつれいします。

T　：そうだったねえ。そこで、ここがポイントなのだけれども、青の洞門の話と比べてみましょう。

T　：了海は実之助のお父さんのいのちをとってしまいました。みなさんは、「ありがとう」とか「いただきます」と言いながら、実は食べ物のいのちを食べています。

次に、了海は道を作って村人のためにがんばっている。それを見た実之助は、だんだんとお父さんを殺した了海を許してきました。

T　：では、豚や牛の子どもたちは、５年生のあなたがたが「いただきます」「ごちそうさま」と言って豚や牛のいのちを食べていることをどう思っているでしょう。

C　：（うーん、一瞬の静寂）

C17：ぼくたちが、牛や豚のいのちを食べているのは生きるためで、それを食べないともう生きられない。おなかがすいてしまって、生きられないものであって、了海の方は、自分が生きていかざるを得ないためにお父さんを殺したのではなくて、あやまって殺してしまったから、その罪の償いのために道を作るというのはすごいいいこと。だけれども、実之助のお父さんを殺したということは、生きるためのことではないから決してゆるされないと思う。

T　：はあ、ゆるされることではない。うーん、でも実之助はゆるしたよ。

（間）（困った表情の子どもたち）でも、実之助はゆるしたよ。

C18：了海はお父さんを殺してしまって、償って、トンネルを掘って反省しているんだからいいと思う。

T　：反省している。反省している。ではね、反省しているんだね、了海は。

C18くんは、了海はいま反省していると言ってくれました。だからゆるしたっていいだろう。みんなは、ありがとう、ごめんなさいと言ってこっちのいのちを食べている。みなさんは、何か反省している行動をしているのでしょうか。

C　：(どうぞ隣の人と相談してみてください)(ペア同士の話し合いが盛り上がる)

C19：残さずに食べること。

T　：はあ、残さずに食べることが反省している行動だと思うんだね。残さずに食べることが償いに繋がる。ほかには？

C20：しっかり生きること。

T　：しっかり生きることが償うこと。C20君にききます。しっかり生きることとは、例えばどういうこと？

C21：肉や野菜のいのちの分も精一杯生きることだと思う。

C22：動物とか、そういうまわりにいるものを大切にすること。

T　：まわりの人やもの、生物とか自然でいいですか？（C22：はい）

T　：まわりの生物とか自然を大切に生きる。

T　：何かみんなの言葉から、「生きる」という言葉がどんどん出てきました。みんなは生きていくわけだもんね、これからも。

T　：生きていくために、了海は道を作ってトンネルを掘ってきた。
みんなは、「まわりの自然や生物を大切にして生きる」、「しっかりと生きる」、「食べ物を残さず生きる」。こういうことで、物言わない米や豚や牛や野菜から許してもらえるんじゃないかということですね。

C23：だって、だって、「残さず食べて」、「しっかり生きて」、ちゃんと豚や牛を飼育しているから、特別にあやまってゆるされているのではないと思う。

T　：そうだね。みんなは、いつもこんなことを考えながら生きているわけじゃあない。だけども、24時間生きているけれども、ある瞬間だけこういうことを考えてほしいときがあるんだ。
それが、早実の子どもたちは給食を食べるときに「手を合わせて下さい」、「いただきます」、「ごちそうさまでした」と言う。

T　：あの瞬間だけでも、了海が道を作ったときのあの気持ちと同じになって、「残さず食べます」、「しっかり生きていきます」、「まわりの自然を大切に生きます」と思えば、稲や牛や豚から許されていることになるんじゃないのかな。(児童はうなずく。)

この両方の図を見て、そういうことが分かりました。

そういう気持ちで生きていくことが大事なのだということが、今日の授業でみんなから教えられてことです。

T　：これが、これまでやってきた4回シリーズの「いのちとゆるす・ゆるされない」の授業のまとめです。

T　：では、最後にアンケートを返却します。最初のときにやった授業で実施したアンケートです。もう一度、同じ質問に答えて下さい。もう一回やってみて、あなたは自分がゆるすものが増えるでしょうか。表側には1回目の授業の際の回答がありますが、これを見ないで、裏側のアンケートに答えて下さい。同じ質問があります。後でこれを比べて気が付くことがあると思います。やってみましょう。(アンケートは宿題になった。14日（月）に提出することにした)

T　：これで道徳の授業を終わります。(礼)。解散。

## 3　総合単元的道徳学習の検証

### ⑴　評価基準について

5年生の児童に対して、4月から総合単元的道徳学習を5年の教育課程に組み込んで、授業実践をしてきた。「寛容を基盤とした生命尊重」の総合単元的道徳学習は、核となる道徳授業は4回実施した。それぞれの時期に、この総合単元的道徳学習を実施して、児童一人ひとりが新しい生命尊重に関する価値観が高まっていったかを確認するために、相対的な評価基準を設けた。

この評価基準については、道徳科の授業における評価というものではなく、総合単元的道徳学習を実施して、道徳科を核として各教科でどこまで生命に対する価値観が高まったかをみる目安となるものである。

そのために、一人ひとりの道徳性の高まりは異なるが、1年間の総合単元的道徳学習が、それぞれの節目において、どの程度育っているかを確認できるものとなっている。なお、ひとつのモデルケースとして新たな生命尊重の価値観の高まりをイメージで示したのが、図40の「寛容を基盤とした生命尊重の教育による道徳性の高まりのイメージ図」である。全員の児童に当てはまるものではなく、標準的にはこうした高まりを見せていくだろうと考えて作ったものである。なおこの作成にあたっては、コールバーグの発達段階説*5を参考にした。コールバーグ理論*6では6段階の発達段階説をとるが、小学生の段階で「普遍的な倫理段階思考」を児童がとるということは考えにくく、そのため5段階（社会契約志向）を上限として、実際には4段階の「法と社会の維持志向」をめざしていくところとした。

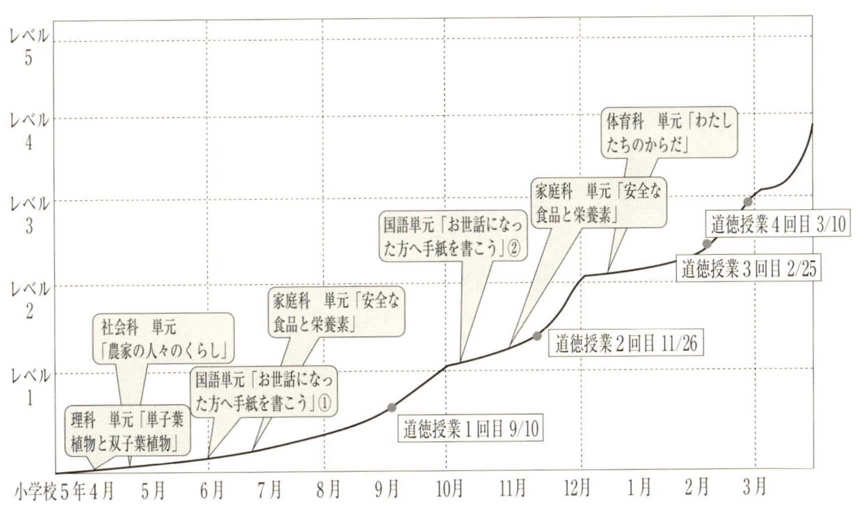

図40　寛容を基盤とした生命尊重の教育による道徳性の高まりのイメージ図

### ①　レベル1　コールバーグ理論「罰と服従への志向」の段階

罰を回避することと、力への絶対服従が道徳的価値となり、ほめられるか怒られるかという行為の結果のみが、その行為の善悪を決定する段階である。学校現場において、この段階の道徳性を見ると、具体的に以下のような児童の言動で確認できると考えられる。

- 稲を育てて、米を食べられる。だから、農家の人に感謝しなくてはならない。（道徳教育における内容項目で言えば、視点B－8「他者への尊敬・感謝」、視点C－13「勤労」や視点C－12「公共の精神」に該当する。）
- 稲は世話をして、きちんと管理しないと育たない。（これは、道徳教育における内容項目では視点D－20「自然愛護」に該当する。）
- 自分のいのちは自分だけのものではない。（これは、道徳教育における内容項目では視点D－19「生命の尊さ」に該当する。）

一連の指導における児童の道徳性の発達の過程で、社会科および理科での稲を育てることの難しさと大変さを客観的に学び、それを実際に体験学習を通して確認できた。このことで、稲作の苦労を痛感し、そこから生命あるものが育つ・育てることの大切さという道徳的心情面が培われた。

#### ②　レベル2　コールバーグ理論「道具主義的相対主義への志向」の段階

正しい行為は、自分の欲求を満たすか、自分と他者の相互の欲求を満たすことから行為が発生する段階で、欲求したものや行為が公正かどうかで善悪を判断する段階である。学校現場において、この段階の道徳性を見ると、具体的に以下のような児童の言動で確認できると考えられる。

- 稲のいのちと人間のいのちはどちらが重いのか。（これは、道徳教育における内容項目では視点D－19「生命の尊さ」、視点D－20「自然愛護」、視点D－21「感動、畏敬の念」に該当する。）
- 人間は稲のいのちを食べないとお米を食べられなくなれば生きていけない。（これは、道徳教育における内容項目では視点D－19「生命の尊さ」、特に「支えられている生命」や「生命の連続性」に該当する。）
- 動植物のいのちを食べて生きていくのが人間。（これは道徳教育における内容項目では視点D－22「よりよく生きる喜び」に該当する。）

・ふだんから「いただきます」と言い、「ごちそうさま」と言う。
(これは、道徳教育における内容項目では視点A－2「節度、節制」、特に「もったいない精神を大切にする」に該当する。)

児童はこの段階で、初めて単純に口にしていた「いただきます」、「ごちそうさま」、「もったいない」の意味を深く知る。しかし、単なる知識としてだけでなく、相手のいのちを食べないと自分が生きていけないという人間の重い命題に11歳の児童が初めてぶつかる。この命題を解決するためには、動植物と人間のいのちの重さを比較してもそれはむなしく意味のないことも道徳的理解ができるようになる。しかし、あらためて、人間ばかりが自分のために他の動植物のいのちを食べて生きていってよいかの命題が浮かび上がってきた。この解決には方策が見つからないようである。

### ③　レベル3　コールバーグ理論「対人的同調あるいは『よい子』への志向」の段階

善い行為とは、他者を喜ばせたり助け合ったりするものであって、他者に善いと評価される行為である。この段階では、内面に「善意」があるかどうかがポイントとなる段階である。学校現場において、この段階の道徳性を見ると、具体的に以下のような児童の言動で確認できると考えられる。

・レベル2で生まれた根本的な命題である人間が生きるためなら動植物のいのちを殺生して食べてよいのかの課題を見つけるために、自分自身の行為が許されるかどうかという寛容の価値との関連のなかで、この命題を考えていくことに必然的に到達する。
(これは、道徳教育における内容項目では視点B－11「相互理解、寛容」に該当する。)
・人間は殺生したものに感謝し、そのいのちを食べて自分自身のいのちを輝かせるという約束ができれば許されるか。
(これは、道徳教育における内容項目では視点B－8「思いやり、感謝」、視点D－21「感動、畏敬の念」、視点D－22「よりよく生きる喜び」に該当する。)

・残さずに食べ物を食べるということは、いのちに対する感謝と、他のいのちを殺生したことに対するゆるしを乞う思いが込められているのではないだろうか。

（これは、道徳教育における内容項目では視点D-17「生命の尊さ」に該当する。）

これまでの学校現場での道徳性の育成では、教師が児童生徒を教えるという枠から抜け出せず、児童生徒と教師が同行の姿勢で共に学ぶという視点から道徳教育を考えることができなかった。そのため、レベル３のコールバーグ理論では第３段階程度でも、道徳性が高いという判断がなされることが多かった。道徳性の評価の視点から考えても、本研究の仮説はこの点をさらに昇華したレベル４の段階に位置付けられることが確認できる。

#### ④　レベル４　コールバーグ理論「法と秩序の維持への志向」の段階

正しい行為とは、社会的な権威や定められた規則に対してこれを尊重して、それに従うことであり、社会秩序を秩序そのもののために維持しようとする段階である。学校現場において、この段階の道徳性を見ると、具体的には以下のような児童の言動で確認できると考えられる。

・殺生したいのちを食べて生きることをゆるされた人間は、よりよく生きていく約束を他者としているから、精一杯生きていく使命がある。

・いくつものいのちを体に取り込み、いくつものゆるしを乞うてきて、寛容さを受けながら生きていかなくてはならない。

（これは、道徳教育における内容項目では視点B-11「相互理解、寛容」および視点D-19「生命の尊さ」、視点D-22「よりよく生きる喜び」が該当する。）

この段階は、本研究の仮説である「寛容」を基盤においた生命尊重の教育において指導効果を評価する場合の基準になる点である。視点B-11「相互理解、寛容」と視点D-19「生命の尊さ」を融合した部分にあたる。具体的な児童の言動を見ると、本研究が実践化された場合の具体的な児童の姿が分かるだろう。

⑤　レベル５　コールバーグ理論「社会契約的な遵法への志向」の段階

自分たちで決める規則について、自ら進んでこれを遵守するために、社会的な合意を大切にして、これに従って行為をする段階である。学校現場においては、この段階の道徳性にまで高まった児童の言動を象徴するものは、経験的な知見からは考えにくい。

⑵　総合単元的道徳学習を学んだ児童の声

総合単元的道徳学習における評価については、この論文では詳しく取り上げることができないが、評価基準を設けていく場合に、児童の心の中で様々な知識や体験が織りなすように生命尊重の心として積みあがっていく。

その心の声の表出が、総合的な学習の時間に学習した「稲作体験」での作文に表れているので、主なところを紹介したい。

①　田植

- 私は、お米の秘密を知ることができて、日本人の実感を得ることができました。
- 最初は田植って大変そうだなと思ったが、やってみると楽しいと思いました。しかし、この作業などを毎日はとてもこなせないと思ったので、改めて農家の方のがんばり、つらさ、大変さが身にしみました。
- この稲作体験では様々なことを学び、身に付けました。例えば、苗の前のお米の姿はどのような姿なのか。モミはどうやって苗まで成長するか。また、どのような方法で成長するか。そして、どうやって苗を植えるかなどです。これらも大事ですが、私はもっとおどろいたことがあります。それは農家の方のがんばり、つらさ、大変さなどです。種などを適当にまいておけばなんとかお米になると思っていました。しかし、農家の方の工夫と苦労が必要と分かりました。
- 苗を植える前に、土の中に入るときに、ドロっとしていてとても気持ちが悪かったです。稲はとても丈夫でぴんとしていました。お米はとても大事で、毎日絶対に食べているので気持ちを込めて植えました。
- 農家の人は、とても我慢づよいなあと思いました。なぜかというと、雨でも、台風でも、生き物のめんどうをみないとけないからです。ぼくも、我慢づよくならないかなあとその時少し思いました。

- 田植を終わって田んぼを見てみると、とても美しかったです。それは、泥の色だった田んぼが、緑一面になっていたからです。
- 田植は、一本一本に願いをこめて植えるので、全部きちんと綺麗に育ってほしいです。

② 田の草取り

- 手を熊手のようにして、草をまきつかせて取りました。たくさんの他の草が生えていたので、この土にはたくさんの栄養があるのだなあと思いました。
- 暑い夏休みなのに、農家の人はお米ができるときを祈って、こんなに草をたくさん取るのかなあと思いました。
- 次回はしっかり実っているところに是非来たいです。田んぼがどうなっているか、自分の手足で感じたいです。稲の成長も楽しみです。

③ 稲刈り

- 実際に刈ってみると最初の方はひっかかって中々切れませんでしたが、何回かやっているあいだにすぐ切れるようになりました。しかし切った後に下を見ると、落ちたり、切り残した稲が落ちているのでそれを拾いました。小さいですが塵も積もれば山となるということわざ通りしばらく集めていると一束分ぐらい集まります。今までの稲作体験では農家の大変さやお米の大切さがよく分かりました。このことを覚えておき、いつまでも食べ物を大切にしたいです。
- 刈った稲は向きをそろえて、ある程度まとめてひもで結び、はぜかけにします。水路には水があまりなく、田にはカエルやクモ、コオロギなどたくさんの生き物がいて、自然を感じました。僕たちが参加した稲作ではどんなお米がとれたのでしょう。お世話になったみなさんありがとうございました。
- このあと脱穀したり、食べたりするので、とても楽しみです。はやく家庭科の授業で調理実習をやりたいりです。農家の方に感謝しながら食べたいです。
- 昔の人はこの作業をもっと沢山毎年やっていたのだからすごいなと思いまし

た。

- 「いね！一年間よく成長してくれた」と稲に言ってやりたいくらいです。社会でお米をやっていますが、ほどんど人の手でやらないのに、ここでは人の手を使って行ったので、昔の方々の苦労や大変さがよく分かる気がしてたまりません。
- 私は稲作体験を通して、ムシたちがよい土を作り出し、その土が美しい稲を実らせてくれることを知りました。自然は、様々な物を生み出す原点であることを学びました。

---

＊1　道徳教育の価値項目である「謙虚」は、その言葉自体は指導の観点のラベルとして挙がってはいない。しかし、「B　主として人との関わりに関すること」の中で、「相互理解、寛容」の観点の中に含まれている。「謙虚」と言う言葉は、小学校第５学年及び第６学年と中学校の観点の説明に登場する。

> 小学校第５学年及び第６学年　相互理解、寛容
> 「自分の考えや意見を相手に伝えるとともに、謙虚な心を持ち、広い心で自分と異なる意見や立場を尊重すること。」
> 中学校　相互理解、寛容
> 「自分の考えや意見を相手に伝えるとともに、それぞれの個性や立場を尊重し、いろいろなものの見方や考え方があることを理解し、寛容の心を持って謙虚に他に学び、自らを高めていくこと。」　（アンダーラインは筆者による）

＊2　押谷由夫（1994）戦後の道徳教育の歩みと総合単元的な道徳学習『道徳と教育』No. 282・283　日本道徳教育学会紀要、４-15頁。

＊3　押谷由夫（1998）『子どもとつくる総合単元的な道徳学習』東洋館出版社、60-61頁。

＊4　早稲田大学系属早稲田実業学校初等部　道徳年間指導計画（６年）別紙１参照。

＊5　荒木紀幸（1988）『道徳教育はこうすればおもしろい―コールバーグ理論とその実践』北王路書房。

＊6　ローレンス・コールバーグ著（1987）岩佐信道訳『道徳性の発達と道徳教育』麗澤大学出版会、121-124頁。

# 終章　本研究のまとめと今後の課題

## 第1節　本研究のまとめ

本研究は、寛容を基盤とする生命尊重の道徳教育の在り方について明らかにしようとしたものである。具体的には、以下の7点を究明した。

第一は、現在までの生命尊重の教育の研究動向についてである。研究動向を第1期から第5期までに分けて、分析した。その結果をまとめると、次のようになる。

第1期においては、子ども自身は一般に大人が推し量るよりも死に対する関心が高く、死について知りたがっていることが明らかになった。また、発達段階と死に対する普遍性や必然性の意識に関連性があることを指摘した。5歳から6歳になる段階で「いつかは死ぬ」という問いに「はい」という回答が59.0%⇒84.1%へと大きく増加しており、他の年齢と比較して顕著であることが明らかになった。

第2期においては、「人間はいつか死ぬと思う」の設問に、「思う」と回答した割合は、1982年の東京都立研究所の調査結果では87.1%で、1996年実施した筆者の調査結果では70.1%だった。児童生徒の生命に対する考え方は、以前とは大きく変化してきたことが分かった。児童生徒・学生は、「ヒトは死んだら元に戻らない」のではなく、「ヒトはいつか死ぬとは思わない」という結果が増えてきた時期であると指摘した。

第3期においては、「死」に対して「死んだら二度と元に戻らない、絶対的で有限性を持った存在が生命なのだ」という理解をしていない児童生徒が少なからずいることが、調査結果から判明した。こうした児童生徒に対して「死」を扱う道徳資料で授業をしたり、社会で話題となったニュースや事実を紹介したりすることが増えていった時期だということが明らかになった。

第4期においては、児童生徒の「死」の窓口から見た生命に対する課題が、

「生き返る」と考えている者が少なからずいるという点が明らかになった。また第４期は、なぜ児童生徒がそのような考え方をするのか、彼らの実態に迫る研究が生まれてきた時期である。失った生命が消滅せずに再び元に戻ったり、魂が生まれ変わったりする点を回答者が選ぶ可能性が高いことから、あらかじめ選択肢を準備するように変化してきたことが分かった。

第５期においては、東日本大震災後の生と死に関する調査研究は減少傾向を示している。この点は、今後の生命尊重の教育における死の扱いについて示唆的な意味を感じた。もうすでに死というものを現代社会の人々はタブー視しない。タブー視することをタブー視している。道徳授業のような自らの心と向き合うときに、これからの生き方を考える授業では、死のことをくり返しふりかえって、前向きに生きようとすることは現実的に厳しいことが分かってきた。

以上から、社会的な事件や多数の死亡者を出した自然災害などの事象と生命尊重の教育の研究や実践には関連性があることを明らかにした。また、死の視点から生命尊重を考えていく教育には限界があり、これからは与えられた生命を互いに輝かせていくような指導を転換していく必要を指摘した。

第二は、これからの道徳教育の改革と生命尊重の教育の方向性についてである。生命尊重の教育（内容項目視点Ｄを中心とした教育）はどのように変化するのかを明らかにしていくことを探求した。その結果、生命尊重の教育は、「考え、議論する道徳」を推進していくために、多面的・多角的に考える必要性を確認したうえで、「生と死」といったことへ深めていくのではなく、一人ひとりの児童生徒がよりよく生きるためにはどうしたらよいかという前向きな生き方の課題に向かって考えていくことが大事だということが明らかになった。そして、そのために「寛容」という価値と関連性を深めて、これからの時代に人と人とが共に生きていく「共生」に焦点を当てることを提案した。

互いを認め合い尊重しながら、人間は一人では生きられないのだから、広い心で相手を認め合い、ゆるし合うことで、互いの生命を輝かせてよりよく生きることができる。これが新しい時代の生命尊重の教育であることを明らかにした。本研究では「寛容」と「生命尊重」の内容項目を一体的にとらえて、寛容を基盤とした生命尊重の指導という独自の視点から、新しい生命尊重の教育を提案した。

第三は、道徳教育と宗教教育との関係性についてである。新しい生命尊重の教育を追求していくうえで、道徳教育と宗教教育の関係性を分析して、我が国に求められている道徳教育について明らかにした。日本では、イングランドや韓国のように宗教教育を行っている部分を、道徳教育が補いながらこれまで進めてきた実態を明らかにした。イングランドや韓国と比較して、日本は積極的に宗教教育が行われていない。今後我が国において、宗教的情操の教育は今後も道徳教育が担うことが大切であり、「多様性」に価値を認める教育を強力に推進して、そこに様々な宗教や文化、民族を認めて受け入れていくような「寛容」に関する価値観を高めていく教育ができると考える。違いをマイナスととらえずに、多様性が民主主義の良さであることからも多様性を良さとして受け入れていく価値観。そのような「寛容」をキーワードにした多様性を認識する教育や多文化理解の教育として実施する。「寛容の教育」が、道徳教育と宗教教育を結びつける大切な点だということが明らかにした。

第四は、日本の公立学校における道徳と宗教をつなぐ「宗教的情操」とは、「期待される人間像」の時代から継続して「すべての宗教的情操は、生命の根源に対する畏敬の念に由来する」という点に注目した点である。この「生命の根源」が何であるかという点について、「超越者」や「サムシング・グレート」という自分の外側にあるものを対象とせずに、自分自身の内側に求め、生命を輝かせている自分自身に対して畏敬の念をいだくように考えることの大切さを明らかにした。また、心情を豊かにする教育は、情操教育と道徳教育の関係から見直すという新たな視点で考えることとした。そのため、道徳教育の内容項目視点Dを中心に、美術、音楽、文学、自然や人間の在り方、生き方などに対する情操教育に加えて、人の力を超えたものに対する情操の教育も、道徳的情操として道徳教育が担う部分があるという点を究明した。とりわけ、人の力を超えたものに対する情操の教育は、これまでの追究してきた宗教的情操の教育の部分に該当する。道徳と宗教をつなぐ「宗教的情操」は、宗教教育に制限のある日本においては、道徳教育によって道徳的情操として指導していく必要がある点を指摘した。

第五は、これからの新しい生命尊重の教育を目指すうえで、「寛容」という道徳的価値の再確認である。ロックやヴォルテールなど「寛容」に関する研究から、寛容さは異教徒を赦すかどうかの判断において問われている。また、神との信者との契約にうえで罪を犯した場合に赦されるかどうかにおいて問われることが明らかになった。17世紀以降、寛容は社会的課題であり、近代国家への道のりで民主主義と共に寛容の価値が変遷してきたことを明らかにした。日本における寛容は、鎌倉時代以降の日本独自の文化から自然との共生の中で生まれたものであることを究明した。

次に、学習指導要領における「寛容」の指導から、その日本的特質として、次の2点を明らかにした。第一は、日本人は他者との関係性で「寛容」を考える点である。日本人は他者との間に起こった課題について、自分自身の中で問いかけが始まり、そこに相互理解や謙虚さという価値が関わってくる。最終的には自分がもしも相手の立場だったらどうするかという発想から寛容の心情が高まることが明らかになった。第二には、生まれたときからすでに他者との間で違いとなっているものについては、互いの人権を尊重し差別のない社会を目指すうえで、多様性を認める視点から、相手を受け入れていく寛容さを重視している点を明らかにした。

今後は価値観の多様化する社会で、一人ひとりがよりよく生きようとする生き方を考える中で「寛容」の価値を重視していく必要性を明確にした。なお、ここで「寛容」は、宗教と区別する必要があるために、道徳教育から見た「道徳的寛容」として押さえることが重要であると提案した。さらに、ここで提案した新たな「道徳的寛容」は、多文化社会において様々な文化や慣習を持った人々が共に生きるという「共生」を導く大切な価値であり、一人ひとりがよりよく生きようとするなかで生命を大切にする新たな生命尊重の教育の基盤となることを明らかにした。

第六は、これまでの研究で理論構築した新しいかたちの生命尊重の教育について、学校現場で道徳授業において実際にどのように具現化できるのかを、小学校６年生の教室で検証したことである。

「寛容」の価値について児童の発達段階を考えた場合に、具体的な指導のねらいは「謙虚さ」や「広い心」というキーワードに置き換えられることがある。この「謙虚さ」や「広い心」が児童に培われ、自分と相手を「ゆるす」という道徳性を深めていくことで、生命を尊重する真の生き方に気付き、その道徳的価値を追い求めていこうとする教育についての検証を行った。寛容の価値が高まると、児童の発言からは「信頼」や「思いやり」、「期待・希望」、「正直・誠実」などの関連価値も大切だとする発言に注目した。これらの価値を包含するものとして、自分や相手の生命を大切にする価値に注目した。自他の生命を尊重することが、寛容と、それに関連する諸価値についても高めていくことにつながる。以上から、寛容と生命尊重の両者の価値観は道徳授業によって同じ正の方向へ向かい、それがスパイラルに高まっていくことを明らかにした。

第七は、この検証授業で明らかになった点を活かして、総合単元的道徳学習による「寛容を基盤とした生命尊重の教育」を構想した点である。小学校５年生のあるクラスに１年間関わって、この総合単元的道徳学習によって、これからの21世紀の生命尊重の教育のモデルとなる形を示すことができるかどうか研究した。特に、稲作体験を中心とした活動と道徳の授業を関連させて、「寛容」が基盤となった新たな生命尊重の教育の実効性を明らかにした。また、新たな生命尊重の教育を推進していく具体的な方法として、この総合単元的道徳学習の方法を用いたモデルを示した。さらに、その指導実践を評価する場合の評価基準を新たに示した。

## 第２節　今後の課題

本研究をふまえた、今後の課題を以下に述べる。

第一に、「寛容を基盤においた生命尊重」についての価値観が、発達段階を通してどのように高まっていくかを明らかにする点が、さらに本研究を追究するうえでの課題と言えよう。今回は小学校高学年を中心にした児童の道徳性の育成を中心に見ていった。これが、中学校から高等学校の思春期後半、そして大学生においては「寛容」の価値と「生命尊重」の価値が昇華された部分で、人間としてよりよく生きるための在り方、生き方にどうつながっていくのか追究していく必要性がある。

第二に、「寛容」について西洋の歴史的背景から今回はその定義について迫ったが、日本古来の寛容的な考え方がどこに由来しているのか、道徳的価値として仏教徒の多かった中世の時代から、そこに「情け」をかけるとか、「思いやることで自分が成仏できたり、極楽にいけたりする」などとして「寛容」の価値の素地ができあがったのだろうか。現在の段階では、日本的な寛容が、いつの時代にどこから生まれてきたか、詳細については不明である。道徳教育の方向からは壁にあたるところであり、今後は歴史的な文献や民俗学的な文献にあたり、さらに詳しく追究していくことが肝心だと考える。

第三に、「寛容」の道徳的価値がこれからの時代に注目をあびてくるだろうと想像されるなかで、海外においてはまだまだ日本的特質を持った道徳的価値が評価されていない。

どちらかというと、相手を甘やかしてしまい、秩序のない社会が広がるようなイメージがあるのかもしれない。多様性を認めていくことが求められる社会が到来している中で、国際的な交流を通じて、日本的な道徳的価値でもある「寛容」を広く西洋の世界の児童生徒の教育においても試行して、各国の教育関係者にも知ってもらい、理解してもらうことで、世界において人格共同体の輪が生まれていく一端になることを願っている。

第四に、学校現場において、新しい生命尊重の教育の実践の普及につとめ、目に見えにくい児童生徒の道徳性の高まりについて評価していきたい。生命尊重の価値がこれまででは、どうしても日々の生活の中で、「動植物に優しくした」とか「危険なことはしないように努めている」などという視点から生命尊重に対する価値観が高まったと評価されることが多い。しかし、今後は生命尊重に対する価値観が一人ひとりの児童生徒について高まったと評価する際の評価基準をとして、「生き生きと活動する」とか「前向きに考える」など、自らの生命を生き生きと輝かせて、その生を充実させている態度や判断が見受けられた場合に積極的に評価することが大切だと考えている。そこで、総合単元的道徳学習や評価基準については普遍的なものとなるように精緻化していくことが課題である。また、この評価基準が「特別の教科　道徳」の評価の所見として文章で表記されたときに、一般的に活用されていくかどうか学校現場の声を調査していく点も課題となる。

第五に、生命尊重の教育をさらに活性化するために、総合単元的道徳学習の指導方法だけでなく、指導効果はどのような方法で効果的かについて検証を進めていく。「特別の教科　道徳」が核となって道徳教育をダイナミックに推進する学校が増えてくると予想されるなかで、学校現場での指導の工夫が、どのような取り組みであり、その実践の効果がどのようなものか検証していくことがますます重要である。これによって、新しい生命尊重の教育が実際の学校現場で盛んとなり、さらに新たな課題が見えてくると確信する。

# 資　料　編

別紙1　早稲田実業学校初等部　道徳　年間指導計画（6年）

<table>
<tr><th>月</th><th>［主題名］・資料名</th><th>ねらい</th><th>指導要領との関連</th><th>資料類型</th><th>『私たちの道徳』との関連</th></tr>
<tr><td rowspan="4">4月</td><td rowspan="2">［広い心で相手のことを考えて］<br>24. 銀のろうそく立て<br>（5年教材）</td><td>謙虚な心をもち、広い心で自分と異なる意見や立場を大切にしようとする心情を育てる。</td><td>3－(2)自然愛、環境保全</td><td>エッセイ</td><td rowspan="2"></td></tr>
<tr><td colspan="3">【主な発問例】<br>○憲兵につかまって司教の所へ行くとき、ジャンはどんなことを思ったか。<br>●司教は、どんな気持ちでジャン・バルジャンを許したのか。<br>○欲にとらわれた人を見て、だれにもそういうところはあるな、と感じたことはないか。</td></tr>
<tr><td rowspan="2">［広い心で］<br>14. ひとふさのぶどう</td><td>相手の立場や気持ちを考え、広い心で人の過ちを許そうとする心情を育てる。</td><td>2－(4)寛容・謙虚</td><td>名作物語</td><td rowspan="2"></td></tr>
<tr><td colspan="3">【主な発問例】<br>○絵の具をとってしまった「ぼく」は、どんなことを考えたか。<br>●先生に優しく注意されて、ひとふさのぶどうをもらったとき、「ぼく」は、どんなことを考えたか。<br>○ジムは、どんな気持ちで「ぼく」を許したのだろうか。</td></tr>
<tr><td rowspan="4">5月</td><td rowspan="2">［生きているということ］<br>6. 命を見つめて</td><td>生命がかけがえのないものであることを知り、生きている幸せを感じて精一杯生きていこうとする態度を育てる。</td><td>3－(1)生命尊重</td><td>ノンフィクション</td><td rowspan="2">P. 64 のメッセージを（導入）で参照する。</td></tr>
<tr><td colspan="3">【主な発問例】<br>○がんが再発したとき、瞳さんはどのような気持ちになっただろう。<br>●瞳さんは、なぜ弁論大会で発表したいと思ったのだろう。<br>○瞳さんが本当に伝えたかったことは、どんなことだろう。</td></tr>
<tr><td rowspan="2">［社会のためにつくす］<br>4. マザー・テレサ</td><td>一人の活動が世界へ広がるすばらしさを知って、思いやりや、優しさ、愛の心を生かし、社会のために尽くそうとする気持ちを育てる。</td><td>4－(4)勤労、社会奉仕、公共心</td><td>伝記</td><td rowspan="2"></td></tr>
<tr><td colspan="3">【主な発問例】<br>○テレサに、校長をやめて次の活動に入ろうと決心させたものは何か。<br>●テレサはどんな気持ちで、「死を待つ人の家」や「希望の家」を開設したのか。</td></tr>
</table>

| | | | | | |
|---|---|---|---|---|---|
| | | ○テレサの活動は、わたしたちに何を訴えかけているか。 | | | |
| | ［より良い学校に］<br>2．きえた紙くず | みんなで協力して、より良い学校をつくっていこうとする心情を育てる。 | 2－(4)寛容・謙虚 | 名作物語 | |
| | | 【主な発問例】<br>○運動場が散らかることが多くなって、「わたし」はどんなことを思ったか。<br>●「きれいになるまで、拾えばいいよ。」と言うたけし君の言葉で、「わたし」は、どんなことに気付いたか。<br>○学校から紙くずが消えたのは、どんな気持ちが広がったからか。 | | | |
| | ［みんなに役立つ喜び］<br>3．花色の風がふく学校 | 委員会活動などに積極的にかかわり、自分の役割を自覚して集団の目標を達成する喜びを求める心情を養う。 | 4－(3)役割と責任の自覚 | 生活文 | |
| | | 【主な発問例】<br>○花壇の固まった土を掘り起こしているたつやは、どんな気持ちでいるのでしょうか。<br>○あきらやまことといっしょに卒業生の残した花壇を見ているたつやは、どんなことを考えているのでしょうか。<br>●心地よい花色の風を感じながら、花の世話をするたつやは、どんな気持ちでいるのでしょうか。<br>○自分の役割を果たすことが、どのようなことに役立つのかを考えてみましょう。 | | | |
| 6月 | ［大切な自然かん境を守ろう］<br>7．ジュゴンとともに生きたい | 自然や動植物との共存の在り方を積極的に考え、自分にできる範囲で自然環境をよくしていこうとする態度を育てる。 | 3－(2)自然愛、環境保全 | エッセイ | 〈事後指導〉で、P. 70・71を生かす。 |
| | | 【主な発問例】<br>○ジュゴンが死んでしまったというニュースを知ったときの真鍋さんの気持ちはどんなだっただろう。<br>○東恩納さんからジュゴンの死の原因を聞いた真鍋さんは、どんなことを感じただろう。<br>●ジュゴンを守ろうとする東恩納さんたちの活動から、真鍋さんはどんなことを考えただろう。 | | | |
| | ［精いっぱい生きる］<br>8．市民に愛される動物園をめざして | 生命の尊さを考え、たとえどんな苦難に直面しても、生きることのすばらしさを胸に、強く生き抜こうとする態度を養う。 | 1－(2)希望、勇気、不撓不屈 | ノンフィクション | 〈事後指導〉でP. 18・19について考えさせる。 |
| | | 【主な発問例】<br>○どのような思いから小菅さんたちは、動物の魅力を伝えるガイド | | | |

| | | | | | |
|---|---|---|---|---|---|
| | | を始めたのか。<br>○寄生虫によってゴンタが死んだことを、どうして旭山動物園は記者会見で説明しようとしたのだろう。<br>○動物園を再開したのに入園者数が開園時の半数に落ち込んだ中で、小菅さんはどんな思いだったか。<br>●励ましのパンが送られ、入園者数が少しずつ増え始めても小菅さんたちが忘れなかったことは何か。 | | | |
| | ［じゅうなんな発想でものごとを考える］<br>9．ミッキーマウスの誕生 | 自己をより創造的に発展させ、新しく進歩したものを積極的に取り入れ、創造し、工夫する態度を育てる。 | 1－(5)創意・進取 | ノンフィクション | |
| | | 【主な発問例】<br>○ねずみのモーティマーを主人公にしようと決めたとき、ディズニーはどう思ったか。<br>●ミッキーマウスの映画が売れなかったとき、ディズニーはどう思ったか。<br>○ミッキーマウスの映画が成功したとき、ディズニーはどう思ったか。 | | | |
| | ［自己の可能性を広げる心のもち方］<br>10．自ら可能性を捨てない | 自分の言動を振り返り、感情を上手にコントロールしながら、度を越さないようにつつしんで行動しようという態度を育てる。 | 1－(1)生活習慣、思慮・反省、節度・節制 | ノンフィクション | P. 14・15を〈事後指導〉に生かす。 |
| | | 【主な発問例】<br>○高校2年生の試合で、ボール球をストライクと審判にコールされたとき、松井選手はどんなことを考えただろうか。<br>○山下監督に叱られたとき、松井選手はどんなことを考えたのだろうか。<br>●松井選手はイライラしたときにそれを態度に出したり口に出したりすると、なぜ自分が苦しむことになると考えているのだろう。<br>○松井選手は王さんの話を聞いて、なぜ「格好いい」と思ったのだろう。 | | | |
| 7月 | ［あなたの立場とわたしの気持ち］<br>11．お別れ会 | 自分とは異なる立場の意見にも謙虚に耳を傾け、広い心で互いを認めようとする心を培う。 | 2－(4)寛容・謙虚 | 生活文 | |
| | | 【主な発問例】<br>○ドライブに行きたかったのに、友だちとの約束を優先した直美は、小原さんに対してどんな気持ちでいたか。<br>●なんとなくすっきりしない直美の気持ちを、言葉にして表現しよう。 | | | |

| | | | | | |
|---|---|---|---|---|---|
| | | ○話をよく聞いたら理解し合えてよかった、と思ったことがあるか。 | | | |
| | ［見えない規りつ］<br>12. 移動教室の夜 | 互いの自由を大切にしながら、規律ある行動をとろうとする心情を育てる。 | 1 －(3)自由・責任 | 生活文 | |
| | | 【主な発問例】<br>○千葉さんが「ねむれないわよ。」と怒ったとき、「わたし」や千葉さんはどんな気持ちだったか。<br>●千葉さんが倒れたとき、下を向いた「わたし」は何を考えていたか。<br>○決まりは、なぜあるのだろうか。 | | | |
| 9月 | ［じぶんの心にせい実に］<br>13. のりづけされた詩 | 自分に誠実に、明るい心で生活しようとする気持ちを育てる。 | 1 －(4)誠実・明朗 | 生活文 | |
| | | 【主な発問例】<br>●先生に打ち明けた和枝はどんな気持ちだったか。<br>○できあがった文集を、和枝はどんな気持ちで見ているのか。<br>○本当のことを言おうかどうか迷ったとき、どんな気持ちになったか。 | | | |
| | ［支え合って生きる］<br>5. パンクの修理が終わったあとで | 単なるギブアンドテイクを越えて、日々の生活が支え合いで成り立っていることに気付き、それにこたえたいと願う心情を養う。 | 2 －(5)尊敬・感謝 | 生活文 | P. 58 を(終末)で参照し、(事後指導) でP. 59を生かす。 |
| | | 【主な発問例】<br>○女の人の「ありがとう」の言葉に、隆志はなぜ「あれっ」と思ったのだろう。<br>○自転車を直してもらっているときの隆志の気持ちはどんなだろう。<br>●隆志は、自転車安全整備士のおじさんの話から、どのように気持ちが変わったのだろう。<br>○パンクの修理が終わったあとの隆志は、どんなことを考えているのだろう。 | | | |
| | ［みんなが気持ちよく生活するために］<br>15. どろだらけのスパイク | 自他の権利を尊重しながら、義務を果たすことで望ましい社会生活を送ろうとする心情を養う。 | 4 －(1)公徳心、規則の尊重、権利・義務 | 生活文 | 〈導入〉で P. 82「マナー」を参照する。 |
| | | 【主な発問例】<br>○「お客さんだからいいんだよ。」と言ったとき、健太はどんなことを考えていたのだろうか。<br>○コンビニエンスストアの前にいる高校生の姿を見て、ぼくたちはどんなことを考えただろう。<br>●誰かにほめられたわけでもないのに、なぜぼくはうれしい気持ちになったのだろうか。 | | | |

| | | | | | |
|---|---|---|---|---|---|
| | | ○「お店への気配りありがとう。」と言われたとき、ぼくはどんなことを考えただろう。 | | | |
| | ［日本人としての誇り］<br>16. 古きよき心 | 日本の古き良き心に誇りを持ち、継承・発展させていこうとする。 | 4 -(7)郷土愛、愛国心 | エッセイ | 〈終 末〉<br>P. 106・107 を参照する。 |
| | | 【主な発問例】<br>○小泉八雲は外国から来た人であったことを知り、孝夫はどんな思いだったか。<br>○小泉八雲（ハーン）が日本人を海外に紹介した文を見て、孝夫はどんなことを思ったか。<br>●モースやケーベルの紹介文を読み、日本人がどのように見られていたのか考えてみよう。<br>○21世紀に残したい「日本人の心」にどのようなものがあるだろうか。 | | | |
| 10月 | ［家族とともに］<br>17. 鈴虫が鳴いた | 父母、祖父母を敬愛し、家族の幸せを求めて、進んで役に立つことの大切さを自覚させる。 | 4 -(5)家族愛 | エッセイ | |
| | | 【主な発問例】<br>○補聴器をつけない母に対して、「わたし」は何を思っていたか<br>●補聴器をつけ、おだやかな表情で鈴虫の声を聞いている母を、「わたし」は、どんな思いで見ていたか。<br>○家族をありがたいと思ったときのことを思い出してみよう。 | | | |
| | ［くじけない心］<br>18. 橋をかける | 悲しみを乗り越えて、くじけずに希望と勇気をもって努力し、理想に向かって着実に前進していこうとする意思と実行力を育てる。 | 1 -(2)希望、勇気、不撓不屈 | エッセイ | （事後指導）で、P. 118・119 を利用する。 |
| | | 【主な発問例】<br>○でんでん虫の悲しみが著者の記憶に何度もよみがえったとき、どんな気持ちだったか。<br>●読書が「ある時には私に根っこを与え、ある時には翼をくれました」とは、どういうことだと思うか。<br>○悲しみはだれにもあるというが、どうすれば希望をもって生きられるだろう。 | | | |
| | ［命の尊さ］<br>33. ラッシュアワーの惨劇 | かけがえのない自他の生命を尊重しようとする心情を深める。 | 3 -(1)生命尊重 | ノンフィクション | 〈終 末〉<br>P. 64・66 のメッセージを読み、余韻をもって |
| | | 【主な発問例】<br>○線路に落ちた男性を救うために命を落としたスヒョンさんについて、どんなことを考えたか。<br>○スヒョンさんのお葬式で語られた両親の話を聞き、どんなことを | | | |

| | | | | | |
|---|---|---|---|---|---|
| | | 思ったか。<br>●線路にとび降りた二人の心にあったのは、どんな思いだろう。 | | | 終わる。 |
| | ［本当の友情とは］<br>20. いじめられて | 互いに認め合い、助け合うことのできる、真の友情を大切にしていこうとする気持ちを育てる。 | 2－(3)友情・信頼、助け合い | 児童作文 | |
| | | 【主な発問例】<br>●いじめられている「わたし」、いじめているリーダーやグループの他の友だちは、それぞれどんな気持ちか。<br>○つらいときに、友だちが寄りそってくれたとき、どんな気持ちになったか。<br>○友だちとつき合うときに、どんなことに気をつけているか。 | | | |
| 11月 | ［国を愛する心］<br>21. 勝　海舟 | わが国を救い、文化・伝統を守った先人の努力を知り、国を愛する心を持つ。 | 4－(7)郷土愛、愛国心 | ノンフィクション | |
| | | 【主な発問例】<br>○幕府軍と朝廷軍が戦えば、どうなっただろうか。<br>●幕府軍の方が人数が多いのに、なぜ海舟は将軍に江戸城を出てほしいと思ったのか。<br>○海舟と将軍がとった態度について考えよう。 | | | |
| | ［かけがえのない家族］<br>22. はじめてのアンカー | 家族みんなを大切に思い、家族の一員として協力し、明るい家庭を築いていこうとする心情を育てる。 | 4－(5)家族愛 | 生活文 | |
| | | 【主な発問例】<br>●漁に出ると決心するまでに、父はどんなことに悩んだか。<br>○お天気人形を父にわたそうと追いかけているまきは、どんな気持ちなのか。<br>○どんなときに家族をありがたいと思うか。 | | | |
| | ［人との交流と責任］<br>23. 有線電話から携帯電話へ | 便利な道具を利用する自由を大切にする一方、その目的に合った責任を果たそうとする態度を養う。 | 1－(3)自由・責任 | エッセイ | 〈終末〉でP. 23を参照する。 |
| | | 【主な発問例】<br>○駅で有線電話をかける男の子は、どんな気持ちだろう。受けたお母さんはどんな気持ちだろう。<br>●昔も今も変わらない電話の本当のよい点は、どんなことだと思いますか。<br>○電話などの便利な道具を使うとき、どんなふうに利用したいですか。 | | | |

| | | | | | |
|---|---|---|---|---|---|
| | ［温かい言葉］<br>24. 言葉の力、わたしの思い | 言葉について深く考え、相手の立場に立って、温かい心で接しようとする態度を養う。 | 2 －(2)思いやり・親切 | エッセイ | 〈終末〉および（事後指導）に、P.44～47を生かす。 |
| | | 【主な発問例】<br>○「ぶりっこ」「きたない」という言葉を見てわたしはどう感じたか。<br>○「言霊」という言葉には、どんな思いや意味がこめられているか。<br>●これから「言葉」を遣うとき、気をつけたいことや考えたいことは何か。 | | | |
| 12月 | ［強い心をもって］<br>25. みんなの人権 | だれに対しても差別や偏見をもつことなく公正、公平の大切さを自覚し、社会正義の実現に努めようとする気持ちを育てる。 | 4 －(2)公正・公平、正義 | 生活文 | 〈導 入〉P. 84 ・85を参照する。 |
| | | 【主な発問例】<br>○話を聞いて、どのような感想をもったか。<br>○Aさんをいじめる側になって、わたしはどう思っていたのか。<br>●「みんなの人権」とは、どのようなことだと思うか。 | | | |
| | ［じぶんのよさを生かして］<br>26. 天女、再び宇宙へ | 自分のよさに気付き、それを伸ばし生かそうとする態度を育てる。 | 1 －(6)向上心、個性伸長 | ノンフィクション | |
| | | 【主な発問例】<br>○千秋さんは二回目の宇宙飛行でどんな努力をしているか。<br>○意欲あふれる仕事ぶりで実験をこなしている千秋さんは、どんなことを考えているか。<br>●千秋さんが宇宙飛行士になれたのはなぜか。 | | | |
| | ［ものを大切に］<br>27. 食べ残されたえびになみだ | 物を大切にし、節度を守り、節制に心がける態度を育てる。 | 1 －(1)生活習慣、思慮・反省、節度・節制 | エッセイ | |
| | | 【主な発問例】<br>○小さなえびを父からもらった「わたし」は、どう思ったか。<br>●食べ残されたたくさんのえびを見て、「わたし」はどんな気持ちになったか。<br>○物を粗末にすることは、なぜいけないのだろうか。 | | | |
| 1月 | ［差別を許さない］<br>28. どれい解放の父・リンカーン | だれに対しても、偏見を持つことや差別をすることなく、公正、公平にし、正義の実現に努めようとする心情を育てる。 | 4 －(2)公正・公平、正義 | 伝記 | |

<table>
<tr><td rowspan="5"></td><td></td><td colspan="3">【主な発問例】<br>○リンカーンが、初めて奴隷市場を見たときの心の痛みは、どんなものだったか。<br>●奴隷制度をめぐって戦争にまでなったことを、どう考えるか。<br>○自分の身近なところで、人を差別するような場面を見たことがあるか。</td><td></td></tr>
<tr><td rowspan="2">［国を超えた文化交流］<br>29. ホワイトハウスにできた柔道場</td><td>我が国の伝統や文化に対する誇りを胸に、国際理解・親善に努めていこうとする態度を育てる。</td><td>4－(8)国際理解、親善</td><td>ノンフィクション</td><td rowspan="2">〈導入〉P. 108・109を参照する。</td></tr>
<tr><td colspan="3">【主な発問例】<br>○山下は、どんなことを胸にひめて、アメリカへと旅立っていったのだろう。<br>○ヒル婦人の反対で柔道を教えることができなくなったとき、山下はどんな思いだったか。<br>●大統領の前で、山下はどんなことを考え、他流試合にのぞんだのだろう。</td></tr>
<tr><td rowspan="2">［世界の中の日本］<br>30. 世界がもし100人の村だったら</td><td>世界の中での日本と日本人の置かれている立場を知り、世界の人々や文化と積極的に関わろうという意欲を育てる。</td><td>4－(8)国際理解、親善</td><td>エッセイ、詩</td><td rowspan="2"></td></tr>
<tr><td colspan="3">【主な発問例】<br>●もしもあなたのパソコンに「100人の村」メールが届いたら、どんな返事をメールするか。<br>○世界を100人の村に例えるとどんなことが分かってくるだろう<br>○世界に向かって自分は何ができるか自問する。</td></tr>
<tr><td rowspan="3">2月</td><td rowspan="2">［あいさつする心］<br>31. エレベーターとわたし</td><td>礼儀の大切さを自覚し、時と場に応じて心のこもった接し方ができるようにする。</td><td>2－(1)礼儀</td><td>生活文</td><td rowspan="2"></td></tr>
<tr><td colspan="3">【主な発問例】<br>○スーツをぱりっと着込んだおじさんや、おしゃれしてつんとすましたお姉さんには、挨拶を返してくれない人が多いというが、なぜなのだろう。どうしてわたしはそう思ったのだろう。<br>●気難しい顔をしたおじさんはどんな思いでわたしに挨拶を返したのだろう。<br>○わたしは、挨拶ができる場を誇りに思うと言っているが、挨拶をどのように思っているのだろうか。</td></tr>
<tr><td>［人の真心］</td><td>思いやりの心をもち、よく考え、相</td><td>2－(2)思い</td><td>物語</td><td></td></tr>
</table>

| | | | | | |
|---|---|---|---|---|---|
| | 32. 雪のぼうし | 手の立場に立って接しようとする心情を育てる。 | やり・親切 | | |
| | | 【主な発問例】<br>○プレゼントは、お前のが一番小さいと言われたとき、淳子はどんな気持ちだったか。<br>●俊ちゃんがあやまっていたと父から聞いたとき、淳子はどう思ったか。<br>○物よりも心の方が大切だと思ったのは、どんなときか。 | | | |
| | ［社会に役立つ喜び］<br>34. よみがえれ日本海 | 勤労の意義を理解し、人や社会に奉仕する喜びを知り、進んで公共のために役立とうとする気持ちを育てる。 | 4 -(4)勤労、社会奉仕、公共心 | ノンフィクション | （事後指導）で、P. 92~95を生かす。 |
| | | 【主な発問例】<br>●ボランティアの人たちは何を考えて、作業に取り組んだだろう<br>○「ボランティアというのは、自分で考えてやるものだ」という長谷川さんの言葉をどのように受け止めたらいいのだろうか。<br>○自分も社会の役に立つことができたら、どんな気持ちだろう。 | | | |
| 3月 | ［にくしみをこえた美しい心］<br>19. 青の洞門 | 美しいものや崇高なものを尊び、清らかな心をもとうとする心情を養う。 | 3 -(3)敬虔 | 名作物語 | （事前指導）でP. 73を参照し、（展開後段）でP. 75を生かす。 |
| | | 【主な発問例】<br>○「この岩をくりぬいて道をつくろう。」と考えたとき、了海は、どんな気持ちだったか。<br>○実之助はなぜ了海をうつことができなかったのだろうか。<br>●洞窟の中で手を握り合う了海と実之助は、どんなことを考えていたか。 | | | |
| | ［じぶんの中の宝物］<br>35. 人間はすばらしい | 自分には自分らしいすばらしい力があることに気付き、その力を伸ばそうとする心情を育てる。 | 1 -(6)向上心、個性伸長 | 論説文 | 〈終末〉（事後指導）で、P. 32・33を活用する。 |
| | | 【主な発問例】<br>○人間はすばらしいと思うか。<br>○疑問に思ったこと、自分の考えや感想を椋鳩十さんに話すつもりで、話し合ってみよう。<br>●自分にもすばらしい力があると思うか。それはどんな力か。 | | | |

※ ▭主題は、大単元的な複数時間扱いの道徳授業（第７章142頁参照）。
▭主題は、１時間に複数のねらいを設けた道徳授業（第７章136頁参照）。

別紙2　読み物資料『青の洞門』

# 青の洞門

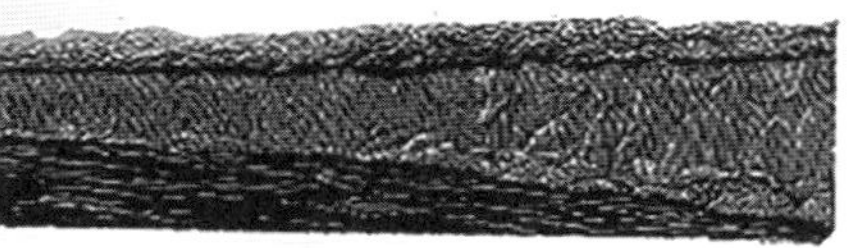

　豊前の国（大分県の一部）の北部を流れている山国川の流れを下に見ながら、石だらけの道を一人旅の坊さんが歩いていた。了海であった。

　了海は、前に大きな罪を犯していた。それをつぐなうために、いっそう苦しい修行を積み、何か人の役に立つようなことをしたいと考えていた。

　今も、このおくの寺にお参りをしようと急いでいたが、ふと気がつくと、行く手に四、五人の村人がさわいでいる。近づくと、傷だらけの一人の死人を囲んでいるところであった。くさりわたしから、川に転落して命を落としたのだという。

「くさりわたし、だと？」

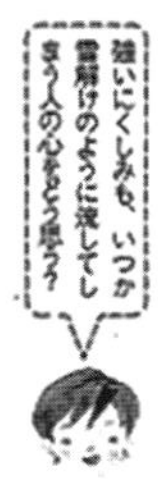

「はい、この先の、けわしいがけの中腹に、丸太をくさりでつないだ橋のような道があるのです。一年に数人、多ければ十人も落ちるのです。くさりわたしは、直すことができません。」

　了海はおどろいて、そのがけの下へ行ってみた。なるほど、三十メートルほどの絶壁がそびえ立ち、それがどこまでも続いている。その中ほどに、細々としたかけ橋がわたされている。了海はおそるおそる、それをわたってみた。

　岩にしがみつくようにして、ふるえる足をふみしめながら、やっとの思いでわたり終えたとき、了海の心に大きな決心がわいた。

（そうだ、この岩をくりぬいて道をつくろう。そうすれば、難儀している人々を救うことができる。これこそ自分が求めていた、命をかける仕事にちがいない。何百人、何千人、いやもっと多くの命を救うことができるのだ。）

　了海はさっそく村々を回って、人々にこのことを話して歩き、寄付を求めた。だが、村人たちは一人も取り合わなかった。

「あの岩をくりぬこうなんて、しょせんむちゃな話だ。できるはずがねえ。」

「うまいことを言って、金をせしめるつもりなんだろう。だまされるものか。」

などと言って、あざわらった。

　だれ一人協力してくれる者がいなくても、

丁海の決心は変わらなかった。自分だけでやろうと決め、つちとのみを用意すると、けわしいがけの前に立った。そして、いのりをこめながら、最初のつちをふり下ろした。

　二つ、三つの小さなかけらが飛び散っただけだったが、丁海はひるまなかった。それからは一日も休むことなく、朝は暗いうちに起き、夕方は真っ暗になるまで、一心に岩を打ち続けた。

　一年たつと、三メートルくらいの洞くつができていた。三年たっても、丁海のつちの音は絶えることがなかった。

「どうやら、本気らしいぞ。」

　さすがの村人たちも、丁海を見る目が少し変わってきた。ひそかに同情を寄せる人たちも現れ、

「これを食べてもらおう。」

　洞くつの入り口には、ときどき食べ物がそっと置かれるようになった。

　九年たち、洞くつは四十メートルまでほり進められた。これを見た人々は、

（この分では、大絶壁をつらぬくことができるかもしれない。）

と考え、数人の石工がやとわれた。この応援を得て、洞くつの中は活気づいた。つちの音もにぎやかにひびいた。しかし、それは一年と続かなかった。穴が全体の四分の一にもなっていないことがわかると、石工たちは次々に去っていき、丁海はまた一人になった。

　ほり始めて十年。丁海はすっかりやせおとろえた。目も落ちくぼんで、生きている人とは思えないほどだった。

　だが、そんな体で、さらに八年ほり続けた。穴はようやく、半分ほどになった。

　人々はもう、丁海の仕事を少しも疑わなかった。真剣に仕事を助けようと、再び三十人の石工が集められた。石工たちは、痛々しい丁海の姿に、

「あなたは、指図だけしてください。」

とたのんだが、丁海はやめようとしない。石工たちはそのひたむきさに打たれ、たがいにはげまし合いながら、懸命にほった。

　そんなある日、一人の武士がこの洞くつを訪ねてきた。若いときの丁海に、父を殺されたむすこの実之助が、親のかたきを取ろうとやってきたのだった。

（二十年も国々を回って、ついに探しあてた親のかたき。ひとうちにしてくれよう。）

　実之助は洞くつの入り口に立ち、刀に手をかけて待ち構えていた。だが、洞くつのおくからにじり出てきた丁海を見たとき、思わず息を飲んだ。見るにしのびない、あわれな姿をした老人ではないか。勇み立っていた気持ちが急にしぼみ、実之助は刀から手を放した。

（なぜこんなにまで苦労をして、この洞くつをほってきたのだろうか。せめて、この男の一生の大仕事ができあがるまで、待ってやろう。それまで、ぼんやりと待っていることはない。その日は一日も早く来るようにしたほうがよい。）

そう考えた実之助は、翌日から自分も洞くつの中に入って、つちをふるい始めた。うつほうと、うたれるほうという、かたき同士が、二人並んで穴をほり出したのである。

石工たちが休んでいるときも、二人は手を止めることがなかった。

実之助がほり始めて一年六か月、了海がほり始めてからは、実に二十一年目のある夜だった。了海が力をこめて打ちこんだつちが、とつぜん最後の岩をくりぬいた。ぽっかりと空いた穴から、さっと月の光が差しこみ、了海の衰えかけた目にも、山国川の青い流れがありありと映った。

「おおっ、通じた、通じた、通じた。」

了海はおどり上がって喜び、泣き、笑った。実之助の手を取って、小さな穴から山国川の流れを見せた。その穴の下に見えるのは、岸に沿う道にまぎれもなかった。

「やりましたなあ。」

実之助は感動のあまり、敵を忘れて了海の骨ばった手をにぎりしめた。了海も、しっかりにぎり返した。

だが了海は、ほっとしたように体をはなして、静かに言った。

「実之助どの、さあ、お切りなされ。この喜びの中で死ねたなら、極楽浄土に生まれ変われることまちがいなしじゃ。わしはもう、何も思い残すことはない。」

了海のしわがれた声が、洞くつの中の夜の空気をふるわせた。

心の底からわき上がる喜びにひたっている了海の姿を見て、実之助の胸には熱いものがぐっとこみ上げてきた。

この弱い老人の両腕によって成しとげられた仕事に対するおどろきと感激の心で、胸がいっぱいになった。

「まことに、よくやりとげましたなあ。」

深くしわの刻まれた老いた顔を、あおぎ見た。実之助の手は、かたきへの憎しみも忘れ、再びしっかりと固く了海の手をにぎっていた。

二人は今、過去のすべてを水に流して、感激のなみだにむせび合った。

（菊池寛作「恩讐の彼方に」による）

◎ 洞くつの中で、しっかりと手をにぎり合ったときの了海と実之助は、どんなことを考えていたでしょう。

◎ 一人で穴をほり続けた了海に、どんなことを感じますか。

（学研教育みらい『みんなのどうとく』6年より）

# 25 銀のろうそく立て

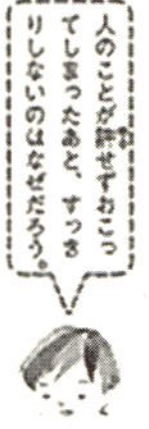


秋も深まったあるばん、ミリエル司教はストーブのそばで、夕食ができるのを待っていました。すると、戸が乱暴にたたかれ、このあたりでは見かけない男が入って来ました。

「わたしはジャン・バルジャンという者。パンを一つぬすもうとしたばかりに、十九年も刑務所に入れられ、四日前にようやく自由の身になりました。」

体つきのがっしりしたこの男は、もうわかくはありません。上着もズボンもうすよごれ、つかれきった顔をしていました。

「どうしても行かなければならないところがあるので、歩き通しに歩いてきました。今夜は宿にとまらないと、体がもちません。町の宿屋を何げんもたずねたのですが、すべて断られ、とほうにくれているのです。どうか一晩、とめてもらえないでしょうか。」

男の話をじっと聞いた司教は、お手伝いのマグロアールさんをよんで、言いました。

「食事を、もう一人分増やしなさい。それから、わたしの部屋のとなりに、ベッドも用意しなさい。」

男は、信じられないという顔で言いました。

「わたしは、刑務所から出てきたところなのですよ。見ず知らずのあやしい男に、食事まであたえてくださるのですか。」

「今夜は安心して、ぐっすりおねむりなさい。さあ、食事のしたくもできたようだ。」

司教は男を、食たくのある部屋へ通して、いすをすすめました。司教が住んでいる家は、元は小さい病院でした。けれど司教はこの町に来たとき、広い教会を病人たちに明けわたして、病院を教会がわりにしていました。

「どうぞ、えんりょなくお食べなさい。」

温かいスープ、こうばしいパン、温かい料理。男がこれほど食事らしい食事を口にするのは、数十年ぶりです。しかも、食器はすべて、銀製でした。食たくに置かれた二本のろうそく立ても、銀でできていました。

だれが見ても高価そうなこれらの銀製品は、司教がおばからもらったもので、よくみがかれていました。家のどこにも、これ以上高価なものはありません。

「ほんとうに、生き返るようだ。どうか、お金を取ってください。十九年間、刑務所で働いたお金を百フランと少し持っています。」

男が言うと、司教は静かにほほえんで、

「ここは宿屋ではありません。わたしは、この建物に住んでいる神父です。お金はしまっておきなさい。」

と、二本のろうそく立てを引き寄せ、その一本をジャン・バルジャンに持たせました。
「寝室は、こちらです。ご案内しましょう。」
そこには、真新しいシーツのかかったベッドや、あたたかそうな毛布が用意されていました。
「寒くないようにして、ゆっくりとお休みなさい。」
「ご親切に、ありがとうございます。」
ジャンは、ベッドに入りました。刑務所の固いベッドとちがって、ふかふかです。慣れないせいか、かえってねむれません。つかれ切っているのに、夜中にふと目が覚めてしまいました。
つらかった刑務所のくらしの日々が、思い返されました。パンをぬすもうとした罪で五年の刑でしたが、脱走をくわだてるたびに刑が増え、ついには十九年もとらわれていたのです。そこで得たお金は、百フランと十五スー。
（さっきごちそうになった銀の食器は、少なくとも二百フランはする。刑務所での十九年間のかせぎの二倍だ――。）
その食器は、司教がねむっている部屋の戸だなに、しまわれています。ジャンはそっと起きだすと、足音をしのばせて司教の部屋に入っていき、戸だなに手をかけました。そして、銀の食器を取り出すと、音をさせないように持ち物のふくろにつめ、やみの中に消えていきました。

次の朝、司教が庭にいると、マグロアールが顔色を変えてやってきました。
「いったい、どうしたというのだね？」
「たいへんです。銀の食器がなくなっています。ゆうべのあの男のすがたもありません。きっと、あの男がぬすんで、にげ出したのです。」
司教は落ち着いて言いました。
「あの食器は、わたしたちのものだったのだろうか。長い間、自分たちのものにしていたのはまちがいで、あれは貧しい人たちのものだったのだよ。あの男も、貧しい人ではなかったかね。」
「ですが、これからどんな食器でお食事をなさるおつもりですか。」
「すずの食器を使えばいいだろう。においが気になるなら、木の食器にすればいい。」
二人が、木の食器で朝の食事を始めたときです。戸が開いて、三人の警察官が、一人の男の首をおさえながら入ってきました。男はジャン・バルジャンでした。司教はジャンにほほえみかけて、やさしく言いました。
「やあ、またあなたにお目にかかりましたね。ところで、銀の食器といっしょに、このろうそく立ても差し上げたのに、どうしてお持ちにならなかったのですか。」
ジャンは、思ってもみなかったその言葉におどろき、目を見張りました。
「そうですか。この男の言っている、司教様からもらったというのは、うそでなかったのか。では許してもかまいませんね。」
「もちろん、そうしてあげてください。」
司教はだんろの上から、二本の銀のろうそく立てを持ってきて、ジャンに手わたしました。
「さあ、これも持っておいでなさい。」
ジャン・バルジャンには、わけがわかり

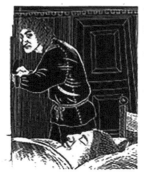

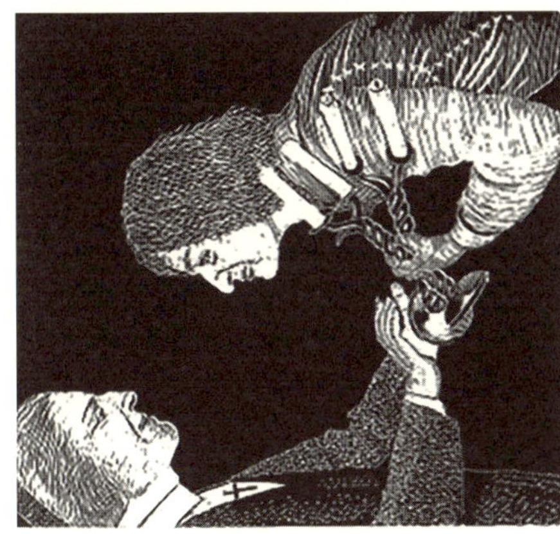

ません。まるで、夢でも見ているような気持ちです。警察官たちが引き上げていくと、司教はジャンの耳もとでささやきました。

「あなたは正直な人間になるために、この銀の食器を役立たせると、わたしに約束をしたのですよ。けっして、わすれてはいけません。」

ジャンは、何も約束をした覚えがありません。ふるえる手で銀のろうそく立てをにぎりしめ、ぼうぜんと立ちつくすだけでした。

（ビクトル・ユゴー作『ああ無情』による）

- 司教は、どんな気持ちでジャン・バルジャンを許したのでしょう。
- 欲にとらわれた人を見て、だれにでもそういうところがあるな、と感じたことはありませんか。

（学研教育みらい『みんなのどうとく』５年より）

別紙4　読み物資料『ひとふさのぶどう』

## ひとふさのぶどう

ぼくは小さいときに、絵をかくことが好きでした。ぼくの通っていた学校は、港の見える丘の上にありました。先生も生徒も外国人の多い学校です。学校の行き帰りには、海岸の通りを通りました。

そこから見ると、真っ青な海の上に大型船がゆらゆらゆれる景色や、美しい大きな建物がたくさん並んでいて、とてもきれいでした。ぼくはその風景を何度も絵にかいてみようと思いました。けれども、海のあい色や、白いヨットの水際近くにぬってある洋紅色は、ぼくの持っている絵の具では、いくらかいても、本当の色にはかけませんでした。

ふと、ぼくは、外国人のクラスメートのジムが持っている絵の具を思い出しました。とりわけ、あい色と洋紅色がきれいでした。ぼくは、その絵の具が欲しくって欲しくって、たまらなくなりました。

秋のことでした。ぼくは、ジムの絵の具が欲しくって、胸が痛むほどになりました。

昼休みが来ると、ほかの子どもたちは運動場に出て、遊んでいます。ぼくだけ教室に残っていました。ぼくはジムの机を見つめて、自分の気持ちをじっとおさえていました。

けれども、教室に入るかねが鳴ったとき、ぼくはふらふらとジムの机に行って、机のふたを開けました。

ぼくは、周りを見回して、あい色と洋紅色の二色を、すばやくポケットにおしこみました。そして、いつも並ぶところに急ぎました。

午後の授業の間、ぼくは全く落ち着きませんでした。だれかがぼくのしたことを見ていたような気がして、不安でした。

授業が終わり、先生が教室を出ていかれたあとです。ぼくはクラスでいちばん大きくてできる生徒に、ひじをつかまれました。

「君、ジムの絵の具を持っているだろう。ここに出したまえ。」

「そんなもの、持ってなんかいないよ。」

ぼくは、下を向いたまま言いました。すると、いっしょにそばに来たジムが、

「ぼくは、昼休みの前に、ちゃんと調べておいたんだ。昼休みに教室にいたのは、君だけじゃないか。」

と、息をはずませながら言いました。

ぼくは、顔が真っ赤になるのが分かりました。だれかがいきなり、ぼくのポケットに手を差しこんで、二つの絵の具をぼくの目の前につき出しました。ぼくは悲

しくなって、泣き出しました。
「泣いておどかしたって、だめだよ。」
よくできる生徒が、にくみきった声で言い、みんなで、ぼくを受け持ちの先生の部屋に連れていきました。
「なんのご用。」
と先生は聞きました。よくできる子が、ぼくがジムの絵の具をとったことを話しました。先生は、少しくもった顔をしてから、ぼくに、
「それは本当ですか。」
と聞かれました。ぼくは答える代わりに泣き出してしまいました。
先生は、しばらくぼくを見つめていましたが、やがて、生徒に、
「もう行ってようございます。」
と言って、みんなを教室に帰しました。そして、ぼくをだきすくめて、
「絵の具はもう返しましたか。」
と、たずねました。ぼくは、深々とうなずいてみせました。
「あなたは、自分のしたことをいやなことだと思いますか。」
先生は、静かにおっしゃいました。ぼくは、なみだがあふれました。
「もう泣くんじゃありません。次の時間は教室に出なくてもよいから、ここで、わたしが帰ってくるまで、待っていらっしゃい。いい？」
とおっしゃり、窓まではい上がったぶどうのふさから、ひとふさのぶどうをもぎ取って、ぼくのひざの上に置き、部屋を出られました。

ぼくは、いつの間にか、ねむっていました。気がつくと、先生がほほえみながら、ぼくを見下ろしていました。ぼくははずかしく、悲しく思いました。
「さあ、元気を出して。みんなは帰りましたから、あなたもお帰りなさい。どんなことがあっても、明日は学校に来るのですよ。」
そう言って、先生はぼくのかばんの中に、そっとぶどうのふさを入れてくださいました。

次の日、ぼくは学校に行くのがとてもこわく、いやでした。けれども、先生の言葉を思い出して、いやいやながら家を出ました。そして、校門をくぐりました。
すると、どうでしょう。待っていたようにジムが飛んできて、ぼくの手をにぎってくれました。そして、ぼくを先生の部屋に連れていきました。
「ジム、あなたはいい子ね。二人は今からお友達になればいいのです。さあ、握手なさい。」

先生はにこにこしながら、ぼくたちを向かい合わせました。ぼくが、なんだか、勝手過ぎるようでもじもじしていると、ジムがぼくの手をいそいそと引っぱり上げて、固くにぎってくれました。

ぼくは、うれしさとはずかしさで、ただはにかむだけでした。でもジムは気持ちよさそうに笑っています。先生もにこにこしながら、

「きのうのぶどうは、おいしかったの。」

と、ぼくにたずねました。ぼくは顔を真っ赤にして、うなずきました。

「それなら、またあげましょうね。」

先生は、そうおっしゃって、ぶどうをひとふさもぎとると、小さな銀色のはさみで二つに切って、ジムとぼくにくださいました。

秋が来るたびに、ぼくは、真っ白い手のひらに、むらさき色のぶどうのつぶが重なってのっていた、その美しさを思い出します。そして、快くぼくを許してくれたジムのことも――。

（有島武郎作「一房の葡萄」による）

● 先生にやさしく注意され、ひとふさのぶどうをわたされたとき、「ぼく」は、どんなことを考えたでしょう

● ジムはなぜ、「ぼく」を許そうとしたと思いますか。

（学研教育みらい『みんなのどうとく』6年より）

# 命を見つめて

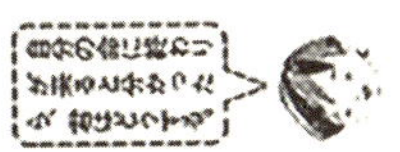


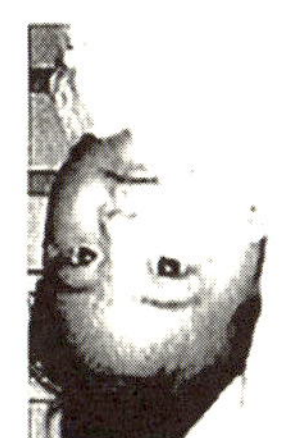

「みなさん、本当の幸せって何でしょう。それは――。」

この言葉で始まる作文が、今、感動の波となって全国各地に広がっている。このメッセージをおくったのは、十三さいのある少女。彼女は、作文にこめたメッセージを残して、天国に旅立って行った。

【病気が発見される】

十一さいのある日、猿渡瞳さんは、右ひざに痛みを感じた。検査の結果、病名は右大腿骨骨肉腫と分かった。骨のがんだ。しかも肺に転移していた。こうがんざい治療をして右足を切断しても、五年生きる確率は二十パーセントだという。

母親の[illegible]さんは、このことを瞳さんに伝えるかどうか迷った。「十一さいの子どもには残酷すぎる。」周囲はそう反対した。しかし、「この子なら必ず試練を乗りこえ、がんに勝ってくれる。」母は、そう信じた。

【命があと半年】

「瞳ちゃん、ママのこと信じられる。ママは瞳ちゃんを絶対守りぬくから、聞いてくれる。――今のままでは命は半年しかないそうよ。」

まばたきもせず、見開かれた瞳さんの大きな目から、大粒のなみだがぼろりぼろりと、とめどなく落ちた。そして、瞳さんは一人仏壇の前に座った。

「教えてくれてありがとう。わたし、がんなんかに絶対負けないからね。大好きなお母さんががんじゃなくて、わたしで本当によかった。」

【病気とのたたかい】

激しいこうがんざいの副作用。しつこいはき気がおそい、あまりの苦しさに何日も食べられない状態が続く。でも瞳さんは、弱音をはかなかった。「この子は何なんだ。」と、周囲がおどろくほどの明るさを保っていた。母親とカラオケ大会に出場し、おどけてみんなを笑わせた。

治療の効果は劇的に表れる。発病から一か月たった二月には、肺がんが消え、三月には右足のがんが十分の一に小さくなっていた。「出席は無理。」と言われていた小学校の卒業式にも出席できた。

【右足切断】

しかし、こうがんざい投与でがんが小さくなった右足の手術の日がせまっていた。その日、三月二十六日。（足を切りたくない。）と考えた末、瞳さんはある答えを見つけた。

「この足がわたしの生きる希望だから、手術を断って。」

瞳さんには、歌手になりたいという夢があった。（この足をどうしても――。）

しかし、医者はこう反対した。

「手術をしなければ命は助からない。」

とまで言った。でも、瞳さんの意志は固かった。そして四月、退院。瞳さんは田隈中学校に入学した。

五月十六日。退院して三度目の定期検査。がんは入院したときにもどっていた。ふりはらっても、ふりはらっても、おそいかかってくるがん。何というしつこさか。瞳さんは、泣きじゃくった。告知以来初めて見せる激しいなみだだった。

五月下旬。一度も痛みを覚えなかった右足が激しくうずき出す。七月末、病院を変えて、右大腿骨の骨を人工骨に代える大手術。六時間にもおよぶ大手術の次の日から、瞳さんはリハビリテーションを開始した。

（手術後、一年以内で退院してみせる。）

という、瞳さんの強い願いだった。そして、退院はかなった。しかし瞳さんの心臓は、これ以上こうがんざいにたえられない状態だった。

二か月後、一年前に消えた肺がんが同じ位置に再発。二度目の手術が行われる。体に負担の少ない内視鏡手術。手術は成功。瞳さんは一週間で退院した。

「毎日が孤独とのたたかいで、家族といっしょにいられることがどれほど幸せなことかを知りました。あまりに壮絶な現状に、生き続けることがこれほど困難でこれほど偉大なものかということを思い知らされました。」（瞳さんの作文より）

【わたしが伝えたいこと】

二〇〇四年（平成十六年）五月、中学二年生になった瞳さんは、学校に復帰し、作文に打ちこむことになる。市の青少年健全育成弁論大会に出場するためだ。テーマは「伝えたいこと」。身も心もぼろぼろになる壮絶ながんとのたたかいを通して、入院中に次々と亡くなっていった「十五人の人々の死」を目の当たりにして、普通に生きることの幸せと命の尊さを痛感した瞳さんは、この作文に思いをぶつけた。

弁論大会では、力を振りしぼって訴えた。

作文は学校代表に選ばれた。

（わたしが本当に伝えたいのはこれじゃないっ。）

時には泣きじゃくり、にぎりしめた鉛筆を投げ出しながらも、毎晩毎晩、机に向かい、書き直した。それは、弁論大会当日の朝まで続いた。弁論大会当日。力強くすんだ声で原稿を読み上げる瞳さん。メッセージは、場内の人々の心をつき動かした。

弁論大会から間もない七月中旬。「首と背中が痛い。」と瞳さんはうったえた。すでにがんは瞳さんの全身に転移していた。

二〇〇四年九月。命の尊さをうったえ続けた猿渡瞳さんは、この世を去った。ねむるような最期だった。

「みなさん、本当の幸せって、何だと思いますか。それは、『今、生きている』ということなのです。」

（編集委員会作）

⑪ 瞳さんは、なぜ命の大切さを弁論大会で話したいと考えたのでしょう。

⑫ 病気やけがとたたかっている人のようすから、どんなことを感じますか。また、そう感じるのはなぜでしょう。

（学研教育みらい『みんなのどうとく』6年より）

# 引用・参考文献一覧

## 和文献

1　姉崎洋一ほか（2016）『解説　教育六法　平成二十八年度版』、三省堂。

2　天野貞祐（1935,復刻1985）『カント純粋理性批判 純粋理性批判の形而上学的性格』、岩波書店。

3　天野貞祐（1953）「国民実践要領」（2015）『文献資料集成日本道徳教育論争史Ⅲ期戦後道徳教育の停滞と再生11「修身科」復活と「国民実践要領」』、日本図書センー。

4　天野貞祐（1980）『「純粋理性批判」について』、講談社学術文庫。

5　アメリカ中央情報局（CIA）（2010-2011）『ザ・ワールド・ファクトブック』、ISSN 1553-8133.

6　新井浅浩（2012）イングランドの中等学校における宗教教育カリキュラムの実際―ロンドンの中等学校の事例を中心に―『学校における宗教に関わる教育の研究①―日本と世界の宗教に関わる教育の現状―』、公益財団法人 中央教育研究所。

7　荒木紀幸（1988）『道徳教育はこうすればおもしろい―コールバーグ理論とその実践』、北王路書房。

8　有島武郎（1988）『一房の葡萄　他に四編』、岩波文庫。

9　石牟礼道子（2016）『苦海浄土―悲しみに真実を見る』NHK 100分 de 名著、NHK 出版。

10　伊藤隆二著（1995）『新しい道徳授業づくりへの提唱２　こころが育つ道徳教育』、明治図書。

11　伊藤隆二（1999）『人間形成の臨床教育心理学研究―「臨床の知」と事例研究を主題として―』、風間書房。

12　伊藤隆二（2002）「生命と教育」の研究『続 人間形成の臨床教育心理学研究―愛と祈りの「人格共同体」を願って―』、風間書房。

13　井上兼一（2005）「1930年代における宗教教育政策の転換とその影響」『龍谷大学文学研究科紀要』27、龍谷大学。

14　岩田文明（2007）「道徳教育における＜宗教性＞」国際宗教研究所編『現代宗教

2007―宗教教育の地平』、秋山書店。
15　マイケル・ウォルツァー 大川正彦訳（1997）『寛容について（On tolerance)』、みすず書房。
16　上田閑照・柳田聖山（1992）『十牛図―自己の現象学』、ちくま学芸文庫。
17　上原陽子（2013）学校教育と宗教―滞日ムスリムの事例から―『社学評論集』vol. 21、早稲田大学大学院社会科学研究紀要。
18　内村鑑三（2002）『ロマ書の研究』、教文館。
19　内村鑑三著（2014）『ヨブ記講演』、岩波文庫。
20　江原武一編著（2003）『世界の公教育と宗教』、東信堂。
21　大久保正弘（2012）「第２編　わが国における導入の可能性について―英国の事例との比較分析から」長沼豊／大久保正弘編著『社会を変える教育 Citizenship Education』、Keystage 21。
22　大仲政憲（2010）「生命尊重に関する指導のあり方についての提言―児童・生徒から教育養成大学学生の実態に基づいて」『大阪教育大学紀要第Ｖ部門』第59巻第１号、大阪大学。
23　大庭健，井上達夫，加藤尚武編（2006）『現代倫理学辞典』初版１刷、弘文堂。
24　押谷由夫（1994）「戦後の道徳教育の歩みと総合単元的な道徳学習」『道徳と教育』No. 282・283、日本道徳教育学会。
25　押谷由夫（1995）『総合単元的道徳学習論の提唱―構想と展開―』、文渓堂。
26　押谷由夫（1998）『子どもとつくる総合単元的な道徳学習』、東洋館出版社。
27　押谷由夫（1999）『新しい道徳教育の理念と方法―夢と希望と勇気をはぐくむ―』、東洋館出版社。
28　押谷由夫（2012）「本研究の意図と願い」『学校における宗教に関わる教育の研究①―日本と世界の宗教に関わる教育の現状―』、公益財団法人 中央教育研究所。
29　押谷由夫・柳沼良太編著（2013）『道徳の時代がきた―道徳教科化への提言』、教育出版。
30　押谷由夫／諸富詳彦／柳沼良太編著（2015）『新教科道徳はこうしたら面白い』、図書文化。
31　貝塚茂樹（2010）「戦後の道徳教育における『宗教的情操』と『生命に対する畏敬の念』の検討」日本道徳教育学会第75回（平成22年度春季）発表原稿より。

32　貝塚茂樹（2012）『道徳教育の取扱説明書―教科化の必要性を考える』、学術出版会。

33　貝塚茂樹（2012）『道徳教育の取扱い説明書―教科化の必要性を考える』、学術出版会。

34　貝塚茂樹（2013）解説『文献資料集成日本道徳教育論争史　第Ⅱ期修身教育の改革と挫折　9 修身教育と宗教教育』、日本図書センター。

35　貝塚茂樹（2015）解説『文献資料集成日本道徳教育論争史　第Ⅲ期戦後道徳教育の停滞と再生11「修身科」復活と「国民実践要領」』、日本図書センター。

36　片岡徳雄（1989）「子ども文化と子どもの情操」『情操の教育（改訂版）』、日本放送出版協会。

37　学校図書編集委員会作（1986）「きよみちゃん」『かがやけみらい　5 年』、学校図書株式会社。

38　学研教育みらい編集委員会作（1988）「青の洞門」『みんなのどうとく　6 年』、学研教育みらい。

39　学研教育みらい編集委員会作（1988）「銀のろうそく立て」『みんなのどうとく　5 年』、学研教育みらい。

40　学研教育みらい編集委員会作（2003）「神戸のふっこうは、ぼくらの手で」『みんなのどうとく　4 年』、学研教育みらい。

41　学研教育みらい編集委員会作（2012）「この思いをフェルトペンにたくして」『みんなのどうとく　6 年』、学研教育みらい。

42　加藤隆（2014）『旧約聖書』NHK 100分 de 名著、NHK 出版。

43　加藤秀俊編著（1991）『日本の環境教育』、河合出版。

44　金子政雄，中村雅浩，長沢宏明（1997）「『いのち』に関する小学生の意識調査」『生物教育 第35巻第 2 号』、日本生物学会。

45　上薗恒太郎（1993）「子供の死の意識における感情表出年齢と道徳教育」『長崎大学教育学部教育科学研究報告』、長崎大学。

46　韓国国定教科書　チッコリ社が日本輸入元出版社。

小学校 1 年生、2 年生　『正しい生活』　春、夏、家族、学校　各 4 巻ずつ。

小学校 3 年生～ 6 年生　『道徳』　各学年 1 巻。

中学校 1 年生～ 3 年生　『道徳』　3 年間で 2 巻。

高等学校１年生～３年生　『生活と倫理』　教科で１巻。

47　エマニュエル・カント　実践理性批判　坂部恵・伊古田理訳（2000）『カント全集７』、岩波書店

48　エマニュエル・カント　純粋理性批判　有福孝岳訳（2001）『カント全集４，５，６』、岩波書店。

49　萱野稔人（2016）『永遠平和のために―悪を克服せよ』NHK 100分 de 名著、NHK 出版。

50　木下美紀（2012）「命をみつめて」『みんなのどうとく　６年』、学研教育みらい。

51　倉沢栄吉（1987）『新訂　国語の教師―指導法の手引き』、国土社。

52　黒住真（2013）「自然と人為―つつまれる人/のりこえる人」『日本の思想　第四巻 自然と人為　自然観の変容』、岩波書店。

53　経済産業省（2006）「シティズンシップ教育と経済社会での人々の活躍についての研究会報告書」別冊<国内外の事例のヒアリング個票・参考資料>、経済産業省。

54　高坂正顕（1963）『人間像の分裂とその回復―私見期待される人間像』（増補版）、日本図書センター。

55　ローレンス・コールバーグ著（1987）岩佐信道訳『道徳性の発達と道徳教育』、麗澤大学出版会。

56　佐藤俊夫（1967）「生命に対する畏敬と超越者に対する畏敬―宗教的情操と敬虔―」『道徳教育』第73号、明治図書。

57　W. ジェイムズ著、舛田啓三郎訳（1969）『宗教的経験の諸相（上）（下）』、岩波文庫。

58　柴沼晶子／新井浅浩編著（2001年）『現代英国の宗教教育と人格教育（PSE）』、東信堂。

59　清水保徳・関祐一編著（2006）『小学校「生命の教育」の実践～道徳授業を核として～』、明治図書。

60　清水正之（2013）「自然と人倫」『日本の思想　第四巻 自然と人為　自然観の変容』、岩波書店。

61　下村哲夫（1996）「教育と宗教の関係」『宗教の中の学校』下村哲夫編、時事通信社。

62　E. シュプランガー（著）村田昇（翻訳）片山光宏（翻訳）（1987）『教育学的展

望―現代の教育問題』、東信堂。
63 菅原伸郎（1999）『宗教をどう教えるか』、朝日新聞社。
64 杉原誠四郎（2007）『日本の道徳教育は韓国に学べ―道徳教育教科化への指針』、文化書房博文社。
65 鈴木晶（2014）『愛するということ―どうして、うまくいかないの？』、NHK 100分 de 名著、NHK 出版。
66 関根明伸（2012）「韓国における宗教教育の動向―「教育課程」にみる宗教教育科目―」『学校における宗教に関わる教育の研究①―日本と世界の宗教に関わる教育の現状』、公益財団法人中央教育研究所。
67 関根明伸（2016）「韓国・中学校の道徳科にみる宗教に関する教育」『学校における宗教に関わる教育の研究③―日本と世界の「宗教に関わる教育」の現状―』、公益財団法人中央教育研究所。
68 太宰治　（1952）『人間失格』、新潮社。
69 谷田増幸（2014）「会務報告」『道徳教育方法研究』20、日本道徳教育方法学会。
70 田沼茂紀（2007）「義務教育段階における生命尊重カリキュラム構造の課題」『高知大学教育実践研究』No. 21、高知大学。
71 中央教育審議会第19特別委員会（1965）「期待される人間像（中間草案）」（2015）『文献資料集成日本道徳教育論争史　第Ⅲ期戦後道徳教育の停滞と再生　13「期待される人間像」論争、日本図書センター。
72 辻田力、田中二郎監修（1947）「教育基本法の解説」、教育法令研究会（文部省内）。
73 アルフォンス・デーケン（1995）『ユーモアは老いと死の妙薬―死生学のすすめ』、講談社。
74 アルフォンス・デーケン（1996）『死とどう向き合うか』、NHK ライブラリー。
75 アルフォンス・デーケン（1996）『死にまさる生命―人間の永遠の次元―』、理想社。
76 寺崎賢一「道徳性（Sittlichkeit）とは何か」日本道徳教育学会第86回（秋季）大会個人研究発表報告より。
77 東京都立教育研究所　相談部　児童生徒研究室（1981～1982）「子供の『生と死』に関する意識の研究」、東京都立教育研究所。

78　平成８年度東京都教員研究生研究報告書　東風安生（1996）『かけがえのない生命を尊重しようとする心情を育てる道徳授業』、東京都立教育研究所。
79　東京都生活文化局（2001）平成13年度流通構造等分析調査「葬儀に関わる費用等調査報告書」、東京都。
80　道徳教育の充実に関する懇談会　平成25年12月「今後の道徳教育の改善・充実方策について（報告）～新しい時代を、人としてより良く生きる力を育てるために～」、文部科学省。
81　得丸定子（2001）「学校教育における『いのち教育』の重要性と取り組みについて—特に家庭科教育の視点を踏まえて」『上越教育大学研究紀要第21巻１号』、上越教育大学。
82　戸田浩史（2009）「『ゆとり教育』のみなおしと学習指導要領の在り方」『立法と調査』第295号、参議院事務局企画調整室。
83　中村博志、荒川裕子（1998）「こどもにおける死の認識の発達的研究」小児保健学会発表資料、小児保健学会。
84　中村博志編著（2003）『死を通して生を考える教育—子供たちの健やかな未来をめざして』、川島書店。
85　長崎県教育委員会（2005）「児童生徒の『生と死』のイメージに関する意識調査について」、長崎県教育委員会調査報告書。
(http://www.pref.nagasaki.jp/edu/gikai/contents/teirei/200501/isikityousa.pdf)
86　新村出編（2008）『広辞苑』第六版、岩波書店。
87　西田幾多郎（1965）「場所的論理と宗教的世界観」『西田幾多郎全集第11巻』、岩波書店。
88　日本道徳教育学会編（2008）『道徳教育入門—その授業を中心として』、教育開発研究所。
89　Martin Heidegger, 溝口競一・杉野祥一・松本長彦・セヴェリン＝ミュラー訳（2001）『現象学の根本問題』（ハイデッガー全集第24巻）、創文社。
90　濱井修、小寺聡、三森和哉（2015）『現代の倫理』、山川出版。
91　林辰夫編（1971）『哲学辞典』初版４刷、平凡社。
92　平野久美子著（2010）『教師に問われる「宗教教育」とは何か』、明治図書。
93　廣瀬裕一（1996）「公立学校/私立学校と宗教—見えない宗教をめぐって」『宗教

の中の学校』、時事通信社。

94　広瀬悠三（2015）「道徳教育のおける宗教―カントの道徳教育論の基底を問う試み―」『道徳と教育』第333号、日本道徳教育学会。

95　藤井基貴、宮本敬子、中村美智太郎（2013）　道徳教育の内容項目「寛容」に関する基礎的研究『静岡大学教育学部研究報告（人文・社会・自然科学篇）』、静岡大学。

96　藤永保編（1981）『新版心理学事典』初版６刷、平凡社。

97　藤原聖子（2011）『教科書の中の宗教―この奇妙な実態』、岩波新書。

98　藤原聖子（2011）『世界の教科書でよむ＜宗教＞』、ちくまプリマー新書。

99　文渓堂編集委員会作（1994）「お母さん、泣かないで」『３年生のどうとく』、文渓堂。

100　ベルクソン著,平山高次訳（1953）『道徳と宗教の二源泉』、岩波文庫。

101　堀江宗正（2014）「日本人の死生観をどうとらえるか―量的調査をふまえて」東京大学死生学・応用倫理センター主催、上廣死生学・応用倫理講座発表資料。

102　ヴォルテール著（2011）、中川信訳『寛容論』、中公文庫。

103　O.F. ボルノー著、戸田春夫訳（1975）『生の哲学』、玉川出版部。

104　マズロー（1964）上田吉一訳『完全なる人間』、誠信書房。

105　村田昇（2011）『道徳教育の本質と実践原理』、玉川大学出版会。

106　「一般ノ教育ヲシテ宗教外ニ特立セシムルノ件」（明治三十二年八月三日文部省訓令十二号）、文部科学省学制百年史資料編より。
（www.mext.go.jp/b_menu/hakusho/html/others/detail/1317974.htm）

107　「新日本建設ノ教育方針」（昭和二十年九月十五日）、文部科学省学制百年史資料編（www.mext.go.jp/b_menu/hakusho/html/others/detail/1317991.htm）

108　文部時報第535号（1936）「宗教的情操の涵養に関する留意事項」（文部次官通牒発普第160号）（2013）『文献資料集成日本道徳教育論争史　第Ⅱ期修身教育の改革と挫折　９修身教育と宗教教育』、日本図書センター。

109　文部省（1958）「道徳実施要綱」（小・中学校）（2013）『文献資料集成日本道徳教育論争史　第Ⅲ期戦後道徳教育の停滞と再生　12「特設道徳」論争』、日本図書センター。

110　文部省（1988）『学習指導要領　小学校指導書説道徳編』、文部省。

111　文部省（1988）『小学校　生命を尊ぶ心を育てる指導』、文部省。

112　文部省（1988）『中学校　生命を尊ぶ心を育てる指導』、文部省。

113　文部科学省（1999）『中学校学習指導要領解説―道徳編―』、文部科学省。

114　文部科学省編集委員会作（2004）「約束やきまりを大切にすること」『わたしたちの道徳　小学校３・４年』、学研教育みらい。

115　文部科学省生涯学習政策局政策課（2006）『新しい教育基本法について』、文部科学省。

（www.mext.go.jp/b_menu/kihon/houan/siryo/.../001.pdf）

116　文部科学省（2008）『小学校学習指導要領解説　道徳編』、東洋館出版社。

117　文部科学省（2014）『私たちの道徳（小学校５・６年）』、廣済堂あかつき。

118　文部科学省（2015）『小学校学習指導要領解説　総則編（抄）』、文部科学省。

119　文部科学省（2015）『小学校学習指導要領解説　特別の教科　道徳編』、文部科学省。

120　文部科学省（2015）『中学校学習指導要領解説　特別の教科　道徳編』、文部科学省。

121　矢作直樹、村上和雄（2013）『神（サムシング・グレート）と見えない世界』、祥伝社新書。

122　山住正己・大田堯・五十嵐顕・堀尾輝久編著（1982）『岩波教育小辞典』、岩波書店。

123　山田真由美（2015）「高坂正顕における超越と人間の問題―「生命の根源に対する畏敬の」についての考察―」『道徳と教育』第333号、日本道徳教育学会。

124　ジョン・ロック（1689a）　宮川透訳「統治論―市民的な統治の真の起源と範囲と目的とに関する小論」『世界の名著　ロック・ヒューム』、中央公論社。

125　ジョン・ロック（1689b）生松敬三訳「寛容についての書簡」『世界の名著　ロック・ヒューム』、中央公論社。

126　早稲田大学系属早稲田実業学校（1976）『早実七十五年誌』、早稲田大学出版会。

127　渡辺和子（2005）『「ひと」として大切なこと』、PHP 文庫。

## 欧文献


1 Bergson, Henri, *Les deux sources de la morale et de la religion,* Paris: Presses Universitaires de France, 1976.

2 Bollnow, O.F. *Die Lebensphilosophie,* Springer-Verlag, 1958.

3 Cox, E. *Changing Aims in Religious Education,* Routledge & Kegan Paul, 1966.

4 Hayman, J. *British Voice the UK in Its Own Words,* Peter Riddell, 2011.

5 James, William, *The varieties of religious experience,* New York; Bombay: Longmans, Green, 1902.

6 Kohlberg, Lawrence, *Essays on moral development,* San Francisco: Harper & Row, 1927.

7 Maslow, A, H. *Toward a Psychology of Being,* Van Nostrand, New York, 1962.

8 Moran, K, A. *Can Kant Have an Account of Moral Education,* journal of Philosophy of Education, Vol. 43, No. 4, 2009.

9 Louden, R, B. *Kant's Human Being,* Oxford, Oxford University Press, 2011.

10 *The Oxford English Dictionary VI second edition,* Oxford University Press.

11 Voltaire, *Traité sur la Tolérance,* Gallimard, 1763.

12 Michael Walzer, *On Toleration,* Yale University Press, New Haven and London, 1997.

## あとがき

本書は、2017年３月に、東京・世田谷の昭和女子大学から、博士（学術）の学位を授与された論文「寛容を基盤においた生命尊重の教育に関する研究」を刊行するものである。刊行にあたり、あとがきを加え、目次に加筆するなどのほかは、すべて学位論文の内容である。

昭和女子大学大学院生活機構研究科生活機構学専攻では、押谷由夫先生に師事し、研究計画から上梓するまでの３年間にわたり丁寧なご指導をいただいた。この機会を借りて、深い感謝の意を表したい。また、博士論文の主査の押谷先生と共に、副査としてご指導を頂いた茨城大学教授 小川哲哉先生、昭和女子大学大学院教授 永岡 都先生、同大学大学院教授 鵜養啓子先生にも、この場をお借りして心より感謝の気持ちを申し上げたい。先生方の熱い指導があったからこそ、その期待に応えたいとの思いから短期間での修正にも集中して取り組み、合計３回の修正を加えて審査まで至ったことは、どんな言葉を重ねても感謝の気持ちを表し切れないだろう。

この博士論文を上梓するまでの押谷先生のご指導いただいた研究活動をふりかえると、長いようで短い３年間であった。しかしこの３年間に、道徳教育を取り巻く日本の世界が激変した時代であり、道徳教育を研究する者としては忘れられない博士課程の時間だった。

押谷由夫先生は、中央教育審議会道徳教育専門部会主査として、「特別の教科　道徳」に向けて昭和33年の道徳の時間の特設以来の大きな改革に臨まれている、そんな大変にお忙しい時期に筆者の博士論文の指導にあたって頂いた。毎週のゼミでは温かい笑顔と研究に対する熱い思い、そして何よりも広い識見と深い人間性に直接触れながら、指導を受けることができたことは大変に幸せなことだった。

思えば、筆者が東京都の教員として採用されたのが昭和60年４月。その時は平成元年の学習指導要領改訂に向けた作業が始まっていたと拝察する。初めて教壇に立ち、島嶼での僻地教育を経験したのち、都内新宿区の小学校へ異動。昭和62年の夏、全国小学校道徳研究会の夏季研修会（青山会館）で、押谷先生のご講演を拝聴することができた。これが先生との出会いだった。あの夏から数えて30年が経過した。博士課程でご指導を頂き、いまここにいる。

押谷先生の道徳教育にかける前向きでバイタリティあふれるお姿によって、日本の道徳教育が少しずつ良い方向に変わってきているのを、学校現場で確かな手ごたえとして感じていた。その間、筆者が東京都教員研究生時代の「生命尊重の教育に関する研究」にご指導頂いた。また全国小学校道徳教育研究会で東京都の代表として発表した「人間の力を超えたものに対する畏敬の念を培う道徳教育」について、大会に講演でご出席された押谷先生にご指導を頂くことができた。また、先生が会長をされている日本道徳教育学会では、生命尊重がテーマとなった第78回発表大会（武蔵野大学）でシンポジウム「生命に対する畏敬の念をどう育てるか」のパネリストとして、学会員の皆さまの前で実践研究を紹介させて頂いた。押谷先生が主導された『心のノート』（文部科学省）の編集協力委員にも加わらせて頂いた。

筆者は、1999年３月に東洋大学大学院文学研究科教育学専攻で、間主観カウンセリングの提唱者である伊藤隆二先生に２年間ご指導を頂いた。伊藤先生には、修士論文の主査をお引き受け頂いた。教育現場での道徳教育や心の教育しか知らない筆者に、アカデミックで、論文によって研究者は自分の主張を明確に訴えていくことを教えてくださり、いくつになっても研究に対して地道にこつこつと歩むことの大切さを教えてくださった。「同行（どうぎょう）」の意味を、伊藤先生はその背中で、まだ研究者としてよちよち歩きの筆者に教えてくださった。修士の学位を授与され、学校現場に戻った筆者はこうした研究と実践をつなげて考えていく段階に入っていった。

すると、新たな転機が訪れた。早稲田大学の悲願の一つ。小学校をつくること。卒業生である筆者が、この願いを OB としてお手伝いすることになった。早稲田実業学校初等部の立ち上げに一から関わることになったのだ。実際に専任教員そして教頭として15年間勤務した。一方で、その間、幼児から小学校、そして中学校へ進学する児童の道徳性の発達について、教育実践を積み上げ、考察を加えた論文をいくつかの学会へと発表してきた。当時、東洋大学大学院を修了してからも伊藤先生は論文をくり返し書くことを指導してくださった。そして、これまでの研究の成果を博士論文という一つの形にして完成させたいと伊藤先生に相談した。人生はどのような縁があるかわからない。伊藤先生は、当時から日本道徳教育学会会長であられた押谷先生と親しいご関係だったのである。伊藤先生は、研究者として未熟な筆者を押谷先生に紹介してくださった。ここで押谷先生との再会となる。いつ、どこで、誰と誰が出会い、また指導を頂く機会を得るかというのは、わからないものである。ご縁とはつくづく不思議なものである。

ご縁と言えば、早稲田大学元総長奥島孝康先生により、出版の名門である冨山房インターナショナル株式会社の社長 坂本喜久子様とのご縁を頂いた。この学位論文が社会の皆さまの手に届くようにと温かく出版を進めてくださったのは、社長の坂本喜久子様、編集主幹の新井正光様である。筆者の研究テーマについて深くご理解を頂き、学校での研究と実践に対してもご支援をいただいた。奥島先生並びに冨山房インターナショナル株式会社の皆さまに、深く感謝したい。

最後になるが、所属している北陸大学から研究活動助成費の中から学術図書出版助成を頂くことができた。社会で広く電子化の波が押し寄せている時代に、本を出版することがどれだけ貴重で意義深いことかを改めて深く考えさせられた。支援して下さった本学の理事長・学長である小倉 勤先生はじめ、法人そして研究支援課の皆さまに心より感謝申し上げる。

2018年 9 月

東 風 安 生

東風安生（こち やすお）
1962年 東京に生まれる
1984年 早稲田大学第一文学部卒業
1999年 東洋大学大学院文学研究科教育学専攻修了
2017年 昭和女子大学博士課程修了、博士（学術）
専攻－ 道徳教育
現在－ 北陸大学教授
著書－『1年1組の学級通信』（日本学習図書）
『キャリア形成と道徳教育』（日本学習図書）
監修－『心を育てるみんなのぎもん全4巻』（学研プラス）
訳書－ OECD『教育のバリアフリー』（共訳、八千代出版）

寛容を基盤においた生命尊重の教育に関する研究

---

2018年11月15日　第1刷発行

著　者　東風安生

発行者　坂本喜杏

発行所　株式会社冨山房インターナショナル

〒101-0051　東京都千代田区神田神保町 1-3

TEL. 03(3291)257　FAX. 03(3219)4866

印　刷　株式会社冨山房インターナショナル

製　本　新生製本株式会社



ISBN 978-4-86600-056-5 C 3037　NDC 375